电力企业学习型班组长培训系列教材

班组文化建设

banzuwenhuajianshe

◆山东电力集团公司组织编写

沈思牧　　主编

李学广　　主审

中国电力出版社

CHINA ELECTRIC POWER PRESS

内容提要

为满足电力企业班组长班组管理能力和管理水平不断提升的需要，依据《国家电网公司班组长培训大纲》，结合电力企业班组管理实际和班组长管理现状，编写了本套《电力企业学习型班组长培训系列教材》。本套教材针对电力企业班组长管理工作中的实际需要，以解决实际问题为目的，编写内容突出实用性和可操作性，编写风格易读易懂。

本书是《班组文化建设》分册，共9章，主要包括企业管理理论的发展和企业文化的形成、企业文化的概念、企业文化的结构、企业的精神文化、企业经营理念、班组企业文化建设的一般方法、创新型班组的建设、学习型班组建设、班组安全文化建设等内容。

本书既可作为电力企业班组长及基层管理者的培训教材，又可以作为基层管理人员的自学读物。

图书在版编目（CIP）数据

班组文化建设／沈思牧主编；山东电力集团公司组织编写.—北京：中国电力出版社，2008.4 （2019.9重印）
（电力企业学习型班组长培训系列教材）
ISBN 978-7-5083-7002-6

Ⅰ.班… Ⅱ.①沈…②山… Ⅲ.电力工业-生产小组-企业文化-技术培训-教材 Ⅳ.F407.616.6

中国版本图书馆CIP数据核字（2008）第046850号

中国电力出版社出版、发行
（北京市东城区北京站西街19号 100005 http://www.cepp.sgcc.com.cn）
三河市百盛印装有限公司印刷
各地新华书店经售
*
2008年4月第一版 2019年9月北京第九次印刷
710毫米×980毫米 16开本 14印张 253千字
印数 18001—19000册 定价 70.00元

前言

    电力企业班组长是电力生产的排头兵。作为基层的生产组织和管理者，承担着生产和管理的双重职能。近年来，电力企业改革步伐加快，班组长的管理地位日益突出，他们的综合素质和管理水平的高低，关系着改革战略的顺利实施，决定着上级决策的有效执行。为进一步提高电力企业班组长队伍的整体素质，加强基层执行力建设，山东电力集团公司特组织编写了《电力企业学习型班组长培训系列教材》。

    本套教材体现两大特色：

    针对性强：教材编写内容紧扣国家电网公司班组长培训大纲，结合电力企业班组管理实际和班组长管理现状，以解决实际问题为目的，强化知识与技能相结合、理论提升与实践练习相结合的原则，编写内容突出实用性和可操作性。

    可读性强：理论内容深入浅出，实践技能注重实效。引用大量寓言故事、自我测试和企业管理实际案例，注重启发和案例的分析指导，避免了大量理论知识的简单堆砌。编写风格易读易懂、图文并茂。本套教材统分结合，每一分册都自成体系，便于企业根据自身需求灵活选取培训内容。本套教材既可作为电力企业班组长的培训教材，又可以作为基层管理人员的自学读物。

    本套教材由山东电力职工技能培训中心的教师编写，分为《班组管理基础》、《班组管理实务》、《班组安全管理与培训管理》和《班组文化建设》四册。《班组管理基础》由张景霞主编，山东省电力学校张伟副校长主审；《班组管理实务》由李长军、侯加文、刘晓敏编写，其中，应用写作篇由李长军编写，标准化工作篇、质量管理篇由侯加文编写，绩效管理篇由刘晓敏编写，山东电力集团公司科技信息部刘卫东高工主审；《班组安全管理与培训管理》由毛正孝主编，其中，班组安全管理概论、班组安全管理工作、班组教育培训概述由泰安供电公司毛洪星编写，山东电力集团公司人事部教育培训处处长王玉敏主审；《班组文化建设》由沈思牧主编，山东电力集团公司副总政工师李学广主审。

    由于编者水平有限，书中定有不足之处，恳切希望广大读者提出宝贵意见。

编　者
2008 年 3 月

目 录

班组文化建设篇

班组文化建设

企业文化理论基础篇

《《

企业管理理论的发展和企业文化的形成

—— 学 习 目 标 ——

通过本章学习，你可以：

- 了解近百年来管理理论和实践的发展历程；
- 认识到企业文化成为管理理论和实践的主旋律是管理发展的必然结果；
- 从根本上认识企业文化中许多理念的来由和意义。

企业文化的形成是现代企业管理发展到一定阶段的必然结果，它是在前人各种管理学说的基础上，通过对企业运营过程的不断研究，反复实践，加以改造和创新而形成的。企业文化是一种管理实践，而管理实践和管理理论向来是紧密联系、并行发展的。总体来讲，它们都经历了四个阶段：古典管理理论阶段（1900～1930年）、行为科学管理理论阶段（1930～1960年）、管理丛林阶段（1960～1980年）和企业文化阶段（1980年以来）。从企业管理理论与实践的发展来看，其总体的趋势就是管理逐渐软化和趋于柔性化。认识这一发展历程和规律，可以帮助我们基层管理人员更好地把握管理发展的脉络，从而更有效地指导我们的工作。

第一节 古典管理理论阶段

一、科学管理理论

现代企业产生于19世纪中期，在这一时期，企业管理的主要特点是经验管理。进入20世纪，管理学出现了新的革命，为管理理论的诞生提供了前提条件。

泰勒于 1911 年出版了《科学管理原理》，标志着"科学管理理论"的诞生。其主要内容有 7 个方面：

（1）最佳动作原理。每一个作业都可以分解成若干个动作，这些动作相互衔接从而完成一项工作。行为学家的任务就是找到最有效率的动作并把它们组合起来，得到完成这项工作的最佳动作。

（2）合理的工作量。测量比较熟练的工人的工作产量，求得他们的平均值，从而得到一个工人一天应该完成的工作量，每个工人必须尽力来完成。工人完成这一工作量就可以得到基本工资，否则会受到惩罚。

（3）第一流的工人制。每个工人的天赋是不一样的，有的身强体壮，有的心灵手巧，有的精于计算。管理者应该发掘每个工人的特点，并对他们进行适当的培训，使每个工人做自己最适合的工作。

（4）计件工资制。每个工人能够拿到多少工资，是和他们所生产的产品的数量相关的。每生产一件产品就能拿到一定的收入，超过合理工作量的部分的单件收入会更高一些。

（5）职能管理制。把工厂的工作和管理的流程进行细致的分割，每个管理者承担其中的一、二种简单的管理职责。相互之间没有协调配合，并且一个工人可能会收到几个管理者的工作指令。

（6）例外原则。企业的高级管理人员的职责是确认好企业的生产流程、管理框架、人员安排，自己并不参与日常的管理工作，他们只是处理企业的重大的、例外的事项，比如和银行家谈判。

（7）思想压制。泰勒认为，当很多工人聚集在一起的时候，他们会相互之间传播一些不好的情绪，比如对雇主批评、抵触、作对，从而降低企业的生产效率。因此企业不能让员工拉帮结派，不能让员工成立非正式组织，更不能成立正式组织。

思考题

1. 在你的班组中，以上的七种管理原则有哪些还在使用？
2. 你认为这些管理原则哪些还有合理性？

二、行政组织理论

韦伯的行政组织理论主要反映在他的《社会组织与经济组织理论》一书中。

韦伯认为，理想的行政组织体系是所谓"官僚制"，为了避免产生贬义的理解，又把它叫做"科层制"。这种行政组织体系包括6项内容：

（1）分解论。为了能够更好地实现一个组织的目标，高层管理者要把组织中的全部活动分解为各种基本的作业，每个组织的成员承担一个或几个作业。

（2）等级论。每一职位有明文规定的权利和义务，这些职位按照职权的等级原则组织起来，形成一个直线职能制的多层次体系。

（3）培训论。每个岗位上员工的录用，要根据职位的需要，通过正规考试来选拔，并通过教育训练提高员工的能力。

（4）职业化。管理是一种职业，管理人员有固定的薪金和明文规定的升迁制度。

（5）无情论。管理人员必须严格遵守组织规定的规则和纪律，使之不受任何人为的感情因素的影响，保证在一切情况下都能贯彻执行。

（6）理性论。组织中的各级官员必须完全以理性为指导，他们没有个人目标，没有仇视、偏爱、怜悯、同情，然而却有理性，尽管这种理性带有机械性。

思考题

1. 韦伯是德国人，你能在德国生产的汽车和德国足球联赛中看到"科层制"的影子吗？

2. 你认为在你的班组或企业的管理中，管理机制和个人领导力哪个更重要？

三、职能管理理论

法约尔于1916年出版了《工业管理和一般管理》一书，标志着职能管理理论的形成。虽然以大企业为研究对象，但他认为他的理论不仅适用于企业，也适用于军队、机关和宗教组织等。法约尔提出了经营六职能、管理五要素和十四条原则学说。

（1）经营六职能。经营和管理不是一个概念，经营包含管理，管理只是经营的六种职能活动之一。这六种职能活动是技术活动、商业活动、财务活动、安全活动、会计活动和管理活动。不论何种企业都要进行经营活动，也就是说这六种职能活动的有效协调才能构成企业的有效经营。但是，由于组织所在的行业不同，规模大小不同，它们所从事的这六种职能活动的侧重点也不同。组织中的各级人员都在自己的岗位上进行着某种职能活动。

（2）管理五因素。对于管理职能，法约尔将其划分为五个过程：计划、组织、指挥、协调、控制，称之为管理五因素。在一般的管理过程中，管理者的工作要按照这种程序、有条不紊地进行。

（3）十四条管理原则。法约尔认为，要进行有效的管理，就需要依据一定的原则。原则是被实践证明是正确的，并且能被大多数管理者接受的管理理念和方法，它能提高管理者的工作绩效。他提出了十四条管理原则，分别是分工原则、权责原则、纪律原则、统一指挥原则、信息传递原则、个别利益服从整体利益原则、报酬原则、集权原则、等级系列原则、秩序原则、公平原则、保持人员稳定原则、首创精神原则、集体原则。在后面我们还将讨论其中的一些原则。

从以上的叙述中我们可以看出，古典管理理论首次将管理作为一门科学来研究，系统地提出了一些原理、方法，为管理学的发展奠定了基本框架，为企业文化的兴起也提供了一些参考。

思考题

1. 你是否同意古典理论对人的看法？

2. 你认为通过金钱和制度能够对你的下属进行有效控制吗？能让他们有效地工作吗？

第二节　行为科学管理理论阶段

在古典管理理论阶段，管理者普遍认为员工都是"经济人"，员工的工作行为和工作效率都可以通过物质条件来调整，比如改善工作环境和提高收入等。但是霍桑实验改变了管理学家和管理者的看法，使他们开始重新审视对人本身的认识。经过深入的研究，产生了"行为科学"这一新的管理理论体系。在我们讲述这一阶段的代表理论之前，首先让我们先来了解一个著名的案例。

案例1.1　梅奥的霍桑实验

霍桑实验是心理学史和管理学史上最出名的事件之一。霍桑工厂是一个制造电话交换机的工厂，具有良好的办公条件、完善的娱乐设施、医疗制度和养老金制度，但工人们仍不满足，生产绩效并不理想。为找出原因，美国国家研究委员会专门组织研究小组进入实地，展开研究，将此行动称为"霍桑实验"。

霍桑实验共分四阶段：

1. 照明实验（1924.11～1927.4）

当时古典管理理论占统治地位，一般认为影响工人生产效率的可能是疲劳和单调感等，于是当时的实验假设便是"提高照明度有助于减少疲劳，使生产效率提高"。可是经过两年多实验发现，照明度的改变对生产效率并无影响。第一批研究人员面对此结果无法解释，失去了信心。

2. 福利实验（1927.4～1929.6）

从1927年起，以梅奥教授为首的一批哈佛大学心理学专家将实验工作接管下来，继续进行研究。实验的目的是考察福利待遇的变换与生产效率的关系。但经过两年多的实验发现，不管福利待遇如何改变（包括改变工资支付方式和数量、休息时间的增减等），都不影响参与实验的小组保持较好的生产效率。进一步的分析发现，导致生产效率较高的主要原因是：① 参与者的荣誉感，实验开始时6名参加实验的女工被召进部长办公室谈话，她们认为这是莫大的荣誉。② 成员之间团队意识，参与者都认为只有相互之间相互配合，才能获得整体的高产量。

3. 访谈实验

研究者在工厂中还进行了访谈调查。他们让受访员工对企业的规划和政策、管理者的态度和工作条件等作出评价，但是出乎研究者意料的是，员工并不满足研究者所提供的议题，他们对自己感兴趣的话题畅所欲言。于是，研究者了解到这一点后，就不再规定访谈内容，每次访谈的平均时间从30分钟延长到1～1.5个小时，多听少说，详细记录工人的不满和意见，并按照员工的意见对管理工作作适当的调整。访谈计划持续了两年多，其结果是工人的工作效率大幅度提高，工厂产量大幅度增加。研究者经过研究终于发现其中的原因：工人们长期以来对工厂的各项管理制度和方法存在许多不满，无处发泄，访谈计划的实行恰恰为他们提供了发泄机会，发泄过后心情舒畅，士气高涨，使产量得到提高。

4. 群体实验

研究者还选择了14名工人，把他们作为独立的整体实行计件工资制。按照当时的理论，这些工人应该更加努力工作，以便得到更多的报酬。但研究者却发现，产量只保持在中等水平上，每个工人的日产量平均都差不多。为什么会出现这个结果呢？进一步的调查发现，这些员工为了维护他们群体的利益，自发地形成了一些规范。他们约定，谁也不能干的太多，突出自己；谁也不能干的太少，影响全组的产量，并且谁也不准向管理者告密，否则要受到大家共同的惩罚。他们之所以维持中等水平的产量，保持现状，是担心产量提高，管理当局会改变现行奖励制度，或裁减人员，使部分工人失业，或者会使干得慢的伙伴受到惩罚。这一试验表明，为了维护班组内部的团结，可以放弃物质利益的引诱。由此研究者提出"非正式群体"的概念，认为在正式的组织中存在着自发形成的非正式群体，这种群体有自己的特殊的行为规范，对人的行为起着调节和控制作用。

案例分析

1. 人不仅仅是经济人，人还是社会人，每个人都希望融于一个集体中去。
2. 员工的思想情绪发生变化后，同样可以改变生产效率。
3. 工作条件、报酬等物质激励不是永远起作用的。

思考题

1. 在你的班组中是否也有"非正式组织"？
2. 是物质条件还是精神奖励更能激励你的下属？

现在我们来了解一下行为科学理论的八种主要理论，其中的许多观点构成企业文化的主要理念和方法。

一、梅奥的社会人假说

梅奥根据霍桑实验的结果提出了这样的学说：① 员工不仅仅是"经济人"，还是"社会人"；他们不仅有物质方面的要求，还有社会、心理等精神方面的需求。② 组织中不仅有正式组织，还存在着"非正式组织"，这是由于一些员工有共同的社会情感而凝聚在一起，并且他们形成一些不成文的行为规范。"非正式组织"对企业的生产效率影响很大。③ 企业生产率的高低在一定程度上还和企业职工的士气正相关，而士气来源于员工的家庭生活、社会地位和企业中的人际关系。这一理论告诉我们：管理者应该认真对待员工的各个方面的需求、理解并能调控"非正式组织"的行为，激励员工的士气。

二、X 理论、Y 理论和超 Y 理论

美国管理学家麦格雷戈于 1957 年提出了 X—Y 理论。他认为在他之前的管理学都是"X 理论"，这些学说都认为：① 大多数人天生好逸恶劳，他们能不干活就不干活，能少干活就少干活；② 大多数人都没有抱负，小富即安，自私自

7

利，宁愿被领导也不愿承担责任；③ 管理者应该使用严格的制度来强力控制员工的行为，胡萝卜（金钱激励）加大棒（辞退、惩罚）是最好的管理方式。

相反的，麦格雷戈把自己的理论称为 Y 理论，这个理论的看法是：① 一般人天生是勤奋的，并不一定都厌恶工作；② 多数人愿意承担责任，愿意成为领导者来实现自己的理想；③ 控制和惩罚不是最好的管理手段，管理者应该了解员工的各个方面的需求，并且通过帮助实现他们需求的同时来实现企业的目标。

超 Y 理论是由美国管理学家莫尔斯提出的。经过试验他发现：并不是在所有的企业中，Y 模式的管理比 X 模式的管理更有成效。在一些复杂的情境中，比如员工素质千差万别、个人目的各不相同、周围环境复杂多变，X 理论比 Y 理论更加有效。

三、双因素理论

美国学者赫茨伯格通过研究对 2000 人的问卷调查，于 1959 年提出了双因素理论。他认为，给员工提供的奖励方式可以分成两类：一类为保健因素，一类为激励因素。保健因素包括基本工资、工作条件、人际关系、就业机会等，这些因素企业必须提供，否则会引起员工的强烈不满。但是企业提供了保健因素也不能调动员工的积极性，只有向员工提供了激励因素如晋升机会、委以重任、大力赞赏等，才能增加员工的满意度，从而激励员工更加努力地工作。因此，管理者首先要提供保健因素来减少员工的不满，但是要想调动员工的积极性，还是要从工作本身出发，提供一些激励因素。

思考题

1. 你的管理方法是倾向于 X 理论还是 Y 理论？你认为在你的班组中，哪一种更适合一些？

2. 在你的权力范围内，你能向你的员工提供哪些保健因素和哪些激励因素？

四、公平理论

美国心理学家亚当斯于 1956 年提出了公平理论。他认为，员工不会孤立地看待自己当时当地的绝对收入和劳动付出，员工总是有意无意地用下面这个公式来对比：

$$\frac{自己所得的报酬}{自己的投入} = \frac{参照者所得的报酬}{参照者的投入}$$

员工会拿现在的收入和付出与自己的过去比较、与企业中的其他员工比较、与企业外的员工比较。通过比较，当他感到公平时，他会继续维持原来的工作方式或更加努力工作；而当他感到不公平时，那么他可能会减少投入、想方设法多得到收入、改变自己的看法来调整自己或者辞职离开。因此管理者要了解员工的想法，尽量塑造一个公平的工作和竞争环境。

五、需求层次理论

马斯洛的需求层次理论是应用最广泛的激励理论。他认为人的需求可以分成生理需求、安全需求、社交需求、尊重需求和自我实现需求五类，依次由较低层次到较高层次。① 生理需求：包括饥饿、干渴、住房和其他身体需要。② 安全需求：包括自己免受生理和心理伤害的需要。③ 社交需求：包括爱、归属、接纳和友谊。④ 尊重需求：包括内部尊重如自尊、自主、成就和外部尊重如地位、认可、关注等。⑤ 自我实现需求：包括成长、发挥自己的潜能和实现自己的人生目标。对于这五种需求，马斯洛还做了些假设，他认为：① 人有一系列复杂的需求，需求影响行为，按其优先次序可以排成梯式的层次；② 已经满足的需求，激励不再起作用，一旦一种需求得到满足，就会有另一种更高一级的需求取而代之；③ 一般来说，只有在较低层次的需求得到满足之后，较高层次的需求才会影响行为；④ 满足较高层次需求的途径多于满足较低层次发展需求的途径。

思考题

1. 利用公平理论，你认为你的班组中的员工是公平的吗？在这种状态下，你会采取什么样的行动？

2. 你和你的下属能意识到自己的五种需求吗？在你的权限范围内，你可以采取什么措施来满足他们的哪些需求？

六、管理方格理论

实际上，企业的领导者总是在处理两方面的事情，一个是生产，一个是人际关系。有的领导关心生产，他们把主要精力和资源都放在生产目标的实现上；有的领导则更关心员工的感受，他们希望并塑造一种能够让员工愉悦的工作氛围。美国学者布莱克和莫顿把领导"关心生产"和"关心人"的程度，分别在两个维度上划分成9个等级，就得到了81个方格，从而把领导分成了81类。其中有 5 种典型类型：

（1）贫乏型管理。管理者对必要的工作付出最少的努力，并且维持较低水平的组织成员关系。

（2）俱乐部型管理。管理者对员工关怀备至，创造一种极其舒适的工作基调，但是是以牺牲工作效率为代价的。

（3）中庸之道型管理。始终能维持任务的完成和员工的士气之间的平衡，绩效和人际关系都适中。

（4）任务型管理。管理者为了使工作高效率的完成，使人际关系降到最低程度，十分紧张。

（5）团队型管理。由于组织的员工有共同的价值观和目标，员工们形成了相互依赖、利益共享的关系，共同协调来完成组织的目标。

七、管理者的四种领导模式理论

从管理者角度来看，应该采取什么模式呢？美国管理学家李克特将企业管理的领导方式归为以下四类。

（1）专制独裁式。企业的目标设置、大小决策都由高层领导者作出，下级必须严格执行上级的指令，上下级是君臣的关系，整个企业充满了不信任和威胁、恐惧，员工连最基本的生理需求和安全需求都得不到满足。这样会引起企业内部"非正式组织"对企业的抵触。

（2）开明独裁式。高层管理者掌握着主要决策权，但也对中下层的管理者进行有限分权，上下级之间是主仆的关系，员工能满足基本需求，企业内部的"非正式组织"可能与企业和睦相处。

（3）协商式。高层管理者控制着企业的重大决策，次要问题的决策权在中层和基层，上下级之间信息沟通通畅，相互信任，企业内部的"非正式组织"在绝大多数场景下支持企业的目标。

（4）参与式。企业的重大决策都是在全体员工广泛参与的基础上，再由高层领导科学的作出，上下级完全信任，同心同德，员工都能感到备受尊重。出现问题时，以协商的方式解决，企业有良好的氛围。

八、领导者的特质理论

领导者是天生的吗？具有什么样性格的人可以成为领导者呢？一些学者经过研究发现，具有魅力的领导者应该具备一些共同的关键特点：

（1）自信。了解自己的能力，对自己的判断力和驾驭资源的能力充满自信。

（2）远见。有远大的目标和理想，对未来充满希望。

（3）有清楚表达目标的能力。能把自己的理想、目标、理念最浅白的表述出来，并以此来激励员工。

（4）对目标的坚定信念。能够承受巨大代价，敢冒风险，有强烈的奉献、牺牲精神。

（5）有创新意识和行为。他们的行为被认为是创新的、反传统的，一旦获得成功，下属会因惊讶而崇拜。

（6）环境的敏感性。对环境的变化能作出及时反应和适当调整。

（7）改革者的形象。他们的言行中始终传递着一个信息，他们是改革的急先锋而决不是传统或现状的卫道士。

思考题

1. 在你的团队中，你的管理模式倾向于哪一种？

2. 你认为你所在单位的领导是哪一种类型的领导者？

3. 在你的单位中，你认为哪一种管理模式和领导者类型最适合？

4. 你认为你将来能成为一个优秀的领导者吗？

第三节　管理丛林阶段

进入 20 世纪后叶，各种管理理论还在继续发展、融合、并存，因此管理界将这一阶段称为"管理丛林"，这一阶段的主要理论代表是西蒙的决策理论。下面介绍决策理论的主要内容。

一、管理就是决策

传统的观点认为，只有高层管理者在进行决策，而中层和基层管理者只是在监督和执行上级的指令，他们的工作和决策无关。但是西蒙却认为，决策不仅仅是高层管理者的事情，组织内的各个管理阶层甚至每一个员工都要做出决策，组织就是由作为决策者的个人所组成的系统。比如一般的员工，他也要对采用什么样的工具、运用什么样的方法作出选择。因此，管理就是决策的过程，管理就是决策。西蒙还认为，在"信息爆炸"的当代，管理者不仅要有能力来获得信息，更重要的是如何来加工、分析这些信息，为决策服务。

班组文化建设

11

第一章　企业管理理论的发展和企业文化的形成

二、决策的过程

传统的管理认为，决策是从几个备选方案中选出一个最优的行动方案。在此基础上，西蒙把决策划分为四个阶段：

（1）搜集情报阶段。即搜集组织所处环境中有关经济、技术、社会各方面的信息以及组织内部的有关信息。通过收集情报，发现问题，确定问题的性质、事态的发展趋势并做出正确的评估，找出问题的关键。情报的收集应该尽可能全面、真实，否则对以后的决策会有误导作用，甚至导致错误的决策。

（2）计划拟定阶段。拟定计划即在确定目标的基础上，依据所搜集到的信息，编制可能采取的行动方案。要尽可能多的提出各种方案，以备选择，避免漏掉好的方案。

（3）选定计划和实施阶段。选定计划即从可供选用的方案中选定一个最合适的行动方案，所以首先要确定选择的标准，然后对各种方案进行合理的估计，还要使决策保持一定的伸缩性和灵活性。计划选好了以后就要制订实施方案，方案要清晰并且具体，还要做好决策的宣传工作，使组织成员能够正确理解决策，同时制造出一种有利于实现决策的气氛，对时间、人力、财力、物力也要做一个清晰的分配。

（4）评价计划阶段。评价计划即在决策执行过程中，对过去所做的抉择进行评价。通过评估和审查，可以把决策的具体的实行情况反馈给决策者，如果出现了偏差，就应及时地纠正，保证决策能够顺利实施。

一般来说，决策是要遵守这样的程序的，但是也不能完全机械地用上面的过程来一步步地做，比如，在拟订方案阶段，出现了新的问题，这就需要重新返回上一阶段来收集情报，结果又回到了第一个阶段。西蒙认为在决策的过程中，最重要的是信息联系，决策的各个阶段均是由信息来联系的。

三、合理性的决策标准

"有限理性"原理是西蒙的现代决策理论的重要基石之一。早先的管理学理论要求决策者是"完全理性"的，要求决策者以最小代价取得最大收益。西蒙对此进行了批评，他认为事实上这是做不到的。为此，他举了一个著名的比喻：一只蚂蚁在沙滩上爬行，它只知道蚁巢的大概方向，但具体的回家的路线却是无法预料的，它的视野也是有限的。蚂蚁爬行所留下的曲折的轨迹不表示蚂蚁按照自己的规划在走，只是说明海岸的复杂。其实人和蚂蚁是一样的，对外界的认识能力是有限的，对于外界的很多事情无法进行全面的了解。人在复杂的环境中不可能作出最优的决策，只要能作出令人满意的决策就可以了。如果决策者非要想找到最优的决策方案，那会花费很大的成本，还可能贻误时机，这是得不偿失的。

四、程序化决策和非程序化决策

管理者面临的决策可分为程序化决策和非程序化决策。程序化决策是那些经常碰到的、例行的、反复出现的决策，如：企业中的订货、材料的出入，产品的生产等，程序化决策可以用一些常规的方法如电子数据处理技术、依据规章和制度、工作条例来进行。那些对不经常出现的、非常规的事情做出的决策一般都是非程序化决策，例如，制定一个新的战略，对竞争对手的举动作出反应等，由于没有先例，也就没有一定的章法可循，因此没办法让决策程序化。非程序化决策的传统方式主要靠大量的人工判断、洞察和直觉观察，非程序化决策的现代技术也正经历着一场革命，主要是探索解决技术方面的应用，包括决策者的培训和探索式计算机程序的编制，而且一些程序可以模拟人的判断和直觉，但是这些技术还没有全面、成功地推广开来。当然程序化决策和非程序化决策并没有截然的区别，在实际管理工作中，这两者很多的时候都是混合在一起的，我们很难划清他们之间的严格界限。

西蒙说过管理就是决策。他的决策理论不但适用于企业组织，而且也适用于一切正式组织机构的决策。他对于决策过程的理论研究工作是开创性的，而且他还是管理学界唯一获得诺贝尔经济学奖的人士。目前这种理论已经渗透到管理学的不同分支，成为现代管理理论的基石之一，同时管理工作者也都认识到决策在管理工作中的重要性，也都有意无意地将决策理论应用到自己的工作中来了。

思考题

1. 在工作中你也遇到过非程序化的决策吗？
2. 在决策中，你倾向于使用最优化还是合理化标准？

第四节 企业文化阶段

管理学发展到管理丛林阶段，虽然取得了一些优秀的研究成果，为企业界提供了大量的管理工具、方法和理念，为管理者的工作提供了很多局部的支持，但是从总体上来看，还有许多需要纠正的倾向：① 寻找自然科学的支持，放弃人文社会的襟怀。管理学家和管理者都在控制论、系统论上寻找管理的金钥匙，而忘记了管理学的本质：管理学是一门人文科学。没有哲学的视野、没有历史的胸怀、没有文学的灵感，是不可能成为优秀的管理者的。② 重视物的因素，忽略人的感受。从科学管理开始，很多理论都在研究一个问题：最小化的投入和最大化的产出。他们都忘记了一个简单的道理，没有人，一切投入产出都是零，企业中能够给企业带来效益的是人，而不是物，没有员工的自觉性、创造性、责任心，企业是不会有效率的。③ 过分偏重理性思考，忽略感性情怀。管理者都擅长逻辑推理，他们把自己的感情深藏起来，同时也忽略下属的感受，工作场所就是命令的传递和执行。④ 片面地追求定量的数学模型。定量分析工具本无可厚非，但是如果把管理看成数字的游戏，那未免厚此薄彼。好在许多管理学家已经意识到了这个问题，也在深入思考管理的实质，思考人在管理中的位置。此时，世界经济中的一件大事，导致了企业文化的诞生。

20 世纪中后期，日本的经济突飞猛进，成为世界第二大经济强国。1973 年，日本出口到美国的集成电路仅有 627000 万日元，到 1980 年就猛增到 7236100 万日元，增加了 10 多倍。1976 年，日本向美国倾销了近 300 万台彩色电视机。1981 年，美国对日本的贸易逆差达 180 亿美元。由于石油价格的上升，大量的美国人不再驾驶欧美的大排量汽车，转而购买日本的经济型汽车，美国道路上的日本汽车越来越多。与此同时，美国的一些优势企业先后失去了在香港、菲律宾、马来西亚、泰国、新加坡等地的市场，而被日本企业取而代之。

美国人一直认为，日本是在他们的帮助下、在废墟上建立起来的国家。但是，为什么日本经济在国际市场上有如此大的竞争力了呢？是什么力量促使日本经济持续、高速增长？日本靠什么实现了经济崛起？

从 20 世纪 70 年代开始，许多美国学者开始关注日本企业，希望探寻到日本经济成功的奥妙。一大批美国杰出的经济学家、文化学家、心理学家、管理学家、企业家前往日本考察学习。经过认真地比较、研究，终于发现了日本经济腾飞的真正原因：由于两个国家不同的文化背景，导致了不同的管理理念和方法，日本企业将日本的传统文化有效地移植到自己的企业中来，从而形成了能够产生经营绩效的企业文化。

1979 年，美国哈佛大学东亚研究所所长埃兹拉·F·沃格尔出版了《战后日美经济发展回顾》一书。书中用大量无可辩驳的事实证明，日本的经济发展，源于日本特有的管理模式，而美国的管理模式并不是唯一适用的。作者还指出，日本与美国管理模式的不同，源于两个国家不同的文化传统和价值观。随后，美国又开展了大规模的讨论活动。1980 年 7 月，在美国国家广播公司制作的

"日本能，为什么我们不能"的电视专题节目中，就明确地把日本的成功归因于日本人对企业的忠诚及团队意识、企业对员工的关怀和重视等精神文化因素。

在随后的时间里，美国学者威廉·大内发表了《Z理论——美国企业界怎样迎接日本的挑战》一书，提出美国式管理的转变核心应该是要信任和关心职工；理查德·帕斯卡和托尼·阿泰思在《日本的管理艺术》一书中，详尽地描述了日本企业如何重视"软性的"管理技能，而美国的企业则过分依赖"硬性的"管理技能；阿伦·肯尼迪和特伦斯·迪尔合著了《公司文化——企业在生活中的礼仪》；彼德斯·惠特曼出版了《追求经营臻境》。这四部书宣告了企业文化研究的兴起。

从企业经营实际来看，许多世界著名企业及其管理者也参与到企业文化变革中来，例如：韦尔奇与通用电器的"文化革命"、摩托罗拉的"以人为本"、戴尔公司"以客户为中心"的企业文化、比尔·盖茨与微软公司的"个性文化"、IBM（国际商用机器公司）"以沃森原则为主的企业文化"、沃尔玛的"营销文化"等，都是企业文化的先行者和实践者，也是受益者。

1990年以后，随着企业文化的普及推广，越来越多的企业意识到企业文化对企业经营绩效的作用以及对企业发展的重要意义，他们将企业文化引入到企业管理中来并作为企业管理的灵魂。从而，企业文化成为管理科学研究的热点，也成为管理实践的焦点。20世纪80年代和90年代也因此被称为管理的"企业文化时代"。

案例1.2 松下哲学

松下公司成立于1918年，由松下幸之助夫妇和其妹夫井直岁男创建。1977年6月，在松下电器公司成立60周年之际，松下幸之助先生出版了《实践经营哲学》一书。书中从各种不同的角度阐述了松下对经营的看法，它既有实用性，又富哲理性，给人以启发。虽然已经过去了30年，其中的思想对我们至今还有很多教育意义。松下公司能够长期稳居《财富》世界500强排行榜，是因为公司在经营过程中始终坚持着松下的哲学理念。

1. 树立正确的经营理念

松下认为，企业经营归根到底是为了共同幸福而进行的活动，因此，必须时刻认识人的本质，并且根据这种认识去从事工作。这是松下企业经营哲学的基点。

什么是企业的经营理念呢？松下认为，经营理念是对"公司为了什么而存

班组文化建设

15

在，其真正使命是什么"这个问题的明确回答和坚定信念。松下认为，这个答案大致有三层含义：① 公司是为了社会的繁荣发展而存在，不是为了公司自身的繁荣发展而存在。② 人民的生活既要有精神上的寄托，也需要物质上的财富。这样，幸福才能维持和提高，两者缺一不可。③ 正确的经营理念以克服错误的经营理念为前提。

怎样才能树立正确的经营理念呢？"正确"是对"错误"的否定。松下认为：正确的经营理念必须深深扎根于正确的人生观、社会观、世界观中。形象地说，企业的生命是把丰富的生活物资像自来水一样源源不断地提供给社会，这样才能逐渐消除贫困。

企业的使命和正确的经营理念是一致的。对这一使命要有正确的认识，并据此处理好四种关系：① 为社会服务与取得报酬的关系；② 企业完成使命和企业获得利润的关系；③ 企业私有和企业经营的关系；④ 经营经济性和社会生态性的关系。

2. 对人和人才的认识

经营是靠人来完成的，经营者是人，员工是人，顾客和各个方面的关系户都是人，可以说，经营实际上就是处理各方面的人际关系，因此，对人要有正确的看法。松下认为，"人是万物之王，伟大而崇高的存在。经营者拥有对组织内的一切人、财、物等任意动用的权限，但同时，他也担负着用爱和公正、最大的关系来对待人、财、物，并采取措施使之充分发挥作用的责任"。"如果经营者对这种权限和责任缺乏自觉的认识，那么这个经营决不会收到很好的成果"。

松下说过，"事业的成败取决于人"，"没有人就没有企业"，"松下既是制造电器的公司，又是造就人才的公司"。松下公司不是仅靠高级管理者的经营，不是仅仅依靠干部的经营，而是靠全体员工的智慧来经营，松下幸之助把它总结为"集中智慧全员经营"。为此，公司努力培养人才，加强职工的教育培训。对于人才的标准，松下认为：不念出身而虚心好学的人，不墨守成规和有创新意识的人，爱护公司和公司融为一体的人，不自私而为团体着想的人，有自主经营能力的人，保持热忱的人，忠于职守的人，有气概承担重任的人。

3. 顺应规律

企业的领导者要用生成发展的观点看待一切事物。松下认为，一切事物的根本，就是无限地生成与发展，而所谓"生成与发展"，简单地说就是："日新，又日新"。"这是不可改变的宇宙的自然规律"。经营者还要顺应自然的规律，企业经营的秘诀，不过是顺应"天地自然的规律"去工作而已。

顺应自然的规律去经营，听起来好像很难，其实就像下雨要打伞那样简单，无非就是"生产优质产品，收取合理的利润把它卖出，并严格按时收回货款"。利润就是报酬，松下认为，"企业为社会作贡献这一使命和取得合理利润，二者决不矛盾"。从本质上说，所谓利润，应该看作是对完成企业使命所给予的报酬。

要顺应时代的变化。正确的经营理念，基本上是在任何时代都可以通用的。但是，根据正确经营理念而制定的具体方针和方法，却必须根据时代的变化而变化。

4. 经营之道

时刻不忘自主经营。所谓自主经营，就是在经营的一切方面，如资金的筹集、技术的开发等，应该以自己的力量为主。松下把自主经营的思想应用于公司内部，实行了事业部制，每个事业部就像一个独立的自主经营的企业。

实行"水库式经营"。所谓"水库式经营"，是为了使企业不受外部形势变化的影响，从经营的各个方面制造宽裕的、有备无患的条件，即建立各种各样的水库，如"设备水库"、"资金水库"、"人才水库"、"存货水库"、"技术水库"、"计划和产品开发水库"等，以达到稳定而持续地发展的目的。这看起来好像是浪费，但是，它如同保障经营发展的保险费一样，决不是浪费。

进行适度经营。什么叫适度经营？简单地说，就是适合本公司的实际力量的经营。一方面确切地掌握包括自己在内的公司干部的经营能力，另一方面衡量公司的资金力量、技术力量、销售力量等综合实力，在这个范围内来发展经营。

贯彻专业化。企业经营有两种做法：一种是多元化、综合化经营；另一种是专业化的经营。松下认为，原则上应该走专业化的道路，它优于多元化的道路。

思考题

1. 从基层管理的角度，你认为松下哲学对你的工作有什么启发？
2. 你如何理解"日新，又日新"？

第五节　中国企业文化的发展

中华文明源远流长，作为主流思想的儒家文化影响着每一个朝代的每一个中国人，同时也影响着生产单位——手工作坊。我们从遗留下来的许多传统产品如景德镇陶瓷、贵州茅台酒、王麻子剪刀中就能看到中华文化的内涵，从这些产品的背后也能看到生产者的经营思想，那就是"仁、义、礼、智、信"。

当然，这些所谓的经营文化都是潜在的、片断的、隐性的，并非真正意义上的企业文化。在我国的现代企业中开始运用企业文化再造企业管理，是从 20 世纪 80 年代开始的。可以把这 20 多年来的实践分为三个阶段：① 序曲阶段（20 世纪 80 年代中后期）。首先是一些管理学家翻译、介绍、出版了国外企业文化理论的学说，将刚刚兴起的企业文化理论和实践介绍到国内。一些有远见的企业家一见钟情，将企业文化应用到自己的管理实践中来，比如中国第二汽车制造厂提出了"视今天为落后"的经营哲学，以系统观、发展观、动力观、创造观为基本结构的"二汽文化"。② 发展阶段（20 世纪 90 年代）。1992 年，中国共产党第十四次代表大会报告中提出："我国经济改革的目标，是建设社会主义市场经济体制。……搞好企业文化建设。"1997 年，中国共产党第十五次代表大会再次明确了"建设中国特色的社会主义企业文化"的论断。同时，全国也掀起了以企业形象为重点的企业文化建设热潮，其中的代表企业有：海尔集团、黄台电厂、联想集团、平安保险公司等。③ 全面展开阶段（21 世纪开始）。随着知识经济、全球化和中国入世的经济浪潮的潮起潮涌，越来越多的企业认识到企业文化对企业经营绩效和企业持续发展的重要意义，把企业文化建设作为企业的核心竞争力来抓，取得了显著的成效，从而使企业文化遍地开花。

思考题

1. 你了解你们企业的企业文化发展的历史吗？
2. 查阅山东电力集团公司企业文化发展的历史。

案例1.3 海尔文化激活 "休克鱼"

红星电器曾经和海尔一样，被青岛市列为重点和名牌企业。原红星厂拥有3500 多名员工，曾是我国三大洗衣机生产企业之一，年产洗衣机达 70 多万台。但在同样的起跑线上，海尔越跑越快，摘取了中国家电第一名牌的桂冠，而红星的经营每况愈下，到 1995 年上半年，企业亏损 1 亿多元，资不抵债。

1995 年 7 月，在青岛市政府的支持下，红星电器整体划归海尔，连同所有的债务。在海尔看来，红星厂属于"休克鱼"：企业的硬件很好——鱼的肌体没有腐烂，而鱼处于休克状态，说明企业的思想、观念有问题，导致企业停滞不前。海尔要以自己的文化激活"休克鱼"。海尔只是派了三个人去。去之前，张瑞敏对他们说："红星厂搞成这个样子，是人的问题，是管理问题。一千万，一个亿，海尔都拿得出，但现在绝对不能给钱。要通过海尔文化，通过海尔的管理模式，来激活这个企业。"而海尔经过十几年发展，最大的成功就是形成了一套独特的管理思想，塑造了员工共同认可的价值观，形成了自己的文化——海尔文化。只有将海尔文化输入到红星，以此来统一企业思想、重铸企业灵魂，以无形资产去盘活有形资产，红星才有可能重生。这也是对海尔文化和管理模式的一次重大考验。

这三个人到了红星厂，做的第一件事是按海尔文化来建立干部队伍。因为干部是企业的头，首先要把"鱼"脑子激活，才可能把整条"鱼"从睡梦中唤醒。他们通过职代会来评议现有的 105 名干部，决定定编 49 名。海尔人在红星厂烧的第一把火，就是营造一个公平竞争的氛围，让原来所有的干部和全厂职工一起参加干部岗位竞争。结果，原来的 100 多名干部，通过竞争上岗的只有 30 多人，从来没有当过干部的人，有十多个通过竞争成了干部。这件事，一下就把大家的积极性激发出来了。公开、公平、公正竞争的氛围，是一股强大的推动力，人们不知不觉地就被推动得从迈方步到跑步前进了。

海尔兼并红星，就是这样派了三个人去，没有增加一分钱的投资，没有换一台设备，主要是去营造公开、公平、公正竞争的文化氛围，灌输并实践海尔的生产经营理念，输出海尔的企业文化。结果是：兼并的当月即 1995 年 7 月，亏损了 700 万元；8 月、9 月仍然亏损，但亏损额大大减少；10 月份达到盈亏平衡；11 月份盈利 15 万元，年底完全摆脱困境。

通过这种方式，海尔兼并盘活了亏损总额 5.5 亿元的 18 个企业，以无形资产盘活有形资产 15.2 亿元。这些亏损或濒临破产的企业加盟海尔后，都迅速脱离"休克"状态，很快地"活"了起来。1998 年初，"海尔文化激活休克鱼"的案例正式进入美国哈佛大学课堂，张瑞敏成为第一个登上哈佛讲坛的中国企业家。

思考题

1. 在你的班组中，你认为公平、公开、公正的氛围重要吗？如何实现呢？
2. 你认为你们公司的多经产业是否应该多元化发展？

1. 企业文化不是凭空产生的，它是企业管理理论和实践发展的必然结果。

2. 古典管理理论、行为科学理论、管理丛林阶段都为企业文化积淀了许多有用的理念。

3. 企业文化是我国现阶段企业管理实践最有效的方法之一。

想 想 做 做

1. 为什么说企业文化的产生是企业管理发展的必然结果？

2. 从传统的管理模式直接过渡到企业文化的管理模式，有什么障碍需要克服？

电力企业学习型班组长培训系列教材

第二章

企业文化的概念

—— 学 习 目 标 ——

通过本章学习，你可以：

- 了解什么是企业文化；
- 认识企业文化的功能；
- 知道一个企业的企业文化是如何形成的。

案例2.1 百年企业的共性

世界最负盛名的决策咨询机构——美国兰得公司花费了20年时间研究了世界500家百年企业，得出的结论是它们共同遵循三条原则：

第一，人的价值高于物的价值；

第二，共同价值高于个人价值；

第三，社会价值高于利润价值。

据统计，中国企业的平均寿命是3.7年，昙花一现的企业比比皆是，如年其中的南德公司、顾雏军的科龙集团都是短命企业的代表；在世界范围来看，欧洲有限公司的平均寿命是12.5年，1970年名列《财富》500强的世界大公司，到了20世纪80年代有1/3榜上无名。可见一个企业要想长期经营并不是一件简单的事情。但是从另外一个角度看，如果一个企业能够经营百年而不衰，它一定在经营中积累了独到的成功经验。兰德公司得出的结论就是：

（1）以人为本。一个企业要经营发展，首先要有一定的资源，这些资源包括：人、财、物、信息。在这些资源中，这些优秀的公司没有把自己具备大规模的财力物力看成企业成功的法宝，也没有认为掌握公关关系是成功的关键，而是认为他们的成功是因为他们具有一批优秀的员工队伍，因此他们始终把员工看成是第一位的，他们始终尊重员工，培养员工的能力，满足员工的各种需求。

21

（2）团队精神。一个大规模的企业，它一定有错综复杂的组织结构，有千差万别的员工，这些员工是靠什么聚集在一个企业中来为企业工作的呢？当这些员工的利益、部门的利益发生冲突的时候，靠什么原则来解决的呢？这些优秀的企业就是依靠培育团队精神来调节利益、解决冲突的。

（3）社会责任。《史记》中讲，"天下熙熙皆为利来，天下攘攘皆为利往。"人在社会中生存必须要有生活资料。企业要生存发展，也必须要获得利润。但是这些优秀的企业并不是把利润作为自己经营发展的唯一目标，在很多情景下，它们更多地考虑的是自己承担的社会责任。

无独有偶，《财富》也作了一个类似的调查研究，得出基本一致的结论。通过对业绩好的公司和业绩一般的公司的对比研究，得出以下结论：

业绩好的公司优先考虑事项	业绩一般的公司优先考虑事项
协作精神	尽可能减小风险
以顾客为中心	尊重各级管理者的指挥
公平对待雇员	支持老板
主动性和创新精神	做出预算

报告还指出："最受赞赏的公司不仅在文化目标上一致，而且对实现目标的方法上也是一致的。"这个研究成果告诉我们：

（1）团队精神。业绩好的公司始终站在整体上进行系统思考，员工们更多考虑的是部门和部门之间、员工和管理者之间、员工和员工之间的协调、配合，不是只考虑自己和自己所在部门的利益得失。

（2）顾客导向。一个企业的产品只有给消费者创造价值，让消费者满意，才能让消费者接受，企业才能持续经营。这些业绩好的企业始终坚持顾客导向，它们产品的研发、生产、服务始终围绕着消费者的需求。

（3）以人为本。每个员工都有自己的需求，他们不仅有物质上的需求，还有精神上的需求，他们不仅要把自己和其他企业的员工进行各方面的比较，还要和内部员工比较。这些业绩好的公司就可以创造这样一种机制，能让员工感到公平，让员工的需求得到满足。

（4）责任意识。员工能不能真正的做到爱厂如家，热爱自己的本职工作，尽心尽力做好每一项工作，是企业能否提高生产效率的关键。这些优秀的企业就能够培养员工的主动性和责任心，从而提高企业的生产效率。

（5）创新精神。消费者的需求在不断地变化，竞争者的技术也在不断提高，科学技术更是日新月异，因此企业必须跟上这些变化。这些优秀的企业就是能够建立起创新机制，培养员工的创新精神，不断加强企业的创新能力，从而立于不败的境地。

案例分析

从以上两个研究成果我们可以得到一些关键词："以人为本"、"团队精神"、"社会责任"、"顾客导向"、"责任意识"、"创新精神"。其实这些关键词的内涵就是企业文化的主要内容，一个企业要想持续经营、长久发展，就要根据自身特点，诠释这些概念，塑造这些精神，建立起适合自己的企业文化。

思考题

1. 你能理解这些理念吗？
2. 在你的管理工作中，是否能坚持使用以上理念？

第一节 企业文化的定义

一、文化的定义

要想对企业文化有一个全面、深刻的理解，应该先对"文化"有个明确清晰的概念。

其实人们对"文化"一词的理解通常有广义和狭义之分，而一般大众所理解的文化是狭义的，是指我们日常生活中所看得见的语言、文学、艺术等活动，如果一个人很有知识，就会说这个人很有文化。而和企业文化相关联的这个"文化"是广义的大文化，在此，我们讨论这个广义的文化定义。

在我国，文化一词最早出现在《易经》中，"文明以止，人文也。观乎天文以察时变，观乎人文以化成天下。"意思是要以文化典籍和礼仪道德来教化大众。"文化"这一整词在西汉以后正式作为专有名词使用，其内涵即为"文治教化"或"以文教化"，而"人文以化成天下"其实已切入了后来"文化"的内涵，并成了中国传统文化的基本精神。

中国《辞海》给文化的定义是：文化有广义狭义之分，从广义角度讲，"指人类在社会实践过程中所创造的物质财富和精神财富的总和"，从狭义的角度讲，"指社会的意识形态，以及与此相适应的制度和组织结构。"

《现代汉语词典》对文化的解释是：① 人类在社会历史发展过程中所创造的物质财富和精神财富的总和，特指精神财富，如文学、艺术、教育、科学等；② 指一个历史时期不依分布地点为转移的遗迹和遗物的综合体（考古学用语）；

23

③ 指运用文字的能力和一般知识。

国外很多学者都从各自学科的角度出发给文化予以了多种定义，据说现在世界上有关文化的定义已达 250 多种。美国著名文化学专家克罗伯和克拉克洪的《文化：一个概念定义的考评》一书收集了 166 条文化的定义，这些定义分别由世界上著名的人类学家、社会学家、心理分析学家、哲学家、化学家、生物学家、经济学家、地理学家和政治学家所界定。在该书中，两位学者把所收集的有关文化的定义分成七组，并在每一组定义后，予以了综述和评判，这对理解每一组定义起到了导向作用。这七组定义分别为：描述性的定义、历史性的定义、行为规范性的定义、心理性的定义、结构性的定义、遗传性的定义和不完整性的定义。

现从其中的 162 条英文定义中选出典型意义的定义（以克罗伯和克拉克洪的分组为准，每组择一）摘录如下：

（1）泰勒（1871 年）：文化或文明是一个复杂的整体，它包括知识、信仰、艺术、法律、伦理道德、风俗和作为社会成员的人通过学习而获得的任何其他能力和习惯。（属描述性的定义）

（2）帕克和伯吉斯（1921 年）：一个群体的文化是指这一群体所生活的社会遗传结构的总和，而这些社会遗传结构又因这一群体人特定的历史生活和种族特点而获得其社会意义。（属历史性的定义）

（3）威斯勒（1929 年）：某个社会或部落所遵循的生活方式被称作文化，它包括所有标准化的社会传统行为。部落文化是该部落的人所遵循的共同信仰和传统行为的总和。（属行为规范性的定义）

（4）斯莫尔（1905 年）："文化"是指某一特定时期的人们为试图达到他们的目的而使用的技术、机械、智力和精神才能的总和。"文化"包括人类为达到个人或社会目的所采用的方法手段。（属心理性的定义）

（5）威利（1929 年）：文化是一个反应行为的相互关联和相互依赖的习惯模式系统。（属结构性的定义）

（6）亨廷顿（1945 年）：我们所说的文化是指人类生产或创造的，而后传给其他人，特别是传给下一代人的每一件物品、习惯、观念、制度、思维模式和行为模式。（属遗传性的定义）

（7）萨皮尔（1921 年）：文化可以定义为是一个社会所做、所思的事情。（属不完整性的定义）。

人们对文化的认识经历了三个阶段：① 20 世纪前，把文化看成是人类的精神现象，文化的内涵包括文学、艺术、宗教、哲学等；② 20 世纪上半叶，主要从社会结构、功能形态角度来研究文化现象；③ 第二次世界大战后，随着经济的主导作用的体现，文化研究逐渐转向现代工业社会和经济生活，因此出现了企业文化。

案例2.2　赵匡胤杯酒释兵权

宋代开国皇帝赵匡胤自从陈桥兵变、夺得政权之后，担心他的部下将来也会效仿他，因而想解除手下一些大将的兵权。于是在961年，安排酒宴，召集禁军将领石守信、王审琦等饮酒，叫他们多积金帛田宅以遗子孙，歌儿舞女以终天年，从此解除了他们的兵权。在969年，又召集节度使王彦超等宴饮，解除了他们的藩镇兵权。宋太祖的做法后来一直为其后辈沿用，主要是为了防止兵变。由此看来，通过一杯酒，赵匡胤把兵权、政治都稳定了下来。

但这样一来，兵不知将，将不知兵，能调动军队的不能直接带兵，能直接带兵的又不能调动军队，虽然成功地防止了军队的政变，但却削弱了部队的作战能力，以至宋朝在与辽、金、西夏的战争中，连连败北。

（摘自《管理者的有效沟通技巧》，作者余世维）

思考题

1. 从这个案例中，你是怎样理解酒文化的力量的？
2. 传统文化像酒文化、茶文化、地域文化是否影响你们公司的企业文化？

二、企业文化的定义

什么是企业文化？正像一千个人心中，有一千个哈姆雷特一样，关于企业文化的概念，有着各式各样的认识和阐述。顾名思义的说法是：企业中的文化。但是严格的科学定义是不能这样表述的。据不完全统计，目前企业界和学界对企业文化的定义有200多个。在众多的定义中，比较有影响的是：

（1）威廉·大内在《Z 理论》一书中是这样描述的："一个公司的文化由其传统和风气所构成。此外，文化还包括一个公司的价值观，如进取性、守势、灵活性即确定活动、意见和行动模式的价值观。"

（2）特雷斯·迪尔和艾伦·肯尼迪在《企业文化——现代企业的精神支柱》一书中认为：企业文化是由五个因素组成的，这五个因素是价值观、英雄人物、习俗礼仪、企业环境和文化网络。

（3）埃德加·沙因在《企业文化与领导》中指出："企业文化是由一些基本假设所构成的模式，这些假设是企业在探索解决对外部环境的适应和内部的结合问题的过程中创造和形成的，它们行之有效，是组织成员在认识、思考和感受问题时必须掌握的正确方法。"

（4）约翰·科特在《企业文化与经营业绩》中认为："企业文化是企业员工，至少是企业高层管理者们所共同拥有的价值观和行为方式。"

从以上的定义我们可以看出，国外学者们对企业文化的定义在以下几个方面是一致的：① 注重员工的需求，提倡以人为本的理念，不再把员工看成是工具，而是通过柔性的管理即文化的方式来调动员工的积极性，同时也让员工满意；② 企业的价值观就是企业文化，注重企业理念的建立。

企业文化传入我国和改革开放是同步的，国内的企业家和学者对企业文化进行了艰难的实践和深入的研究，取得了很大的成果，有了深刻的认识，其中对企业文化比较著名的定义有：

（1）张德教授在《企业文化建设》中对企业文化这样描述："是指企业全体员工在长期的创业和发展过程中培育形成，并共同遵守的最高目标、价值标准、基本信念和行为规范，它是企业理念形态文化、物质形态文化和制度形态文化的复合体。"

（2）魏杰教授在《企业文化塑造——企业生命常青藤》中给企业文化的定义："企业文化是企业信奉并付诸实践的价值理念，从形式上看是属于人的思想范畴的概念，从内容上看是反映企业行为的价值理念，从性质上看是属于付诸实践的价值理念，从属性上看是属于企业性质的价值理念，从作用上看是属于规范企业行为的价值理念。"

（3）罗长海教授在《企业文化学》中，对企业文化给出了比较有实践指导意义的定义，他认为："企业文化是企业在各种活动及结果中所努力贯彻并实际体现出来的以文明取胜的群体竞争意识，并且表现为企业的总体风采和独到的风格模式。"罗教授关于企业文化的定义较为清晰地表述了企业文化的本质属性，现对其中的关键词作一些解释：

1）群体竞争意识：群体意识是指企业的员工都能够接受的共有思想，也就是共有价值观，如果一个企业的员工各有各的想法，各有各的目标，甚至离心离德，那么这样的企业是不会有效率的。企业的共有的价值观必须有竞争的内涵，因为市场的属性就是竞争，任何一个企业都是在激烈的市场竞争环境中发展壮大起来的。因此一个企业在培育自己的群体意识时要引入竞争的内涵，既要考虑整个企业在市场上和其他企业的合法竞争，还要考虑企业内部员工之间的有序竞争。

2）在活动中贯彻和结果中体现：企业文化应该对员工的行为有所指导和约束，员工在生产中应该按照标准化的流程作业，在社会交往中也应该表现出文明的举止，这就是企业文化中的行为文化。另外，一个企业是否有文化，最简单的检验办法就是看它提供的产品和服务。卓越的产品或服务都是源自于优秀的企业文化，一个没有文化的企业是很难提供优秀的产品和服务的。

3）文明取胜：文明取胜的含义就是相关利益群体的共赢。一个企业不可能是独立存在的，和它相关联的有股东、员工、顾客、社区、社会等，企业经营的实质就是在利益群体中分配它赚取的利益。一个具有优秀企业文化的企业就应该具有一套良好的运作机制，它能在利益群体之间合理分配，让他们都感到满意，这实际上就是在企业这个层面来和谐社会。

4）总体风采和独到的风格：企业文化不仅仅是企业的价值观，它还牵扯到企业管理的其他方面，比如企业的规章制度、员工的行为准则、企业的标志等，这些内容都应该由一致性的理念来指导，这就是总体风采。另外，一个企业的企业文化是哪里来的呢？它主要来源于企业的成功经验，它是在企业的经营实践中提炼出来的，而不是外来的，一个企业的发展历程是不同的，所以每个企业的企业文化也应该是独到的。

思考题

1. 如果群体意识中没有竞争的内涵，这种企业能持续发展吗？
2. 你是如何理解共赢的？
3. 在你们企业的发展历程中，你能提炼出哪些精神？

三、企业的相关利益者

组织是一个由一群有利益关系的个人或团体组成的系统，它确立并管理着他们之间的关系，相关利益者就是这些个人或团体。相关利益者可以对组织的重大决策施加影响，比如战略决策、人事任免等，同时他们分享着组织的经营成果。一个组织的相关利益者可以分成三类：① 资本市场上的相关利益者，包括股东和借款人。股东是最重要的相关利益者，他们希望他们的投资最大化，至少要高于平均利润，借款人（比如银行）则是按照合约来获得投资及回报；② 产品市场上的相关利益者，包括顾客、供应商和经销商，他们都是和原材料或设备的采购、产品或服务的销售有关，也在交易中获得利润或价值；③ 企业经营的相关利益者，包括员工和管理人员，他们向企业付出劳动，同时获得薪酬、福利或能力的提高、个人价值的实现；④ 和社会相关的利益者，包括社区、政府和社会公众。社区向企业提供土地资源、人力资源，企业则向社区提供就业机会、优美的环境；政府通过税收和政策、标准来和企业联系；社会公众通过舆论和潜在的顾客影响企业，企业则需要通过建立良好的形象来影响公众。

企业在经营过程中必须妥善处理与各个相关利益者的关系。如果一家企业只是获得平均利润，它很难满足各个利益者的需求，企业只能注重与主要利益者的关系，此时其他利益者就要和企业发生冲突。只有在企业获得超额利润的时候，企业才能有足够多的财力和精力来处理好与相关利益者的关系。因此，企业要处理好相关利益者的关系，首先要有良好的经营绩效，其次要用正确的标准和态度来对待它们。

思考题

1. 和你所在班组相关的利益群体有哪些？

2. 给你的相关利益者排序。当你的班组和它们发生冲突的时候，你有有效的办法解决吗？

第二节　企业文化的功能

自从 20 世纪 80 年代掀起企业文化热以来，世界各地的许多企业都将文化引入到企业管理的实践中来，大大地提高了企业的经营绩效，同时管理学家也从不同的视角证实和分析企业文化的作用，利用文化来提高企业的竞争力已成共识。具体来讲，企业文化具有以下功能。

一、激励功能

所谓企业文化的激励功能，是指公司的企业文化能从员工的根本需求出发，激发出员工工作的主动性、自觉性、积极性和创造性。企业文化为什么会有激励功能呢？我们可以从员工的需求层次出发来解释这一功能。按照马斯洛的理论，员工的需求可以分成生理需求、安全需求、社交需求、尊重需求和自我实现需求五个层次，一个优秀的企业文化能够使员工的以上需求得到满足。物质文化可以通过对工作环境的改造、文化生活设施的建设来提高员工的满意度，

电力企业学习型班组长培训系列教材

企业文化理论基础篇

还可以通过合理的薪酬体系来满足员工的较低层次的需求，从而达到激发员工工作动力的激励效果。企业精神文化同样可以激励员工，企业可以树立一个远大的经营目标或愿景，让每一个员工的理想都融入其中，从而给员工一个实现自我价值的平台。

案例2.3 奥克斯的文化激励

人，一方面都有惰性，另一方面也都有满足个人欲望的要求。奥克斯讲"以人为本"，就是要采取各种有效的激励手段，引发人自觉地克服惰性，主动追求，通过实现企业目标而达到自我利益的满足。奥克斯采用激励的方式也很有讲究，经总结归纳，有以下六种：

（1）目标激励。如2000年奥克斯将空调销售目标从17万台提升到50万台时，几乎没有人相信，但事实证明，经过努力拼搏，他们远远超越了这个目标，并连续3年保持80%以上的增长速度。可见目标激励最能激发人争强好胜的愿望。

（2）物质激励。如合理化建议奖励、伯乐奖、承包考核制度、销售奖励政策等，都是按照不同的客观实际情况，提出经济激励举措，通过经济价值规律的广泛运用，在企业内部倡导"人人动脑筋，个个当伯乐，多得奖金是奉献"，激发全体员工的创造活力。

（3）荣誉激励。通过通报表扬、提拔重用、授予先进称号、出国旅游、与总裁共进午餐等方式，使员工获得精神的满足，激发大家奋发向上。

（4）竞争激励。奥克斯提出"三个和尚有水喝"的新观念，处处营造竞争氛围，完善并固化干部竞聘上岗、员工优胜劣汰等竞争机制，促使组织成员消除惰性思想、保持最佳战斗状态，在企业中形成"今天工作不努力，明天努力找工作"、"能者上、平者让、庸者下"的赛马场，为优秀人才脱颖而出创造机会。

（5）股权激励。按照"利益共享，风险同担"的理念，在各公司逐步实行股份制，让管理、技术、销售等岗位的骨干人员均参与股份，站在人人都是老板的角度去关心企业，打造经济利益共同体，确保公司健康稳定发展。

（6）处罚激励。通过批评、通报、罚款、降薪、降职、转岗等处罚手段，鞭策员工改正错误缺点，端正工作态度，重新焕发工作热情，减少阻力，增强拉力，推动企业进步。

（摘自世界企业文化网《奥克斯企业文化全案剖析》）

29

二、导向功能

企业文化的导向功能是指它对整个企业的决策方向、经营行为能起到确定、引导、规范的作用，同时也能把员工的个人目标引导到企业的目标上来。在企业的经营过程中，只有全体员工同心同德、朝着统一的目标协同努力，才能形成合力，提高企业的经营绩效，形成强大的竞争力。这是因为：① 企业文化能确定企业的发展方向。精神文化中的企业的使命、宗旨、愿景等能明确的指示出企业的目标和责任，这些内容都用精练的、有煽动性的、富有哲理的语言来表述，经过长期的熏陶、教育，就能铭刻在员工的心中，升华员工的精神，让员工的精神融入企业的精神中来。② 企业文化能指导企业和员工的发展。企业的价值观能明确指出在经营中好坏的标准、重要性的先后次序以及企业提倡什么，当管理者或员工进行决策时，这些标准就会自然地指导员工，提高决策质量，保证企业往企业的目标上发展。正如彼得斯和沃特曼所说，"在优秀的公司里面，因为有鲜明的指导性价值观念，基层的人们在大多数情况下都知道自己该做些什么。"

三、约束功能

随着社会的进步、文明程度的提高，管理者大多倾向于用"Y 理论"来假设员工，即把员工看成是愿意勤奋工作的，但是不可否认，很多员工还是有私心的，他们会采用一些隐蔽的手段来实现自身利益而不顾对企业和其他员工的伤害。企业文化可以在一定程度上约束这种行为从而减少伤害。

企业文化的约束方式包括制度调整和道德感化。制度包括法律法规、经济规则、公司规定、契约以及等级结构，企业的制度文化就是由这些内容构成的外显文化，没有规矩不成方圆，这些制度确立了员工行为的底线。但是企业文化的约束力更多的是一些不成文的软约束也就是道德感化，其主要内容包括价值观、企业伦理、风俗习性等，当企业把这些信念灌输到员工心目中并形成一种定势后，员工就会用一种高标准的道德情操来要求自己。企业文化的约束力还来自于企业的行为规范，通过标准化的流程，也可以让员工养成良好习惯。

四、和谐功能

和谐功能也是协调功能的延伸。企业文化的和谐功能表现为对外协调和对内协调两个方向上，企业文化大师沙因则称之为外部适应功能和内部结合功能，他认为，文化所发挥的作用能够解决团体的两个基本问题：在外部环境中的生存能力和对外部环境的适应能力，保证企业长期生存和发展的内部结合能力。

首先，企业文化应该可以体现企业和社会的关系问题，让企业的发展目标、战略方向和经营行为与社会的发展趋势和政府的大政方针和谐一致，这样企业就能顺应历史潮流，就能获取各种资源，就能实现长久发展。尤其在提倡科学发展观的今天，一个有着优秀文化的企业更应该和谐好各个方面的关系。同时，优秀文化下的企业，也能够清楚地知道自己所应该承当的社会角色，努力树立起企业的美好形象。

其次，企业文化对内可以协调好各部门之间以及员工之间的关系，减少冲突。企业文化始终强调团队精神、系统思考，员工应该站在全局的利益而非个人的角度进行工作，这样就能够形成合力，使企业的资源得到有效利用。

企业文化的这一功能和国家电网公司的"内质外形"建设相吻合，"内质外形"建设就是企业文化和谐功能的体现。"内质"即企业内部素质，包括人员、资产、管理等方面的综合素质，其中人员素质在诸多素质要素中起着关键性、主导性的作用。企业内部素质的不断增强是企业发展的内因。"外形"即企业外部形象，包括社会责任、公众形象、标识等，"外形"反映企业员工的共同理想追求、共同价值观念的体现。正如国家电网公司领导人所说："企业内在素质决定外部形象，外部形象对内部素质有积极的促进作用。"

五、凝聚功能

我们常说"团结就是力量"，员工之间的团结就是企业文化的凝聚功能的表现。随着市场竞争越来越激烈，企业的凝聚力也就越来越重要，一盘散沙的企业是不可能实现企业目标的，只有在企业中形成统一的价值观、激发起员工的主观能动性，才能提高企业的经营绩效。利用企业文化来提高企业的凝聚力，可以通过以下方法来实现。

（1）生产参与。在现代企业中，生产是靠全体员工共同努力来完成的，个体必须参与到群体里来才能实现自己的价值，企业也需要每一个员工的协调工作，才能完成组织目标。因此企业文化就要形成一种机制来指导、肯定和鼓励员工的参与，这样就可以通过建立归属理念、指导归属行动和赞扬归属结果这一过程来强化企业的凝聚力。

（2）道德强化。企业文化中的价值观、企业精神都是人类文明的结晶，是高尚的道德情操，这些内容很容易和员工心目中善良的一面相结合，从而激发起员工的良知，让个人的愿景融于企业的目标，这样就保持了员工在行为上的协调、相互适应和一致，从而产生凝聚力。

（3）需求满足。员工进入企业的基本目的是为了满足自身的需求，如果企业不能满足他的需求，他就可能离开；如果企业能满足他的需求，他可能继续在企业中工作；如果企业给员工提供的超过了他的需求，员工就会感谢企业，从而产生归属感和凝聚力。在倡导以人为本的企业中，企业就应该了解员工的各个方面、各个层次的需求，给员工创造惊喜，让员工真正地"爱厂如家"。

案例2.4　凝聚力——福特度过难关的法宝

20世纪70~90年代，日本汽车大举进入美国市场，福特汽车销量逐年下滑，1980年出现了34年来第一次亏损，并且到1982年，3年亏损总额达33亿美元。与此同时，工会与公司的关系也十分紧张，人心涣散。然而，面对这两大压力，福特公司却在5年内扭转了局势，其制胜的原因就是加强内部的合作和投入，形成一股强大的凝聚力。在这次行动中，公司上下都在执行着一些基本的原则。

（1）每个员工都是重要的。企业领导不论是在制订计划还是在日常的交往中，都必须发自内心地记住这一基本原则，并且要把这一原则处处体现在自己的行动上。公司总经理贝克先生在谈到自己对于职工的态度时说："当我每次看到某个人的时候，我都要一丝不苟地对待他们，使他们认识到自己的重要性。心不在焉只会给他们带来伤害。"所以他在与工人相处时，都以友好、平等的态度来倾听他们的谈话，帮助他们解决各种困难。这样一来，职工们会以更加高昂的士气去进行工作。

（2）要认真倾听职工的意见。工作在装配线上的工人们由于天天与生产线接触，因而，往往比领导更熟悉生产情况，他们完全可能想到经理们所想不到的方法来提高劳动生产率。因此，领导是否能够倾听工人的意见便至关重要。如果当职工提出关于公司生产经营等方面的建议，或其他有关企业事宜，而被拒绝的话，则会使他的自尊心受到伤害，从而对工作失去信心，最终影响企业劳动生产率。特别是青年人，往往会因为受到上级的责难怀恨在心而怠工，生产次品来进行报复。所以作为一个企业领导，即使不从人情的角度来考虑，也应当从企业经济效益得失的角度来考虑，认真倾听职工的意见。士为知己者用，如果连坐下来听听对方的谈话都做不到，那就更谈不上使人才为你所用了。

（3）对每一位职工都要真诚相待，信而不疑。人与人之间最宝贵的是真诚，只有建立在彼此推心置腹、真诚相待、信而不疑基础上的友谊，才能经得起考验。管理人员要是真正尊重职工，就必须和职工建立起这种经得起考验的友谊。但要做到这一点，并不是一件很容易的事，这要求管理者无论身居何职都要坚持不耻下问，与下属兄弟般相处。福特公司曾经向职工公开账目，这一作法使职工大为感动。实际上这种作法对职工来说无疑产生了一种强大的凝聚力，它使职工从内心感到公司的盈亏与自身利益息息相关，公司繁荣昌盛就是自己的荣誉，分享成功使他们士气更旺盛，而且也会激起他们奋起直追的勇气。这就是坦诚关系的妙用。

生产率的提高，必须满足的一个条件就是员工对企业的忠诚、对企业的认同和对企业的凝聚，有了凝聚力，企业的其他困难总是可以克服的。

案例分析

这个案例告诉我们福特公司克服困难的办法是充分发挥凝聚力，而凝聚力的产生源自对员工的尊重。但是这个故事毕竟发生在20多年前，当时企业文化的实施刚刚起步，因此福特的操作方法还有很多欠缺。

思考题

1. 你认为处于什么环境中的企业更需要凝聚力？
2. 你的班组有凝聚力吗？你可以用什么办法来让你的班组更加团结？

六、培育功能

以人为本的企业始终把员工素质的提高作为企业核心力量。优秀的企业文化首先在精神方面提高员工的道德修养，有社会责任的企业会将责任意识灌输给员工，有明确价值观的企业会将价值标准传递给员工，这样的员工势必会有高尚的人生理想。优秀的企业文化还会塑造员工的工作态度、提高员工的工作能力，培养员工的整体素质。比如青岛发电厂本着"以人为本，育人为先"的哲学观，在全厂员工中大力实施"素质工程"，采取学习、培训、考试、考核、考评相结合，政治理论学习与岗位技能提高相结合，考核成绩与评选先进相结合的方法，把这项工程渗透到每一项工作中去，从而提高了员工的素质。

松下幸之助曾经对员工说："如果人家问你，'你们公司生产什么？'你应回

33

答说，'松下电器公司是造就人才的，也是生产电器产品的，但首先是造就人才的。'"松下通过其卓越的文化的确造就了很多人才。比如，井植薰在松下工作25年后，离开了松下，自己创办了另一家伟大的公司——三洋公司，在回忆起松下的经历时，井植薰说，"我在松下公司学会了经营，懂得了以培养人才为前提的经验之道，这是一笔无形的财产，但它是比任何物质财富都可贵的思想财产，凭借着它，我叩开了一扇又一扇成功之门。"

思考题

1. 在你们企业中，企业文化的哪些功能体现的比较突出？
2. 在你的班组中，企业文化的哪些功能最有用？你认为应该如何培育？

第三节　影响企业文化的因素

一个企业的企业文化是从哪里来的呢？有的人认为，只要借鉴世界上优秀企业的企业文化，一个企业就可以得到一套完整的文化体系，这是一种错误的认识。实际上，影响一个企业的企业文化的因素有很多，在这些因素共同作用下，经过高层管理人员或其他咨询机构的梳理，才能得到一个适合自己的企业文化。影响因素主要有：

一、企业的发展历程

对一个企业的文化影响最大的因素就是企业的发展历程。一些文化现象实际上始终伴随着一个企业的成长发展。比如约定习俗，很多企业都有早上上班升旗的习惯，这就是塑造团队精神的一种方式。企业的创始人对企业文化的形成都有深刻的影响，像IBM的创始人汤姆斯·约翰·沃森就把自己的人生哲学"尊重个人"、"顾客至上"、"追求卓越"融入企业管理中来，最后成为企业文化的主旋律。在企业的发展中，经常会涌现出一些模范人物的先进事迹，他们是企业文化人格化的体现，"铁人"王进喜的大庆精神、张秉贵的燕京第九景等都发挥了这种作用，向英雄人物学习的过程，就是企业文化的培育过程。

案例2.5　狼的特性——华为公司的企业文化

任正非先生是中国华为公司的董事长，解放军军人出身，具有战斗意识。

华为公司生产电话程控交换机，这几年华为的业绩越做越好，凌驾于对手贝尔公司之上，给贝尔带来强大的威胁。华为企业的文化居然只有一个"狼"字，狼的文化，狼的嗅觉。

任正非先生说狼有三个特性：① 敏锐性。狼嗜血，什么地方一有血腥味很快就闻到了。这就是华为作为一家企业，要随时对商机非常敏感，任何地方有利益、有商机，要像狼闻到血一样，马上能够敏锐地感受得到；② 坚韧性。无论寒天大雪狼也出动，狼不避风雨，不怕寒冷，即使环境再恶劣也要活下去；③ 团队精神。最重要的是狼有成群出动的特性。中国人说虎狼成群，这个话的意思就是狼一出动就是一群出动，狼打团体战，从来不单兵出击。

案例分析

任正非的性格中具有狼的一些属性，比如敏锐、坚韧和团队精神，他在塑造自己的华为帝国的同时，就是将这些精神融入集团的企业文化中来了。

案例2.6 小天地 大作为

1990 年 7 月，研究生毕业的陈士方身穿蓝色工作装，随毕业学生实习队来到济南供电局在工作一线实习。他总是追着工人师傅问这问那，把随身携带的小本记得满满当当。

定岗后，地调所领导拿着尚未完成的"电网短路电流计算"这个课题，对他说：试试吧。为了把 7 年的电力理论融进电网参数计算之中，陈士方一头扎进资料堆里，在微机前一坐就是几小时。两个月后，"济南电网短路电流计算"软件终于在他手中开发成功，填补了这个局应用微机进行短路电流计算的空白。

行！周围的领导、同事对他暗挑大拇指。1991 年 5 月，他又承担起电网潮流计算的项目。他知道：这个项目非同小可，不仅需要上千个电网运行参数，而且还要考虑到电网运行可能出现的各种情况。初出茅庐的他，感到双肩沉甸甸的，但是这年 11 月，"济南电网潮流计算"软件还是成功地诞生了。软件的使用，具有快速、准确、方便等特点，从此改变了靠经验估算的做法。

实实在在的成绩，引起了领导的关注。去年 5 月，局总工程师孙万勇直接点名："220kV 党家庄——南郊变电站最佳运行方式研究，你干！"在几次熬红了双眼之后，他大胆地提出新的运行方式，一下子，使每年电量损耗降低了 105 万 kWh，创造经济效益 627.14 万元。

是金子，总要闪光。一名高等学府的研究生，在班组这块小天地里，靠实干与睿智踏出了一串坚实的脚印，工作后的第三个年头，他便荣获"车间先进工作者"、"局级先进科技工作者"、"省电力系统先进科技个人"等称号。

（摘自济南供电公司网站）

案例分析

在这个案例中能够提炼出企业的人才观，即千里马是赛出来的。企业倡导这样一种理念：脚踏实地的工作。人才的发展历程也折射出企业的发展历程，从而在某种意义上影响着企业文化的内涵。

思考题

1. 你认为山东电力集团公司历届领导人对山东电力集团的企业文化的贡献在哪里？

2. 在你们公司里，有哪些模范人物和先进事迹对公司的企业文化的形成起到比较大的作用？

二、民族文化和传统文化

企业管理的核心是人，管理者是人，被管理者也是人。企业员工在其成长过程中，无论是学习期间还是工作期间都深受历史传统的影响，不同民族的员工都有不同的文化背景，不同民族的员工，他们的性格特点、思维方式、价值取向中无不烙下民族文化的印记。对整个企业而言，企业文化是从属于民族传统文化的亚文化，传统文化对企业的经营哲学、管理理念、战略决策都有深刻的影响。一个企业在建立企业文化的过程中，一定要和企业所处的民族文化和传统文化相契合，这样才能使员工容易接受。

案例2.7 中日美企业文化比较

1. 日本企业文化的特征

美国学者克里斯托夫在《大和魂》一书中指出，日本企业的特点是：种族价值观、儒家思想、等级森严和忠诚。日本属于农耕民族，由于农耕作业从播种到收获，凭一个人的力量是难以完成的，家族成员必须互助合作，这就使他们逐渐养成了相互协作的习惯；农耕民族以土地为中心，人们愿意世代住在一个村庄而不愿背井离乡，也就形成了一种稳定性。日本企业成功地将儒家伦理引入到企业中来，建立了以"忠"为核心的管理哲学，提出忠、礼、勇、险、信五字，从而使日本企业成为具有强大凝聚力的、等级严明的组织体制。除了"忠"的传统价值观念，日本式管理还注重"和"，即要求在企业组织中形成人际关系的亲密感、依赖感、信任感以及和谐气氛。这样一来，日本企业文化就有这些基本特征：

（1）企业像一个大家庭。所有员工共享利益和共担风险，即使在企业遇到很大麻烦时，企业也不轻易辞退员工，倾向于实行终身雇佣制度。

（2）企业是一个和谐有效的生产单位。为了提高整体效率，为了配合其他员工做好工作，每个员工都愿意牺牲自己的利益，部门之间、岗位之间、个人之间都能很好地协调工作。

（3）企业所有成员都有归属感。企业将家庭的亲密性引入到企业管理中来，每个员工都爱企业如家，虽然等级森严，但是上下级之间、员工之间都能相互尊重，有着良好的工作氛围。

2. 美国企业文化的特征

美国主流文化的三大特征就是个人主义、自由主义和理性主义。与日本的"家族主义"不同，美国人则更推崇"个人主义"和"个人英雄主义"，崇拜英雄。他们的思维是典型的二进制，认为问题的答案只有两种：要么"是"，要么"否"。在管理中美国人喜欢直来直去，经营一般以目标为导向，以成败论英雄，重实际重效率、乐于创新、敢于竞争，体现在价值观上，就是推崇"能力至上"。美国是一个移民国家，流动性强是美国人的遗传天性，同时美国又是一个多种族、多元化、多种语言并存的社会，为了能相安无事，美国人有很强的兼容性和学习能力。美国人曾无不自豪地宣称：工业革命发生在英国，而管理革命却发生在美国，美国之所以能够成为世界头号经济强国，靠的就是管理。从前面的学习中我们也知道了美国的管理理论的变化趋势：从泰勒制到行为科学、到决策理论、到企业文化，整个变化趋势是从"经济人"到"社会人"的"转变"，从"硬性"管理向"柔性"管理的过度。由此可以看出美国是一个注重管理、注重效率的国家，是个学习型的国家。

从美国的社会文化特性来看，从管理思想发展演变过程看，美国企业文化具有以下基本特征：

（1）流动性和创新性。员工的流动性强，强调短期雇用，组织善于学习，因此有很强的创新性，但是员工缺乏对企业的忠诚。

（2）机械性和理性。思维单一，缺乏变通，把企业当成一架庞大的机器，总体来看是注重理性和硬性管理，虽然也有向柔性变化的趋势。

（3）契约和法律意识强。在企业的管理过程中，强调以理性的契约、法规来调整个人利益和公司利益之间的矛盾，实现公司组织的目标。

3. 中国企业文化的特征

中国的传统文化博大精深、源远流长。在整个承传过程中，儒家思想对中华民族精神的塑造起到了决定性的影响。儒家思想倡导责任意识，个人要对自己、家庭、国家和民族负责任，要"修身、齐家、治国、平天下"；要以"立德、立功、立言"高尚的道德标准要求自己并有奉献精神；还强调"天地人"合一的整体观，强调系统思考以及人与自然、与社会的和谐相处。这些优秀的传统思想对企业文化的建设提供了有利的支持。但是，在我们建设企业文化的过程中，也出现了一些不好的影响：

（1）平均主义的思想根深蒂固。"不患寡而患不均"，传统积淀下来的"吃大锅饭"的思想在许多企业特别是国有企业的文化建设中难以消除。

（2）过多注重"人治"，而非"法治"。企业的很多规章制度形同虚设，专业化和标准化程度低，人们把过多的精力、财力用于人际关系，在组织中存在太多的"非正式"组织。

（3）过分强调政治性。由于前些年极左思潮的影响，很多人误以为企业文化就是思想政治工作，使得员工对企业文化产生抵触，企业文化难以落到实处，也就无法产生经济效益。

思考题

1. 在你的班组中，哪些传统遗留下来的文化成为塑造团队精神的绊脚石？
2. 你认为在我们的传统文化中强调创新意识吗？

三、行业特点

按照分类标准，可以将行业分成很多类，比如制造业、建筑业、金融业、商业服务业等，不同的行业生产不同类别的产品，它们的生产方式、管理模式都不尽相同，它们的企业文化也必然差异很大。举例来说，麦当劳属于商业服务业，它的核心经营理念就是"品质、服务、卫生、清洁"，而制造业的格兰仕的核心竞争力就是"低成本大规模"，显然它们的文化内涵大相径庭。因此，不同的行业对企业文化的影响是不同的，也就是说分属不同行业的企业在建立自己的企业文化时，一定要将行业的特点引入到文化建设中来。

案例2.8　中国电力行业的特点及在企业文化中的体现

和其他行业相比，无论是在所有权、产品的属性和功能、用户的特点等方面来看，电力行业尤其是电网有其自身鲜明的特点，这些特点，在电力企业的文化建设过程中，应该有所强调：

（1）电力行业属于资金、技术密集型产业，具有投资规模大，建设周期长的特点，需要国家投资建设，小资金无力涉足该行业，进入壁垒高，竞争不太激烈，为典型的垄断企业。因此企业需要内省的企业文化。

（2）电力产品需要安全保障。电力关系到国计民生，国民经济的发展离不开电力；电力产品还可能致人伤残；电力的风险成本也很高，事故会造成巨大损失。因此，电力行业需要特别注重安全。

（3）服务对象广泛。无论你身处何地，也不论你从事何种职业，每个人都离不开电力，电力行业的服务对象是全体人民，电力是光明和文明的使者。为了能更好地让全体人民满意、让社会满意，电力行业要有良好的服务意识。

思考题

1. 你们公司企业文化中的主要理念和电力行业的特点相符吗？
2. 你们班组的工作有什么特点？相应的在文化上应该有什么反映？

四、地域文化

不论是在世界各地，还是在同一个国家的不同地区，它们的文化都存在着很大的差异。尤其是在拥有50多个民族、方圆960万平方公里的中国，不同地区的人群有着不同的文化背景，他们的思维方式、性格特点等都有很大的区别。这些区别主要来自于气候、地理、物产等方面，比如黄河泛滥区的人们考虑更多的是现在而不是未来。这些地域的差别在企业文化上也要有所反映。例如当海信并购科龙时，海信的管理人员就意识到，两种地域文化的不同导致了两个企业文化的某些冲突。

案例2.9　海尔与齐鲁文化

齐人的务实开放，鲁人的重视礼乐，使齐、鲁两国在文化上各具特色。但两国地域相邻，在文化方面也有很多的共同之处，如重教化、尚德义、重节操等。齐、鲁位居当时华夏文化的领先或者中心地带，国学大师钱穆说过："若把代表中国正统文化的，譬之于西方的希腊般，则在中国首先要推山东人。"

文化的一个重要特点是地域性。海尔地处山东，山东被称为"齐鲁之邦"。海尔人身上容易见到山东人的鲜明个性，海尔文化中也不难发现齐鲁文化的影子。

首先，齐鲁之地诞生了博大恢弘的孔孟儒学，所以海尔受儒家文化的影响比较深。鲁人行为中的重义轻利观念，形成了海尔人讲理想、讲事业的特性。他们担当得起大事，并且也容易抱团。齐人的胆大敢为，则塑造了海尔人认准目标就全力施为的气概，他们决不会、也不肯在困难面前低头。当他们要为一项事业而奋斗时，可以忘我投入、置身家性命而不顾，直至取得最后成功。

鲁人都知道礼有"经国家，定社稷，序民人，利后嗣"的功能。他们敬尊君主，习惯于等级秩序，因此乃有海尔崇尚集体荣誉、看重个人责任之风，对自己的领袖满怀忠诚。另一方面，由于齐文化的起点较低，齐人在以后的国家建设与发展中努力进取，使齐文化表现出了开阔、灵活、积极的特质，这在海尔也有鲜明的体现。

其次，齐鲁还孕育了绚丽夺目的兵学文化，涌现出了姜太公、管仲、司马穰苴、孙武、孙膑等众多著名的兵家。齐鲁兵家的一大特征是务实，讲究充分利用天时地利。《孙子》中有《地形篇》，将自然地形看作是"兵之助也"；《孙膑兵法》则有《地葆篇》，葆，通宝，将行军作战中的有利地形视为宝。

这种用兵时的天时地利，其实也就是企业运营中的机遇。对张瑞敏"长三只眼"的"特异功能"，有一种夸张的形容是："张瑞敏似乎是神仙，每一个机遇都能抓住。"可以说，这正显示了张瑞敏深得齐鲁兵家之真传：如果将帅不善于用兵，不善于利用地形，不善于驾驭部队，其战斗失败则"非天之灾，将之过也"。

不过，海尔领导人从齐鲁兵家中获得的最大教益，可能是辩证性的思维。孙武在以辩证法观点去分析、总结战争规律时，提出了一系列的矛盾对立范畴：敌我、阴阳、动静、进退、强弱、速久、胜负、奇正、虚实等；孙膑则在《孙膑兵法　积疏》中阐述了积疏、盈虚、径行、疾徐、众寡、佚劳六对矛盾的相互关系。它们既相互对立，又互相转化，谁善于掌握它们，谁就能在战争中处于主动，取得战争的胜利。

正是因为海尔深明"有无相生，难易相成，长短相形，高下相倾，声音相合，前后相随"的道理，它才会提出"永远战战兢兢，永远如履薄冰"的生存哲学，才会致力于"不争一日之短长，而争长久之优势"。企业一时的强势如果不能成功地转化为可持续的竞争优势，在市场竞争中最终还是会陷于失败。

策划人王志纲长期活跃于广东，对广东人和山东人做企业的不同曾经有过这样的观察："山东人做企业是自觉地在跑一场马拉松，从一开始就做长线，能够胸怀大志，着眼长远，故海尔能够以'敬业报国，追求卓越'的精神自我激励，长期不懈地坚持品牌战略和其服务理念，最终结出沉甸甸的果实来。而广东人做企业则更像是一场百米赛跑，目标就在眼前，追求短平快，甚至是不捞白不捞，因此广东的企业常常是弄潮的好手，遍地开花，但大浪淘沙，似乎也很难长大。"

"特殊的地域文化对群体产生了极强的约束力和价值认同感，山东人所特有的对模范效应的推崇和追随，常常使海尔的员工有一种强烈的责任感和荣誉感，向心力极强，管理队伍非常稳定。而广东的企业管理层则是动荡不安，人人都想做老板，炒跟跳槽乃家常便饭，故人才难留，管理成本居高不下。一句话，在深受地域文化影响的企业文化的凝聚力和号召力上，广东的企业是难以望山东海尔之项背的。"

（摘自《胡泳的博客》）

案例分析

和企业文化相关的齐鲁文化主要有这些内容：

1. 齐鲁文化的逻辑起点是"以人为本"；
2. "中庸之道"是齐鲁文化的逻辑思维方法；
3. 齐鲁文化的价值取向是"重义轻利"；
4. 齐鲁文化倡导"诚实守信"的价值准则；
5. 齐鲁文化贯穿着以"仁爱"为核心的伦理道德；
6. 齐鲁文化倡导构建和谐的人文环境，强调"以和为贵"；
7. 齐鲁文化的一些缺憾："官本位"、"唯上文化"与"家长制"；自我封闭的小生产意识比较严重；家庭血缘关系影响企业文化。

（摘自《齐鲁文化对山东企业文化建设的启示》，作者房桂芝、董礼刚）

思考题

1. 你认为山东电力集团的企业文化很好地引入了齐鲁文化的哪些优秀品质？
2. 在你的管理思想中是不是也受很多齐鲁文化的影响？

从以上内容可以看出，企业的发展历程、行业特点、传统文化、地域文化是影响一个企业的企业文化形成的主要因素，除此之外，还有一些影响因素如企业所处的政治环境、企业的生命周期等，在此不再赘述。我们在从事管理工作的时候，要知道哪些因素在怎样影响着员工，既要将优秀的品质保留下来，也要警惕不好的文化习惯的形成。

本章重点提示

1. 企业文化是企业的群体意识，是现阶段企业管理的最有效的工具之一。

2. 一个企业的企业文化的功能可以概括为：激励功能、导向功能、约束功能、和谐功能、凝聚功能、培育功能，这些功能对企业的发展都是非常有用的。

3. 一个企业的企业文化的形成不是偶然的，它不仅受宏观因素如民族文化、传统文化、地域文化的影响，还受着企业的发展历程、行业的特点等因素的影响，这些因素的共同作用就形成一个企业的企业文化。

想想做做

1. 在班组管理层面上，企业文化能带来什么好处？

2. 找出影响你们企业文化形成的主要因素。

第三章

企业文化的结构

— 学 习 目 标 —

通过本章学习，你可以：

- 了解什么是企业文化的结构；
- 认识企业的物质文化、行为文化、制度文化的主要内容；
- 了解企业文化各个层次之间的联系。

从系统论的角度来看，我们可以把企业文化看成一个管理系统，它是由一些子系统有机地组织在一起的，这个体系就是企业文化的结构。企业文化的结构就是指企业文化有哪些要素组成以及它们之间的逻辑关系和结合方式，理论界一般将企业文化的结构分为四个层次，即：物质文化、行为文化、制度文化和精神文化。这四个层次之间的关系为：① 精神文化是企业文化的核心，为其他层文化提供思想基础和指导；② 制度文化规范和约束其他层文化的建设，是文化实施的保障；③ 行为文化为员工的工作和社交行为提供指导，是精神文化在员工行为上的体现；④ 物质文化为其他文化提供物质基础，是企业文化的外在表现和载体，也是文化成果的表现。

第一节 物 质 文 化

43

企业的物质文化也叫企业文化的物质层，是一种以物质为形态的表层文化，是企业行为文化和企业精神文化的显现和外化结晶。社会公众认识一个企业的企业文化，首先感受到的就是企业的物质文化。企业的物质文化是企业文化的物质载体，企业的精神文化只有通过物质媒介才能表达出来，同时物质层还是企业文化的物化形态，企业的精神、伦理、审美意识等要通过物质方式折射出来。企业的物质文化包括：企业生产的产品和提供的服务、企业的生产环境、标识、企业建筑以及文化的传播途径等。

一、产品和服务

产品是企业生产的结果，企业是通过产品和顾客发生联系的。消费者得到满足并获得价值，企业实行销售并获得利润。一个企业的企业文化是否优秀，其最简单的检验方法就是看它的产品是否能让消费者满意，如果消费者不满意企业的产品，那么它的企业文化一定是没有用处的。企业文化的一个目标就是让企业生产出物美价廉的产品和提供优质的服务。

优秀的企业文化都提倡一种"顾客至上"、"真诚服务"的理念，在这种理念的指导下，企业的经营必须要围绕着消费者的需求来进行。经营者需要考虑五个产品层次，每个层次都要给顾客增加价值。

（1）核心产品。这是顾客购买产品时获得的最基本的利益和服务，比如住旅馆的顾客，他要购买的基本利益就是"睡眠"，这就是核心产品。当一个市场是卖方市场的时候，企业只要提供核心产品就可以了，但是在商品经济发达的今天，企业如果只考虑核心产品，这种企业是无法生存的。

（2）形式产品。就是产品的具体形式，它包括产品的包装、样式、质量、特色等，比如旅馆需要向顾客提供床、被褥、浴室、毛巾、电视机等。当市场进入买方市场的时候，厂家的竞争将会激烈，厂家在满足顾客核心利益的基础上，要想方设法提供有特色的形式产品来让顾客基本满意。

（3）期望产品。它是顾客在购买产品时，在一定价格下，希望能够得到的产品的一些属性和形式，比如旅客希望旅店能够提供干净的床、安静的环境、新的毛巾等。顾客的期望值来自于以往的经验、行业的平均水平以及厂家的许诺，当厂家提供的产品达到了消费者的期望，消费者就会满意，否则消费者就不会满意，他就不会再购买企业的产品，甚至会传播他的不满，减少潜在消费者群体。因此，企业必须和消费者建立有效的沟通机制，了解消费者的期望和需求。

（4）附加产品。它是超出消费者期望之上的服务和利益，比如旅馆还提供鲜花、美味免费早餐等。当企业提供的产品比顾客想象的还要好，那么顾客就会感到惊喜和愉悦，从而成为企业的忠实顾客。但是提供附加值，会增加企业的成本，减少企业的收入，企业在提供附加值时要慎重行事。

（5）潜在产品。也就是产品未来的发展前景，比如旅馆可能会提供全套家庭式的服务来代替传统的旅馆经营模式。在顾客不断获得附加产品的过程中，他的惊喜和愉悦会逐渐降低，最后降到基本满意的程度，这时企业提供的附加产品和他的期望产品就重合了，那么企业就要开发新的产品，提供新的附加值，也就是说，企业要不断开发潜在产品。

产品的五个层次理论告诉我们，企业要了解顾客的需求和期望，要通过期望产品让顾客满意，通过附加产品让顾客愉悦，企业还要有创新意识，不断提供潜在产品，也就是要贯彻企业文化中的"顾客导向"、"顾客价值"、"创新意识"等理念。

思考题

1. 一个企业的企业文化应该至少有哪些理念才能保证顾客对产品的五个层次的需求？

2. 电这种产品的五个层次的含义是什么？

二、企业的标识

企业的标识是企业视觉形象的表现形式，是企业的文化理念对外传播的具体方式，包括企业名称、企业标志、企业的品牌和商标。

（1）企业名称。企业在注册时就应该有一个好的名字，好的名字应该合乎一些特点，比如要简单，在繁忙的现代社会人们不会关注一个复杂的名字，有关统计资料显示6~10个字符的企业名字是最适合的长度；企业名称还应该名副其实，要与企业的精神、价值观、宗旨协调，让公众通过名字就可以看到企业的理念，像"同仁堂"、"宝洁"；企业的名字还要合乎社会公德和价值，哗众取宠、盲目夸大的名字只会招人反感，像什么"环球集团"、"太平洋公司"。很多国有企业的名字都是地名加上公司的性质，如"青岛供电公司"、"济南移动公司"等。

（2）企业的标识。标识是将抽象的企业精神，以具体的造型图案形式表达出来的平面视觉符号，其中包含文字、图案和企业名称等，它是企业目标、企业精神的表现。企业标识的功能首先是为了强化企业的形象，和其他企业区别开来；其次是对外传达企业的信息，让社会公众来关注、联想、认可企业；标识还可以用于广告、包装以及企业的旗帜、服装上，影响公众的认知。

释义：

- 球形的标志涵盖了国有大型企业无限发展的特征，突出了企业实力。
- 圆形图案是企业团结、力量的象征。又寓意了在新的市场格局中，企业与客户共同发展、和谐相处，具有较强的亲和力。
- 纵横交错的经纬线代表了国家电网公司"经营电网"的核心业务，也代表能源安全、合理、及时的传输。
- 标志的标准色为绿色，代表国家电网公司为社会提供洁净能源，树立良好的企业形象。

（3）品牌和商标。品牌是一种名称、术语、标记、符号或者它们的组合应用，其目的是借以辨认某个销售者的产品或服务，并使之与竞争对手的产品和服务区别开来。品牌不受法律保护，要想让法律保护就要注册商标。商标是一个法律名词，是指已经获得专利权并受法律保护的一个品牌或品牌的一部分。企业的品牌可以为企业带来很多好处：指导消费者选择自己的产品，因为企业将自己产品的特点都凝结在品牌中，和竞争者的产品区分开来；塑造企业的良好形象以增加竞争力，因为企业会将自己的社会责任和伦理道德融于品牌建设中，从而增加企业的美誉度；品牌还可以成为企业的无形资产，到 2004 年，可口可乐品牌的价值已达 673.94 亿美元，微软品牌的价值达 613.72 亿美元，海尔品牌的价值也达到 702 亿元人民币，因此企业可以利用品牌来降低营销成本。

电力企业原先不重视品牌的开发和利用，这是因为一般性的认识是电力是无差别产品，服务也很简单，不需要塑造品牌。但是，现在情况有所不同，各个供电公司逐渐意识到品牌开发的重要性，都已经开始建立自己的服务品牌了。

相关资料　青岛供电公司的品牌

青岛供电公司的服务品牌是"亮出精彩"。"亮出精彩"服务品牌孕育着丰富的文化内涵，具体释义是：

亮出精彩
LIANGCHUJINGCAI

- 塑造精彩形象：树立国际一流的企业形象，廉洁、高效、和谐的队伍形象，真诚、快捷、周到的服务形象，两个文明俱佳的整体形象，使青岛供电事业光明永驻，不断创造新的辉煌。
- 创造精彩人生：尊重人、关心人、培育人，营造团结、和谐、向上的企业氛围。人人爱岗敬业，个个精通业务，天天都有新亮点，年年都有新创造，让人力资源百花齐放，使人生之路更加绚丽多彩。
- 提供精彩服务：以一流的设备、一流的管理，向客户提供精湛的服务，让光明和人们的生活永远相伴，为经济建设提供不竭动力。
- 亮出精彩环境：亮化岛城，美化环境，使青岛更加绚丽璀璨，为建设现代化国际城市增光添彩。

思考题

1. 你们公司的品牌是什么？
2. 你认为你们公司的品牌应该有什么含义？

三、企业环境

企业环境包括企业的地理环境、厂房建筑和办公环境等，美好的企业物质环境，不仅能让员工赏心悦目、精神愉快，工作干劲十足，还可以提升企业的形象，提高企业的声誉，企业环境的安全性也体现了企业以人为本的理念。因此，企业的环境也是企业物质文化中不可或缺的组成部分。

（1）企业的地理环境。企业的总体布局、建筑风格要和周边环境有机结合，才能产生良好的公众影响；一些工厂尤其是电厂更要考虑生态环境和安全性能，造福于当地群众；企业还要考虑自身的经济目标，要按照效率最大化的方式来设计布局；企业的外观还要和企业的视觉识别系统一致，作为其中的一个组成部分。

（2）企业的厂房。为了使以人为本的理念落实下去，企业的厂房都应该是人性化的设计，企业应该更注重员工的健康而不是只考虑企业的效益，设备应该是符合员工的生理和心理要求的，工作空间和设备的颜色应该能够减轻员工的视觉疲劳，还能够缓解员工的紧张心理，厂房内的噪声要降到不刺激员工的程度，还要控制有害气体对员工的伤害。只有这样，企业才能算得上是有文化的企业。

（3）企业的办公室环境。办公室是管理人员、行政人员和技术人员办公的场所，办公室的环境直接影响到工作绩效，在一个有文化的企业中，首先要考虑办公条件的现代化，这是企业效率的保障，同时还要和企业文化协调一致。在节约型的企业中，办公环境考虑的是实用性，在人性化的企业中，应该更多考虑员工的舒适度。

案例 3.1   "三维立体、一体两翼" 的黄台文化

黄台电厂企业文化建设的模式定位是"三维立体、一体两翼"。其主要内容为"以管理体制为核心的厂区文化，以和谐为核心的社区文化，以美学为核心的家庭文化"。从方式途径上看，厂区文化以改变管理方式，提升管理水平为目的；社区文化以形成文化风格和传统的文化形态为目的；家庭文化以提高家庭成员资源品质为目的。其中以厂区文化建设为主，以社区文化、家庭文化建设为辅。通过把厂区、社区、家庭文化建设紧紧联系在一起，形成了浑然一体的"大文化"管理格局。在建设过程中，厂区文化、社区文化、家庭文化既相对独立，又相互融合，互相促进。厂区文化在提升管理素质的同时，对社区文化和家庭文化产生了渗透、辐射和带动作用。社区文化和家庭文化的建设，也为厂区文化建设提供了稳定的企业环境和品质优良的职工队伍。三者相互作用，协调共进，在企业的改革与发展中发挥了整体的文化效应。

"三维立体"的黄电文化体系和建设方式被中国企业文化研究会列为中国企业文化建设第五种模式。

（摘自鲁能人才网）

思考题

1. 你认为美好的工作环境能提高工作效率吗？
2. 你愿意让公司的企业文化渗透到家庭中来吗？

四、企业的旗帜、服装、歌曲和象征物

在建立了企业文化的企业中，一般都有旗帜、服装和歌曲，有些企业还会有象征物和企业之花，这些都属于企业的物质文化。它们又和企业标识、名称、环境一起构成企业的视觉识别系统。

（1）企业旗帜。是指企业的专用旗帜，又称厂旗、公司旗，是一个企业的象征。企业的旗帜有多种用途：作为企业的象征，长期悬挂在企业的重要场所；在一些会议、活动期间，悬挂公司旗帜可以起到指示、引导和宣传的作用；公司旗帜还可以印在工作服、袖标的上面，起到明示的作用。很多公司上班做的第一件事情就是升旗仪式，员工在冉冉上升的旗帜下一起大声背诵企业的愿景，准备以饱满的精神投入工作。企业的旗帜要和企业的标志、文字、色彩相一致，形成统一的视觉效果，还要和企业的文化理念一致，旗帜上的内容应该是企业精神的一个折射。

悬挂公司旗帜是一件庄严的事情，要按照规定的标准执行。山东电力集团在《关于企业文化建设规范化的指导意见》中指出，"各单位不得设计本单位的旗帜，应按集团公司旗帜使用要求规范使用，在广场、会议室等地悬挂有集团公司企业标志或 SEPCO 的旗帜。"

（2）企业服装。是公司为员工统一发放的服装，一般企业至少会为生产一线的员工定制工作服（夹克式工作服），体现企业的劳保和福利，随着企业的发展，企业还给管理人员配发礼服（如西装、夹克衫）和休闲服（如 T 恤）。企业服装除了劳保和福利的用途外，还有许多其他作用：企业服装上要印制上企业标志或文化理念，作为企业文化传播的一个载体；相同的服装可以体现企业的整体性和团队精神；员工穿着工作服，可以提醒自己的身份和角色；优良的企业服装还可以提高员工的工作效率。

企业服装要满足三个基本目的：要满足工作的需要，制作工作服是为了让员工工作起来更加安全、舒适、有效率；和企业文化相匹配，要把企业的主要精神、标志等在服装上反映出来；服装应该美观大方，有文化品位，符合行业特点。

（3）企业歌曲。就是厂歌或公司歌曲，用来反映企业的目标、精神面貌和作风，当企业集会时可以播放或集体合唱，用来振奋人心，增强团队精神，鼓励员工进取向上。它是企业物质文化的重要组成部分，是企业精神文化的最直接的反映，所以一般企业都应该有自己的企业歌曲。对于企业歌曲，山东电力集团曾对下属企业有过这样要求："各单位应设计自己的企业歌曲，在召开大型会议、礼仪庆典等重要场合使用，暂时没有企业歌曲的，可以使用《山东电力

之歌》。集团公司在召开本部大型会议、山东电力系统大型会议时，应播放或演唱《山东电力之歌》。"

（4）企业象征物。一些企业在经营过程中，发现自己的理念和一些动物、植物或图腾的特性很相符，因此企业将它们作为自己精神的代表，也就成了企业的象征物。企业将它们做成雕塑或其他造型，矗立在企业中最醒目易见的地方，向人们提示着企业的精神。比如，江苏红豆集团抓住红豆代表了美好情感的意境，因此把它作为自己公司的服装品牌和企业名称。湖南白沙集团的象征物是鹤，象征企业展翅高飞的目标，也暗示了吸烟时，吸烟者会有飞翔的感受。

案例3.2　石横发电厂的"雁群精神"

山东石横发电厂在塑造企业文化时，发现雁群的活动习性和企业提倡的经营理念非常一致，因此将雁群作为企业的象征物。

（1）目标导向。大雁南来北去，不随便往来，有明确的目标和方向。精力集中到目标的实现上去。

（2）团队精神。大雁保持完整的前进队形，任何一个掉队都会导致整个团队效率降低。大雁成功的迁徙在于成员们的通力合作，只有团队合作，才能共同抵御风险，才能获得更大利益。

（3）不屈不挠，坚持不懈。大雁万里飞翔，不达目的地不罢休。人的输赢在智力更在毅力，企业发展不会永远一帆风顺，抗挫折能力是企业成功的关键因素之一。

（4）危机意识。大雁的危机意识使之能够避开严寒酷热，远离风霜雨雪。员工的危机意识能使企业将问题消灭在萌芽阶段，推动企业更快更强的发展。生于忧患，死于安乐。

（5）稳定和谐。大雁群体之中总是保持稳定的成员搭配，相互之间的位置与关系也相当稳定。它们总是保持和谐的队形与协作程序。和谐稳定的企业氛围将会使得企业运作有序，健康发展。

（摘自石横发电厂网站）

思考题

1. 你们的工作服和企业文化有关联吗？
2. 上网搜索几个企业的象征物。

五、企业的文化体育设施

企业的文化体育设施是企业员工业余文体活动的场所，员工通过参加这些文体活动，可以得到良好的休息，可以提高自身的身体素质和文化修养，还可以通过集体的文化体育活动来提高团队意识，增加对企业的认同感和归属感。因此，企业在建设企业文化的时候，要认识到文体设施的重要性，投入资金建设能让员工满意的文体设施。

（1）文化设施。文化设施包括阅览室、歌舞厅、游戏室、影剧院等硬件资源，还包括文工团、舞蹈队、书法协会、摄影协会以及相关的培训教师等软件资源。文化设施的建设要有利于员工的素质提高，和企业的精神文化相辅相成，不得以赢利为目的；设施的建立要和员工的爱好一致，还要量力而行以提高设施的有效利用。

（2）体育设施。常见的体育设施包括田径运动场、篮球场、排球场、乒乓球室、健身房、游泳池、棋牌室等，这些设施可以培养员工的业余爱好、提高员工身体素质并且给员工提供良好的休息方式。

（3）企业的业余文体活动。有的企业的业余文体活动相当丰富，定期或不定期的举办书画摄影比赛、文艺汇演、歌舞比赛、知识竞赛、运动会、球类比赛、旅游活动等，丰富了员工的业余生活，陶冶了员工的情操。

此外，企业的物质文化还包括企业文化用品和文化的传播途径。文化用品是企业对外交往活动中使用的办公用品，如名片、信笺和信封、宣传册、纪念品等。企业文化的传播途径包括员工手册、网站、广播和标语等。

思考题

1. 你认为像集体郊游或拓展训练等文体活动对塑造团队精神有帮助吗？
2. 在物质文化方面，你可以为本单位提出合理化建议吗？

第二节 行 为 文 化

企业精神文化是企业的员工共同遵守信奉的一种价值观，员工在企业的经营活动和人际交往中将这种价值观付诸实践，这种实践中所体现出来的员工的行为活动，即是企业的行为文化。企业的行为文化就是企业员工在生产经营、学习娱乐中产生的活动文化，是企业价值观在员工的行为上的动态反映。企业行为包括企业家行为、模范人物行为和员工行为规范。

一、企业家的行为

企业家就是企业的创始人或者在企业的决策中举足轻重的最高层管理者。一个企业的企业文化在形成的初期，企业创始人起了决定性的作用，他会将自己的人生观、价值观渗透到企业经营当中，成为企业的价值观和经营理念，进一步影响和塑造着员工的价值观、精神作风和行为方式。但是随着企业规模的扩大，高层管理者的影响力逐渐增强，企业文化也会发生一些微妙的调整，创始人的个性文化逐渐向共性文化过渡，其影响力会有一定的削弱，新的最高层管理者又会将他的价值观影响到企业管理中来。因此，企业家精神对企业文化的塑造起到巨大的影响。反过来，企业家也会受到已形成的企业文化的约束，他不可能凌驾于企业之上，为所欲为，他的行为要受到企业文化的调整。

一个企业家的行为必须要坚持一些基本的原则：

（1）高效率的行为。效率是成功的关键，企业家的高效率行为不仅可以为企业产生较大的效益，还可以对员工有较大的感召作用。

（2）拼搏进取的行为。在企业发展中会遇到各种艰难险阻，企业家的这种精神及行为可以在关键的时候起到中流砥柱的作用，感染员工使他们也同样地百折不挠。

（3）自信、自制、果断的行为。这代表了企业的一种经营风格和工作作风，会对员工起到一定的引导作用。

（4）关心、激励、辅导下属的行为。企业家应该认真、及时地了解员工的想法和具体困难，并帮助解决，满足员工的需求，激励员工、辅导员工以提高他们的绩效，帮助他们实现自己的理想。

（5）判断力、创新能力、逻辑能力等理性行为。

案例 3.3　优秀企业家的行为标准

优秀的企业家需要具备什么特点呢？《孙子兵法》对战场上的领袖给出了一个标准："将者，智、信、仁、勇、严也，"这个标准对今天的企业家不无借鉴意义。

哈佛大学的哈韦尔教授对优秀的企业家给出了建议性的标准：

（1）管理团队方面。对待员工要尊重员工人格，不专横跋扈，给予就业以安全和适当的工作条件，给予合理的工资和分享福利，描绘良好的事业发展前景，经常关爱和激励，重视员工的建议和意见，有效的领导和成功的商业运作。

（2）股东和投资者方面。对待股东要能实现股东权益和利益，高效率的领导，具有远见卓识，创造良好的投资回报预期，对股东负责，积极配合股东的监督工作。

（3）公共关系方面。在处理政府关系时，遵纪守法，支持政府工作，积极纳税承担责任义务，善于与媒介合作，愿意接受采访，公平提供信息来源，提供适当采访报道的条件和方便，经常出入一些重要社交活动。

（4）个人特性方面。面对市场有勇于创新的冒险精神，不驯服的个性特征，丰富多彩的人生经历，大方自然的仪表。

（5）客户方面。尊重顾客，以顾客至上的经营理念，以顾客利益为中心的经营行为。

（6）竞争方面。在处理竞争关系时，诚信、谨守诺言，公平竞争，气度大方，重视竞争中的协作。

（7）社区方面。重视社区，关心公益事业不惜投入，做激励人们上进的榜样，关心和参与社区事务，以社区繁荣为骄傲，为社区提供光荣与梦想的精神力量。

思考题

1. 你认为企业家是天生的吗？
2. 按照以上标准，你们单位的领导者是优秀的企业家吗？

二、企业模范人物行为

企业的模范人物是指那些在企业的发展过程中，对企业或社会做出了巨大贡献的、能被广泛认可的企业员工或管理人员。企业应该注重模范人物的开发培养，他们在企业中有着十分重要的作用：① 他们是企业精神文化的最先实践者。当企业提出一种理念或方法时，由于模范人物的素质和工作技能都相对较高，能够领悟企业的意图。② 精神文化是抽象的，规章制度和行为规范也有些呆板，而活生生的模范人物就在自己的身边，经过他们的潜移默化，公司的核心价值观和基本理念就可以耳濡目染地根植到员工的头脑中，并转化为自然的行为。③ 模范人物还可以起到标准的作用，公司的模范人物是受人尊重的，他们深谙公司的文化，对员工的错误行为可以及时纠正。④ 企业模范群体是一个企业中所有模范人物的集合，他们是企业价值观的综合体现，是企业精神文化的实践者，在各个方面成为企业行为规范的具体体现。

根据企业的实际需要，在企业中可以树立下面几类企业模范，每一类模范

人物都可以在某一领域起到引导和示范作用:

（1）实干型模范。他们是生产一线的班组长或业务骨干,他们埋头苦干,有较强的业务能力,是一线员工提高劳动绩效的榜样。

（2）创新型企业模范。主要是企业的科研人员,他们能够跟踪科学技术的发展,不断学习和创新,研究成果不断被引入到生产一线,他们是科技人员的榜样。

（3）开拓型企业模范。是企业的销售人员,他们勇于创新,善于开拓,锐意进取,百折不挠,不断拓展销售领域,拉动企业的生产。

（4）廉洁型企业模范。他们是企业的财务或高层管理人员,一身正气,两袖清风,办事公正,处事严明,严格执行企业的各项规章制度。

（5）民主型企业模范。他们是企业的行政管理人员,他们了解相关的制度规范,善于处理人际关系,在严格的执行制度的同时又有一定的柔性,将企业的文化最直接地体现于工作之中。

思考题

1. 你周围的模范人物身上能传达出企业的文化理念吗?
2. 查阅许振超的先进事迹,谈谈对你的启发。

三、企业的员工行为规范

行为规范就是在企业中员工所具有或应该具有的共同的行为特点和行为习惯,包括工作上的和社会交往中的。对于工作中的行为规范,应该制定科学的工作标准;对于社交方面的行为规范,应该尊重企业员工已经形成的一些行为习惯,并且根据企业精神文化的要求,将行为习惯进一步修改、提炼、补充,成为规范化的行动指南。

把员工的行为进行规范,有很多好处:① 保障员工的安全健康,同时还能提高员工的工作效率;② 文明礼貌的工作行为和交往方式可以提升企业的形象;③ 它可以产生和谐的人际关系,因为处在一种文明环境中的人们,沟通易于实现,行为易于预测。

思考题

1. 对于下属社会交往方面和工作中不规范的行为,你采取怎样的措施?

54

2. 从企业文化的角度阅读《国家电网公司供电服务规范》。

第三节 制 度 文 化

当企业将企业文化灌输给员工的时候，员工愿意接受吗？答案是否定的。企业的新员工在学习生活过程中，会有自己的生活经验，形成自己的价值观，当他进入企业的时候，他的价值观和企业的理念势必会有一些不同或冲突，他不会立即放弃自己的观点而接受企业的价值观。对于企业的老职工来说，虽然企业文化是在他或他周围的员工身上提炼出来的，但和他的观点会有不同，他也会有一些抵触。因此，企业在执行企业文化的时候，需要一些强有力的制度作为保障，让员工在文化的执行过程中慢慢理解、慢慢地受益，逐渐将企业的价值观和自己的价值观融合，变被动的执行为主动的接受，最后变成自觉的行为。所以，制度文化是企业文化执行的保障，是企业文化不可缺少的组成部分。

制度是任何一个企业存在和发展的必要条件，是企业为了实现自身的目的所制定的标准化、程序化的行为模式。在一个有优秀企业文化的企业中，企业制度的制定必须体现企业精神文化，必须在精神文化的指导下来建设制度文化，制度文化是企业的价值观的具体化、形式化和细化。企业的制度文化具有以下性质：① 企业的制度文化是通过对员工行为的调整和规范来实现企业的目标的，虽然具有一定的强制性，但最终还是要通过员工的自觉性来执行下去。② 企业的制度文化是企业精神文化的具体体现，因此必须符合精神文化的要求，必须在企业的价值观的指导下来设计企业的组织结构和各项规章制度。③ 制度文化对企业的精神文化又有一定的修正作用，在企业的经营过程中，当某些制度不符合实际要求时，就要考虑相应的理念是否不符合时代的发展，是否需要进行某些修正。

和企业文化相关的制度包括团队建设、工作再设计、沟通、培训、职业生涯规划、绩效考评、薪酬管理等，其中团队建设和培训将在后面章节中论述，绩效管理和薪酬管理在本系列教材的《班组管理实务》分册有讲述。

一、工作再设计

工作设计就是根据组织需要并兼顾员工个人需求，规定某个岗位的权、责、利以及在组织中与其他岗位关系的过程。对大部分企业来说，工作已经被设计好了，不可能放弃原先的生产经营活动再来一次全新的设计。所以，只能选择在不影响正常生产经营活动的前提下，对工作进行阶段性的调整和再设计，以期通过这种方式来简化业务流程、丰富工作内涵、激发员工创新意识和工作热情，这就是工作再设计。

常见的工作再设计的形式有以下四种：

（1）工作轮换。就是指在不同的时间阶段，员工会在不同的岗位上进行工作。工作轮换有许多优点：给员工更多的发展机会，让员工感受到工作的新鲜感和工作的刺激，减轻疲劳；使员工在不同的岗位上学到不同的东西，掌握更多的技能；增进不同岗位上员工之间的相互理解，提高协作效率。但它也有一定的局限性：首先，它只能限于少部分的工作轮换，大多数的工作是无法进行轮换的；另外，轮换后由于需要熟悉工作，可能会使职位效率降低，同时还可能有些风险。

（2）工作丰富化。是指在工作内容和责任层次上的基本改变，并且使得员工对计划、组织、控制及个体评价承担更多的责任。充实工作内容主要是让员工更加完整、更加有责任心地去进行工作，使员工得到工作本身的激励和成就感。但是，设计起来局限性大，很多员工的能力可能无法胜任。

（3）工作扩大化。是指工作的范围扩大，旨在向员工提供更多的工作，即让员工完成更多的工作范围。当员工对某项职位更加熟练时，提高他的工作量以相应地提高待遇，会让员工感到更加充实。

（4）以员工为中心的工作再设计。它是将组织的战略、使命与员工对工作的满意度相结合，按照员工的需求来设计工作。在工作再设计中，充分采纳员工对某些问题的改进建议，但是必须要求他们说明这些改变对实现组织的整体目标有哪些益处，是如何实现的。

实行工作再设计，和企业文化倡导的理念是相符的，现代管理提出的以人为本、培育员工的自觉性、员工的自我实现、创新意识、学习型团队等观点，在工作再设计的过程中能够得到部分体现。

思考题

1. 你们公司支持工作再设计吗？
2. 在你的班组中能够实现工作再设计吗？

二、基于企业文化的沟通

管理沟通就是为了某个设定的目标，把信息、思想和情感在个人或群体间传递，以便达成共同协议的过程。有效的沟通首先要有一个明确的目标，是为了让工作能够执行，而不是漫无目的的闲聊；在沟通结束的时候，沟通双方要有一个沟通的结果，也就是要达到共识；沟通时传递的不只是信息，还会有思想、情感掺杂其中。在进行有效的沟通时，要注意藏在语言背后的意图，正如管理学者卡特·罗吉斯所说，"如果我能够知道他表达了什么，如果我能知道他表达的动机是什么，如果我能知道他表达了以后的感受如何，那么我就敢信心十足地果敢断言：我已经充分了解了他，并能够有足够的力量影响并改变他。"

沟通是企业文化的重要组成部分，也是企业文化实施的保障。一个良好的沟通机制首先能有效地传递信息，保证企业有效率的运作，还能充分尊重员工的感情需求，使员工能够达成精神层面的充分交流，从而在员工内心深处激发起对企业的凝聚力和归属感，创造一种和谐的企业文化氛围，真正实现企业的"以人文本"的价值理念。

建立一个有效的企业内部沟通机制，是塑造优秀企业文化的必要条件，可以说，没有沟通就没有文化。优秀的企业文化下的沟通机制应该有以下共性：

（1）倡导有效沟通理念。树立平等沟通、全员沟通理念，在条件允许下，创造人人能沟通、时时能沟通、事事能沟通的良好氛围。管理沟通的有效性与企业文化直接相连，有效的沟通理念是企业文化的组成要素，也是企业文化实施的保障。

（2）建立全通式共同机制。在直线职能制的组织机构下，层级繁杂，信息传递不仅容易产生失真，还会浪费大量时间。为了降低沟通成本，提高沟通效率，管理者应该减少沟通层级，采用最捷径的沟通路径进行沟通。

（3）畅通沟通渠道。为了保证沟通三要素的顺利实现，企业应在企业文化的指导下，根据企业发展战略、结合企业实际情况，引入现代化的沟通工具，设计一套正式沟通和非正式沟通相结合、传统方式沟通和现代方式沟通相结合的沟通渠道。

（4）提高沟通技能。首先，沟通者要学会尊重，学会倾听，倾听对方的字面意思，理解对方的情感，以及背后的目的。其次，要学会清楚、准确、真实地表达自己的意见。还需要注意"角色转换"，"换位思考"，以便更好地理解对方。

（5）建立反馈机制。在有效的沟通机制中，反馈是不可缺少的。沟通本身不是目的，沟通是为了达成某个协议，因此当沟通双方不在同时同地时，一定要及时反馈，尤其管理层对下属的意见更要及时反馈，以便有效解决问题，同时增强管理者和员工之间的理解、相互尊重和感情交流。

案例3.4　惠普的沟通创新

在惠普（中国）公司有这样一种现象，企业办公桌的数量永远比员工的数量要少，企业鼓励员工带着便携电脑在办公室以外的其他地方比如家中办公。而且，由于办公桌总是比员工人数少，所以办公桌总是处于被公用的状态，并非归个人独自专用。所以，实际上员工的办公地点并非固定，员工总是处于流动性的办公状态之中。即便企业的管理者也得遵循这一规则，在公司并没有专用的办公区间。

惠普的这种做法显然是基于其强大的内部网络基础，或者说，正是内部网络的支撑，惠普才真正实现了其梦寐以求的无纸化办公。

我们发现，这种规则的实行，除了对惠普直接产生高效、节能的功用之外，对惠普的公司文化建设也产生了新的推动。比如，惠普提倡员工之间的坦诚相见，提倡"沟通"。那么，由于员工的办公地点并非固定，因此他办公桌的邻居也是不固定的，今天他的邻居是 A 部门的，明天也许就是 B 部门的。这种状态使得成员之间的沟通变得十分有意义，换言之，员工之间面对面的沟通不再局限于本部门，即便是与公司管理层的沟通也不再是困难的事情。

再如，惠普提倡企业内部成员的平等性，要求成员之间平等相处，杜绝明显的等级概念，同时惠普还要求成员与社会其他成员之间也能够做到平等相处。总之，惠普希望"平等"的观念能够深入人心。也许惠普曾为此考虑设计很复杂很详尽的制度体系，但是当"办公桌的规则"出现以后，"平等"这一企业文化理念的推广就不成其为问题了。当企业的一名普通员工坐在办公桌前，想到就在昨天坐在这里办公的还是公司的一名高层管理人员的时候，他对"平等"的领悟就已经是相当深刻的了。

（摘自《南方企业家杂志》，作者叶芃）

案例分析

惠普的做法首先是人为地塑造了一个沟通的环境，周围的同事每天都可能是陌生的，你也就不得不提高你的沟通能力来和他们沟通；这种方式还打破了等级的束缚，体现了"沟通面前人人平等"的文化理念。

1. 你的班组中的沟通机制是有效的吗？
2. 列举你们班组的沟通方式。其中哪些是和企业文化倡导的理念相悖的？

三、职业生涯规划

现代企业应该做好每一个员工的职业生涯规划。什么是职业生涯规划呢？我们先说职业，职业是指个人参与社会分工，利用专门的知识和技能创造物质财富、精神财富，同时获得报酬，来满足自己和家人物质生活、精神生活的活动。职业生涯，就是个人在一生中所经历的一系列的工作和职业的发展路径，人们在每一个职业阶段都有相应的态度、需求和价值观，这也是职业生涯的内容。职业生涯规划，可以从两个方面来说，从企业角度来说，是帮助员工找到个人职业目标和组织发展机会的结合点，充分发挥员工能力，让员工满足，优化配置企业的人力资源；对个人而言，是围绕当前的工作制定自己的发展目标，并通过有效的方法和手段去逐步实现目标，从而实现自己的理想。

实行全员职业生涯规划是可以给企业带来很多好处的。① 企业可以全面地了解员工的价值观、个性、能力以及需求，并给他适合的岗位，从而最大限度地发挥每一个员工的能力，优化配置企业的人力资源。② 可以提升企业员工的满意度、忠诚度，深度挖掘人力资源潜能，为企业的人才储备提供保障。③ 通过高层主管和下属的深度沟通，增进彼此的了解，达成共识，让员工能根据企业发展的需求，确定自己的职业发展方向，同时能减少企业优秀人员的流失。④ 让每个员工在职业生涯中不断地提高自己的职业能力，哪怕离开企业，也会成为一个有益于社会的人才。因此，在具有优秀文化的企业中应该做好员工的职业生涯规划，实现企业和员工的双赢。

职业生涯规划需要企业和员工共同配合才能有效完成。企业的管理者，尤其是人力资源的管理者要做的事情是：① 企业树立正确的职业生涯规划理念，明确企业的发展战略，了解企业现在以及未来中长期对人才的需求状况；② 对员工进行测评和深度面谈，对员工进行一对一的职业辅导，全面了解员工的能力和需求；③ 根据企业的未来需求以及员工的能力和兴趣，共同探讨，确定职业生涯规划表，如表 3-1 所示。

员工也需要对自己进行职业生涯规划：

（1）了解自己。要对自己有个正确的评估，全面了解自己的兴趣、特长、能力、价值观以及社会对自己的看法，还要评估外部环境（工作环境和社会环境）对自己的支持和约束。

（2）确定目标。有效的职业生涯规划是由一个一个目标组成的，因此要根据实际情况，确立个人的近期目标、中期目标、长期目标和人生目标。（下表是一个员工为自己制定的目标计划。）

（3）制订行动方案。有效的职业生涯设计需要有可操作的方案支持才能实现，具体的行动方案是员工实现目标、走向成功的关键。

（4）行动和调整。只有行动、只有创造价值得到认可，才会实现一个又一个目标，才能实现职业生涯的规划。在实现的过程中，可能内外环境的变化迫使你作出一些调整。

表 3 - 1   职业生涯规划表

类　　型	定义及任务
人生规划	整个职业生涯的规划，包括从求学阶段的学业规划到退休之后的生活规划，设定整个人生的发展目标。如规划成为企业老总
长期职业规划	5～10 年的规划，主要设定较长远的目标。如规划 30 岁时成为中层干部，40 岁时成为企业副总经理等
中期职业规划	一般为 2～5 年内的目标与任务。如规划工作 3 年成为基层干部
短期职业规划	2 年以内的规划，主要是确定近期目标，规划近期完成的任务。如对专业知识的学习，2 年内掌握哪些业务知识等

案例 3.5　不合时宜的职业生涯规划

中关村某 IT 公司经过几年高速发展，现已进入一个相对平稳的增长期。今年 4 月，为了"给每一位员工一个看得见的未来"，让他们安心本职发展，该公司决定进行员工职业生涯规划管理。人力资源部对大部分员工进行了一对一沟通，认为已了解员工所需所求后，便为他们重新"定岗定薪定发展"。然而始料不及的是，短短两个月时间里，员工流失率竟达 30% 以上，这些员工的离职理由竟也出奇的一致：一半以上是"个人发展与企业发展目标不符"。8 月份，起先是公司销售总监离职，随后在公司服务了三年多的一位销售主管跳槽，并带走了一批销售精英。不安分的因子似乎感染了每一个员工，公司顿时陷入一片混乱中，一场原本出于好意的职业规划最终发展成为一场"人事大地震"。

员工为何要离职？经过调查了解到，这些离职员工在与公司进行了规划面谈后，有的居然认为是企业对他有意见，有"炒人"的嫌疑，在"你炒我不如我炒你"的心态下，这部分人选择了离开；销售总监则认为自己的职业发展已经走到了一个转折点，渴望更大的发展；至于那位被看好的销售主管，导致他离职的直接原因是公司通过猎头空降了一位销售总监。这位主管认为，公司违背了在《员工职业生涯规划书》的承诺。原来，当时企业认为他的个人能力适合销售总监职位，并给他规划了明确的职业上升路线。但在销售总监一职出现空缺时，公司认为其知识素养尚达不到职位要求，故另作安排，该主管于是愤然辞职。

（摘自《北京人才市场报》，作者张学军）

案例分析

本来公司想为员工做一件好事，为何弄巧成拙反而导致许多员工离职呢？究其原因有四：① 公司的文化积淀不深，员工和企业之间尚未形成共赢的心理定势，缺乏基本的信任；② 公司对职业生涯规划理念宣传不够，员工因而认识不足，没有对此形成积极的态度；③ 公司在全员职业规划的程序上也有问题，没有给员工多方面的咨询和指导，应该通过必要的培训、工作设计、晋升等手段，帮助员工实现个人职业目标；④ 当空缺职位出现时，只要有可能，最好从内部提拔人才，选择合适的员工，对其进行有针对性地开发设计，如果不能让员工看到发展，对员工和企业都是巨大的损失。

思考题

1. 在你们公司中，按照企业文化的理念，应该为员工建立职业生涯规划吗？
2. 你有职业生涯规划吗？你能辅助你的下属规划他的职业生涯吗？

本章重点提示

61

1. 一个企业的企业文化有四个层次：物质文化、行为文化、制度文化和精神文化。
2. 物质文化是企业文化的载体和表现，是企业文化的最外层。
3. 行为文化是精神文化对员工行为的要求，也是企业文化在员工行为上的体现。

4. 制度文化是企业文化落实的保障。

想 想 做 做

1. 你认为制度文化如何才能保障企业文化的落实？
2. 在你的班组文化中，找出各层文化的具体内容。

电力企业学习型班组长培训系列教材

班组文化建设

经营理念塑造篇

企业的精神文化

电力企业学习型班组长培训系列教材

—— 学 习 目 标 ——

通过本章学习，你可以：

- 知道什么是企业的价值观、愿景、企业哲学、企业宗旨、企业精神等精神文化因素的含义；
- 了解世界著名企业的精神文化的内容；
- 更深刻地理解你所在企业的精神文化的内涵。

企业文化的结构告诉我们，一个企业的企业文化，从外向里，包括企业的物质文化、企业的行为文化、企业的制度文化和企业的精神文化，企业的精神文化是一种更深层次的文化现象，在整个企业文化系统中，它处于核心的地位。企业的精神文化包括企业的价值观、企业的使命和目标、宗旨、企业的精神、作风、企业哲学和经营的一般理念。

第一节 企业的价值观

在企业文化的结构中，最重要的是企业的精神文化，而在企业的精神文化中，最重要的是企业的价值观，也就是企业的群体竞争意识，它是企业文化的核心，也是企业经营的最基本的判断标准和指导思想。

一、什么是企业价值观

1. 价值

为了更好地理解企业价值观，我们先解释价值的含义。在经济生活中，我们经常使用这么一句话，"这个商品值多少钱？"这个"值"，实际上就是价值。

64

关于价值的定义有很多种，有学者这样认为，"价值是客体与人之间的感情关系，它意味着在客体和评价它的主体之间产生的量的合宜。价值是权衡主客体关系的结果，是根据客体影响主体的作用范围和程度进行判断的结果。"还有学者认为，"价值泛指人们认为是好的东西，某种因为其自身的缘故而值得估价的东西，这种东西具有人所欲求的、有用的、有兴趣的质。"也就是说，当你（主体）购买一件产品（客体）的时候，是因为这件产品能够给你带来好处，并且这个好处超过你付出的货币值，你因此认为它是有价值的。

价值是一种双方的关系，但是主体和客体不一定是人。比如雨露滋润禾苗，雨露对禾苗就有价值；企业让员工实现个人理想，企业对员工就有价值。最好的价值关系是双方的互利互惠，企业为员工提供价值，员工也为企业作出贡献，这样都为对方提供了价值。

案例4.1　真的有价值吗

吕正蒙任北宋宰相时，有人献给他一面古镜，说："这面古镜可好啦，它可以照见两百里呢！"吕正蒙听后一笑说："我的脸才如一个碟子大，要这个可照两百里的镜子干什么？"来人非常尴尬。又有一次，有人献给他一方古砚，吹嘘说："这方古砚很好啊，写字磨墨不用放水，只呵口气就行了。"吕正蒙笑着反驳说："就算一天能呵出一担水，也不过只值十文钱啊。"那人只好抱着古砚讪讪走了。

案例分析

每个事物都有其价值，但在不同人的面前，它的价值也不同。客体是否有价值，在于主体是否认可和接受。

思考题

1. 对你来讲，企业的价值是什么？
2. 你对企业的价值是什么？

2. 价值观

价值观是指主体对客体（也就是周围的客观事物，包括人、事、物）的意义、重要性的总体评价和总的看法。像这种对诸事物的看法和评价在心目中的主次、轻重的排列次序，就是价值观体系。价值观和价值观体系是决定人的行为的心理基础，有时候我们也把价值观体系叫做价值观。

按照主体的不同，可以将价值观分为个体价值观、群体价值观和社会价值观。个体价值观就是个人对周围事物的评判标准和重要性的先后次序，每个人的价值观取决于他的人生观和世界观，是从出生开始，在家庭、学校和社会的影响下，逐步形成的，他所处的社会环境和家庭环境、他所受的教育以及他的人生经历决定了他的价值观。在同一客观条件下，人们会以不同的价值观对待同一个事物，从而会产生不同的行为。比如在同一个单位中，有人注重工作成就；有人看重金钱报酬；也有人重视地位权力；还有人注重能力的提升。这都是因为他们的价值观不同。

社会价值观就是全社会基本认同的价值标准，比如新加坡政府公布的《共同价值观白皮书》提出了"五大价值观"，即"国家至上、社会为先；家庭为根、社会为本；关怀扶植、尊重个人；求同存异、协商共识；种族和谐、宗教宽容。"现阶段，我国也提出了以科学发展观为主的社会价值观导向，其主要内容是：以人为本、全面协调、可持续发展、民主法治、公平正义、诚信友爱、充满活力、安定有序、人与自然和谐相处。

3. 企业价值观

企业价值观就是企业的全体员工或绝大多数员工认同的、和企业经营相关的价值标准，简单地说，就是企业在经营过程中所坚持的好坏的标准、重要性的排序以及企业的价值。

企业的价值观是受社会价值观影响的。前些年社会价值观注重经济效益，企业的价值观就把追求利润最大化放在首位，当今我们提倡科学发展观，企业就要把共赢作为自己的主要理念。企业的价值观必须和社会价值观保持一致才能长治久安，持续发展。

企业的价值观和职工的个体价值观是不完全相同的。在一个企业的经营过程中，大多数员工的价值观应该是相同的，是和企业的价值标准相一致的，企业进行文化管理的一个目的就是从广大员工的个体价值观中提炼出共同的内涵，再返回去重新塑造员工的个体价值观。企业高层管理者的价值观虽然有很大的影响力，但是也要附属于企业的价值观，高层管理者不能对企业已经形成的价值观按照自己的价值观进行随意修改。

企业的价值观虽然是群体价值观的一种，但是它的主体是企业，企业价值观必然和企业经营密不可分，其中必须包含着利润、效益、竞争等思想，这是企业价值观的独特之处。

66

虽然各个企业的核心价值观千差万别，但是其中包含着共同的规律。企业的价值观首先要解决的就是相关利益群体的排序，也就是说，对企业来讲，企业所有者、员工、顾客和社会哪一个是最重要的，从而确定企业资源的配置方向；其次是要明确企业的道德伦理，确定企业"有所为有所不为"的标准；最后要确定企业的价值何在，企业实现价值的核心竞争力是什么。每个企业都是根据自己的特点，对于上述因素有所侧重，来确定自己的核心价值观的。

（1）员工至上。这类企业坚持"以人为本"的理念，把企业的员工看成是最重要的，企业会满足员工物质和精神方面的需求，并经常培训员工，让员工的能力最大限度的发挥，充分体现员工的人生价值，为员工创造发展和提升的空间，提高员工的工作和生活质量。在高科技企业中多以此为核心价值观。

（2）顾客第一。在竞争比较激烈的行业，占领市场份额是企业发展的关键，企业要盈利，就必须把企业的产品或服务投入市场，参与竞争，争取客户。谁争取到客户，谁就争取到市场，谁就能获得较高的市场占有率和盈利率，所以这些企业就会把顾客放在首位，通过技术、价格、质量、品牌甚至营销等手段来最大程度满足顾客的需求。

（3）社会责任高于一切。企业将为社会做贡献作为自己的使命，深刻提醒自己的社会公民意识，以优良的产品和服务奉献社会，以依法纳税的行动回馈社会，以优美的环境美化社会，以现代产业文明造福社会，以先进文化促进社会发展。

（4）股东利益至上。股东投资办企业的目的就是为了获取利润，这是无可厚非的。如果企业利润丰厚，股东分红甚多，就会吸引更多的投资，扩大企业的经营规模，或介入其他生产经营领域；如果企业没有利润，甚至亏损，使股东的利益受到损害，股东就会设法抽走资金，企业就难于经营下去。企业的经营者必须让股东的投资得到回报。

（5）注重创新。有的企业特别关注自己的创新意识，将创新视为自己企业的生命线，将创新作为企业的核心竞争力来培育，通过创新来拉大和竞争对手的差距；通过创新来领跑整个行业；通过创新来更好地促进企业发展。尤其在高科技或竞争激烈的行业中，企业经常把创新作为自身的价值观。

（6）注重团队精神。一些企业面临的环境复杂并且变化多端，企业的领导者一时很难驾驭，那么企业就要靠全体员工的齐心协力来应对复杂的形势，这种企业就要在价值观中灌输团队精神；还有的企业组织结构复杂，需要员工之间和部门之间的协调配合，这种企业也需要更加注重团队精神。

（7）注重企业伦理。一些企业注重企业和员工的伦理道德，比如诚信、仁

67

爱、谦虚、正直、忠恕，从而将这些美德作为企业的价值观，他们注重企业的形象和员工的和睦，愿意成为行业或社会的道德楷模。

事实上，每个企业在塑造自己的价值观的时候，总是根据自身的实际情况，把上述几个要素中的某几项进行有机的结合，从而建立起本企业的核心价值观。

二、企业价值观举例

以下是一些世界著名企业和国内大型企业以及山东电力企业的核心价值观：

IBM	尊重个人　顾客至上　追求卓越
通用电气	坚持诚信　注重业绩　追求变革　用户第一
丰田汽车	追求用户利益最大化　追求产品终生价值最大化
通用汽车	让消费者满意　不断进取　正直诚信　尊重个人
沃尔玛	以最低的价格换取最优良的产品和服务
摩托罗拉	对人保持不变的尊重　坚持高尚操守
GE	好奇求知　积极热忱　善用资源　勇于负责　团队协作
诺基亚	科技以人为本
中国石化	竞争　开放　规范　诚信
TCL	为顾客创造价值　为员工创造机会　为社会创造效益
太平洋保险公司	诚信天下　稳健一生
中国移动	正德厚生　臻于至善
联想	服务客户　精确求是　诚信共享　创业创新
海信	创造完美　服务社会
济宁供电公司	人民电业为人民　济宁电业为济宁
威海供电公司	优质服务是我们的生命线
济南供电公司	电力创新生活

案例4.2　惠普的价值观

惠普（Hewlett-Packard）公司，是由毕业于斯坦福大学的 Bill Hewlett 和 Dave Packard 于 1939 年 1 月 1 号筹资创办。经过 60 年的发展，它已经成为世界上最大的计算机公司之一。1999 年，《财富》杂志全球最大 500 家企业排行榜名列 41，营业收入额 470.61 亿美元，2002 年收入近 750 亿，在《财富》500 强中列 14 位。探究其成功的原因，就在于惠普始终有一套完善的价值观——惠普之道（HP Way）。

公司创立伊始，公司的创立者们就明确了其经营宗旨、基本理念和核心价值观，为企业未来的发展明确了精神上的指导思想，奠定了坚实的基础。

企业的经营宗旨涉及七个方面，其基本核心是"客户第一，重视个人，争取利润"。具体内容是：

（1）利润。利润是衡量我们对社会贡献的唯一最好尺度，也是我们公司力量的根本源泉。我们应当在符合我们其他宗旨的情况下取得最大限度的利润。

（2）顾客。努力不断改进我们向顾客提供的产品和服务的质量、实用性和价值。

（3）业务领域。集中力量，不断寻求发展的新机遇，把我们的参与限制在我们力所能及、能够做出贡献的范围内。

（4）发展。强调发展，这是衡量实力的尺度和生存的必要条件。

（5）员工。为惠普人提供就业机会，包括分享他们协助取得公司成功果实的机会。根据他们的实绩，为他们提供职业保险，为他们提供得到个人满足的机会，这种满足来源于他们工作中的成就感。

（6）公民义务。尽自己作一个好公民的义务，对社区、对我们社会中为我们提供工作环境的那些机构作出贡献。

（7）组织。在组织上保持一种环境，激发个人的干劲、主动性和创造性，使他们在致力于既定宗旨和目标方面有广泛的行动自由。

创始人还把他们的基本理念概括为四个必须：① 公司必须获取利润增长；② 公司必须通过技术贡献获得利润；③ 公司必须认识到并尊重雇员的个人价值，允许他们分享公司的成功；④ 公司必须像通常社会中一个有责任感的公民那样去运转。

五大核心价值观是"惠普之道"的核心所在：① 信任和尊重个人；② 追求卓越的成就和贡献；③ 在经营活动中坚持诚实和正直；④ 靠团队精神达到目标；⑤ 鼓励灵活性和创造性。

在实际工作中，提倡自我管理、自我控制与成果管理，提倡温和变革，不轻易解雇员工，也不盲目扩张规模，坚持宽松的、自由的办公环境，努力培育公开、透明、民主的工作作风。惠普的企业文化及其在此之上所采用的经营方式极大地刺激了公司的发展，有力促进了公司经营业绩增长，公司在20世纪50~60年代纯收入就增加了107倍，仅从1957~1967年公司股票市场价格就增加了5.6倍，年投资回报率高达15%。

随着公司规模的不断扩大，公司的企业文化培育出更为丰富的文化内涵。

同时，随着社会经济的进步、市场环境的变化，惠普公司也在不断变革着自身的文化体系，20世纪90年代以来，企业新一代决策者们保留了原有文化体系那些被认为是惠普企业灵魂的核心价值观，并根据经济发展现状，废止了一些不合时宜的东西，加入新的内涵。1999年8月，44岁的卡莉·菲奥瑞娜女士成为惠普的新总裁，她的领导目标是将惠普建设成为一个网络时代的"E—公司"，2002年，惠普和康柏公司合并成为新惠普，她对惠普之道的阐释也就被称为"新惠普之道"：

（1）热忱对待客户。惠普公司做任何决定，做每一件事情，都要把客户放在第一位。要创立一种企业文化，构建一种管理模式，从而激励并授权员工为客户的最大利益工作，惠普公司把"热忱对待客户"置于"惠普之道"七大核心价值观之首，明确了公司生存与发展的根本理念。

（2）信任和尊重个人。惠普公司一贯认为：公司应该致力于建设激动人心的，能够挑战员工聪明才智的工作环境。每个人都可以在这样的环境中做出贡献，不断成长。公司坚信：如果拥有了合适的工具，获得了有效的支持，每个人都愿意并且能够做好工作；人与人可以精诚合作，完成不寻常的工作。公司致力于招聘优秀而富有创造力的人才，以组建具备多方面能力的团队。惠普公司把"信任和尊重个人"作为"惠普之道"核心价值观之一，体现了公司"以人为本"的管理思想。

（3）追求卓越的成就与贡献。惠普公司深信：公司业绩的基石是公司的成就和员工的贡献，所有的惠普人，尤其是管理人员，都应该保持激情，心怀承诺，努力实现并超越客户的期待。公司必须应用能够使自己获得优良绩效的最佳方法。

（4）靠团队精神达到我们的共同目标。惠普公司指出，团队有效合作是成功的关键。公司的员工要组成一个团队来实现并力争超越客户、股东与合伙人的期望。公司认为，供应商、分销商也是组成公司团队不可缺少的部分，与他们密切合作，是公司成功的保证。

（5）注重速度和灵活性。惠普公司始终要求自己以比竞争对手更快的速度获得成功。为了实现这一目标，公司必须精心应对市场挑战，致力选用优秀的人才。公司一贯强调，管理层要及时做出正确决策，并且要及时授权员工在自己的工作领域内做出决策。

（6）专注有意义的创新。惠普公司从成立起，就确认自己是一家技术公司，应该发明有用的和有意义的产品。公司认为，只有努力去准确解决客户的问题，才能实现客户的价值，才能使公司事业兴旺。公司发明是为了应用，而不是为了发明而发明。

（7）在经营活动中坚持诚实与正直。惠普公司强调，企业经营要公开、诚实、坦率，公司相信这样的态度和做法对于赢得客户的信任、尊重和忠诚至为重要。公司任何层级的员工，都应该坚持商业伦理的最高标准，不能有丝毫折扣。

案例分析

惠普的经验告诉我们，强有力的企业文化是企业取得成功的关键，而明确且稳定的价值观是强有力文化的基石，优秀的价值观还可以发展出一套有效的理念系统和管理机制。

思考题

1. 认真思考你们公司的核心价值观。
2. 你们公司的核心价值观能派生出一些经营理念并落到实处吗？

第二节　企业的发展目标和愿景

一、企业目标

企业目标就是企业在一定时期内期望达到的经营成果，每个企业都应该有自己明确的、可行的经营目标，正如一个企业家所说，"没有目标信念的人是经不起风浪的，有许多人组成的企业更是如此，以谋生为目的结成的企业是没有前途的。"企业目标就是企业发展的方向。

从时间上考虑，企业的目标可以分为短期目标（1～2 年）、中期目标（3～5 年）、长期目标（5～10 年）和终身目标，企业文化中考虑的就是企业的终身目标，也可以称其为企业的发展目标或企业的使命。

1. 企业的目标体系

传统的观点认为，企业的职责就是实现利润最大化。这个观点显然不是错误的，企业是一个经济组织，它首先必须获得利润，才能保障投资者的权益、满足顾客的需求、保证员工的薪酬、实现政府的税收，促进社会的繁荣。这个观点是建立在"企业是经济公民"这个假说的基础上的。

但是，当一个企业把自己的目标仅仅定位在"利润最大化"的时候，它能获得持久的利润吗？为此，世界著名管理学家德鲁克举了一个反例。一个炼油

71

设备制造商，通过出售老式设备的零配件而获得利润。该公司在相当一段时间里没有遇到市场竞争，因为其竞争对手正在研制新型设备。当新设备刚一上市，老式设备零配件的销售额一落千丈。炼油设备制造商由于没有新型设备提供给客户，不得不宣布破产。这个例子告诉我们，一个企业如果把利润作为自己的唯一目标的话，这个企业是没有长远目标的，它获得利润的目标也是实现不了的。因此企业不仅仅是一个纯粹的经济组织，它还是一个社会组织，它不仅仅是一个经济公民，它还是一个社会公民。

在此基础上，有的学者提出：企业的目的包括企业的经营目标和经营理念，经营目标是对企业希望达到的某种状态的一些描述，比如收益、资产、市场占有率等等，为了实现这些目标，企业还需要一些指导思想，比如价值观、经营思想等，这就是经营理念。一些企业家和学者又对这个观点进行了细化，上一节的案例中，我们给出了惠普的 7 个目标体系：利润、顾客、业务领域、发展、员工、公民义务和组织。美国管理学家德鲁克也认为，一个成功的企业，应该在 8 个方面建立自己的目标体系：市场营销、创新、人力资源、财务资源、实物资源、生产力、社会责任、利润需求。

（1）市场营销。企业需要很好地了解市场，分析影响和制约企业营销活动的各种环境因素，分析各类消费者的购买行为，将市场细分并选择目标市场，确定企业的市场定位，通过产品、价格、渠道和促销的方式来满足消费者的需求，从而实现企业的利润。企业的目标首先要确定好企业和市场的关系。

（2）创新。创新不同于技术发明，发明是实验室里的事情，而创新则是企业的任务，就像蒸汽机的发明是技术成就，而建造铁路则是企业家的创新。企业的创新活动一般涉及以下 7 个方面：引进新技术、研发新产品或对目前产品做出重大改变、营销新方法、开拓新市场、使用新型原材料、新的生产方式（如大规模生产）、管理新方式（如目标管理）。具体内容后面章节将有所论述。

（3）人力资源。企业在人力资源方面的主要目标，就是建立一支有团队意识、有奉献精神、有学习精神的员工队伍，企业给他们提供各种条件，让他们的能力得到施展和发挥，他们的各种需求在企业里都能得到满足，他们自身的价值能够得到实现。

（4）财务资源。企业应该有一个长期的资本目标，首先要满足投资者的回报，这个回报要始终高于平均利润率，还要对各种融资方式如扩股、发行债券或向银行贷款有明确的指导思想，另外对各种费用、基金、保险的比例也要有长远的计划方案。

（5）实物资源。企业应该有明确的计划来确保企业的持续生产，要规划好企业设备的更新、原材料的及时供应、生产规模的扩大。和制造商与供应商建立良好的关系，不能只停留在一般的交易关系层面，通过建立良好的沟通机制与信息反馈机制，使各方面达到共赢格局。

（6）生产力。生产力是企业成败的关键性因素，企业必须要规划好自己的生产力目标，要比竞争对手有更高的经营绩效，这就需要将企业的各种要素如资金、技术、设备、管理、人力等有机地协调好。

（7）社会责任。德鲁克认为企业占有大量的社会资源，对社会影响很大，企业能够也应该承担起社会责任。具体地说，就是指企业在创造利润最大化后，不仅要依法纳税，还要承担对员工、对消费者、对社区和环境的社会责任，包括遵守商业道德、生产安全、职业健康、保护劳动者的合法权益以及保护环境、节约资源、支持慈善事业、捐助社会公益、保护弱势群体等等。企业在这些方面也要有明确的目标。

（8）利润需求。任何企业的生存和发展都是以利润为基础的，没有利润的企业是无法存在的。德鲁克认为企业必须要有足够的利润，利润服务于以下三个重要目的：首先，利润是检验一个企业是否健康的标准。其次，利润能抵御企业活动中的风险，尤其在企业遇到危机的时候。最后，利润提供企业扩大生产所需要的资金。

在实际经营中，由于企业所处的环境不同、行业不同、竞争的激烈程度不同以及企业的不同发展阶段，企业确立这些目标的侧重点是不一样的，但是总体上需要对这些方面的因素统筹考虑，以形成企业的目标体系。当然在企业的经营过程中，企业的这些目标可能会发生冲突，一个优秀的管理者，就应该协调好它们之间的利害关系。

2. 企业的目标确立

按照德鲁克的理论，企业需要在 8 个方面确立自己的目标体系，那么企业怎样才能确立自己的具体目标呢？首先，任何一个目标的确立要和企业的核心价值观相符，都要在核心价值观的指导下确立；其次，对企业的环境进行分析，利用 SWOT 分析法来确立企业的目标体系。

企业的环境包括总体环境、行业环境和内部环境，前两者和在一起构成外部环境。具体的内容包括：

（1）总体环境。总体环境中的因素有六个，即人口、经济、政治法律、社会文化、技术和全球环境。人口环境包括人口的数量、年龄结构、地理分布、收入和消费水平等因素。经济环境，是指构成企业生存和发展的社会经济状况及国家的经济政策，包括社会经济结构、经济体制、发展状况、宏观经济政策等要素。政治法律环境是指影响企业经营的政治因素和法律体系，包括法律、法令、法规和政治政策以及相关的运行机制。社会文化因素是指企业所处的社会的价值观、风俗习惯、传统文化、行为模式以及地理环境等。技术环境是和企业相关的新技术的开发、应用、发展趋势以及科技体制、科技政策等。全球大环境包括全球政治力量的变化趋势、重大政治经济事件、区域文化的特征等。

企业不可能直接控制或影响这些总体环境因素，成功的企业是能够在这些因素中搜集和自己相关的信息，了解其中的意义，来更好地确定自己的发展目标。

（2）行业环境。一组生产相同或相近的产品的企业构成一个行业，其中有5种力量在影响着这个行业的竞争程度和利润水平，这5种力量是：新进入者的威胁、竞争对手之间的竞争程度、替代品的威胁、购买者的讨价还价能力、供应商的谈判能力。新进入者的威胁在于减少了市场集中，激发了现有企业间的竞争，并且瓜分了原有的市场份额。替代品作为新技术与社会新需求的产物，对现有产业的"替代"威胁的严重性十分明显。购买者、供应者讨价还价的能力取决于各自的实力，比如卖（买）方的集中程度、产品差异化程度与资产专用性程度、纵向一体化程度以及信息掌握程度等。产业内现有企业的竞争，即一个产业内的企业为市场占有率而进行的竞争，通常表现为价格竞争、广告战、新产品引进以及增进对消费者的服务等方式，此外还要考虑行业的竞争结构，分析行业竞争结构是属于完全竞争、垄断竞争、寡头垄断和完全垄断中的哪种类型。

这些因素有些影响着企业的短期目标，有些则影响着企业的长期目标，比如一个经常会有替代品的行业，企业一定要把创新作为自己的目标。

（3）内部环境。内部环境包括企业的资源、能力和核心竞争力，这些因素对企业的目标确立影响巨大。

资源分为有形资源和无形资源两种。有形资源包括：财务资源（企业的资本、借款能力、对资本的运用能力）、组织资源（企业的组织结构、内部的控制协调能力）、实物资源（企业的厂房设备及其先进程度、原材料获得的能力）和技术资源（专利、商标和版权）；无形资源包括：人力资源（员工的知识、技能、管理能力）、创新资源（科技能力、创新能力、创新机制）和声誉资源（客户声誉、供应商声誉）。

能力是指企业使用资源的效率，就是企业将资源有机整合并充分发挥效力，以便获得竞争优势。企业的能力首先应该是全面的，应该在生产、研发、管理、信息处理、市场营销等方面都具备一定的能力；其次企业应该有自己的核心竞争力，这种能力会为企业带来价值，并且是稀有的稀有、不会被竞争对手模仿的、不能被替代。

企业在确定自己的长期目标的时候，就要多加考虑总体环境、行业环境和内部环境中的各种因素，通过分析公司内部环境的优势和缺陷，以及公司外部环境的机会和挑战，最终建立自己的发展目标。

二、企业愿景

为什么有些企业能够成功，而有些企业很快就销声匿迹了呢？美国管理学家加里·胡佛经过30多年的研究发现，伟大的企业之所以伟大，是因为它们有伟大的梦想、敏锐的洞察力、前瞻的目标，并且把它们有机的结合起来，描绘出独一无二的企业愿景。

什么是愿景呢？胡佛解释说，愿景是一种意愿的表达，它概括了企业共同的未来目标、不变的使命及核心价值观，是一种企业为之奋斗的心愿和远景。愿景是企业的灵魂，它时刻说明着企业存在的目的和理由，随时激励着企业中的每一个人，愿景让所有的员工知道每天都在忙什么，为什么而忙，热情从哪里来。愿景就像灯塔一样，始终为企业指明前进的方向，指导着企业的经营策略、产品技术、薪酬体系甚至商品的摆放等所有细节。愿景是理想，让每个员工都被认可，让他们的价值在工作中得到体现，哪怕做的是微不足道的事情，使他们内心渴望能够归属于一项重要的任务、事业或使命。

企业的愿景和企业的最高目标差别不大，都是对一个企业未来的发展方向和目标的构想与设想，都是对未来的展望和憧憬。很多企业把它们看成同一样东西，如果说两者之间有细微的区别的话，那就是最高目标说明"企业将要是什么"，而愿景则说明"企业为什么是"，另外，企业的最高目标取决于领导者对未来的期望，愿景则是包含员工的个人理想，并用生动的语言加以描绘，从而起到激励每个员工的作用。

企业的愿景应该具有以下特点：

（1）清晰。企业的愿景主要是用来激励、鼓舞员工的，能引起员工共鸣的，所以要用简单清晰的语言来表述，同时愿景的内容也需要是清晰的，能完整地表达企业的目标。

（2）前瞻。愿景表达的是企业的未来目标，是用来引领企业发展的，因此要和使命一样，将企业的未来蓝图描绘出来。

（3）持久。企业的经营像长跑一样需要经得起时间的考验，能长期激励员工，经久不衰。

（4）独特。各个企业面临的环境不同，拥有的资源不同，发展目标也不同，因此企业的愿景都有其独特性，模仿是不会有效的。

企业的愿景是从哪里来的？愿景并不一定都是正确的，都能为企业带来向心力和目标感，错误的战略不仅会浪费企业的人、财、物，还会使企业员工丧失信心，失去斗志。只有正确的愿景才能成为企业发展的灯塔，精神的归属，力量的源泉。如何才能获得正确的愿景？只有通过思考，寻找创新，才能确定自己的正确的愿景。美国管理学家胡佛认为，对所有渴望成功的创业者来说，仿效他人并不一定能获得成功，独特的发现视角和敏锐的洞察力才是企业家更加重要的素质；保持开放的、学习的和灵敏的头脑，并用这种头脑来重新解释你周围的世界，是走向成功的重要途径。企业家就应该不断的观察、学习、思考，去认识历史、认识地理、认识环境、认识需求、更重要的是认识自己。只有做到这些，才能找到自己的愿景，找到员工的愿景、找到企业的愿景。

案例4.3 德鲁克对英国马狮公司分析

英国马狮公司的发展是成功应用目标管理原则的经典例证。这家公司的前身是建于1884年的一元便利店，专门销售价格为一个便士的商品，到了1915年它已经发展成为一家零售连锁店，今天它已经成为世界上首屈一指的百货公司之一。如果回顾一下它的发展历程会发现有趣的现象。1924年公司总裁西蒙·马克斯去美国实地考察了带来营销革命的百货商店的运作情况，回来后对马狮公司进行了大刀阔斧的变革，马狮公司将公司的主要目标定为社会革命，而不仅仅是普通的零售业务，由此造就了马狮公司的增长奇迹。

所谓社会革命是和英国当时的社会现实紧密相连的。人的阶层属性靠穿着来区分，上流社会的人穿着时髦而且精致，而下层人士则衣衫褴褛。马狮公司决定靠给下层人士提供物美价廉的衣物来突破社会的阶级壁垒，公司一旦采取了此项战略决定后，就将全部精力都集中在这个唯一的目标上。

1. 肩负社会革命重任

看起来很奇怪，一家百货商店竟然肩负社会革命的重任。这一决定首先意味着企业的目的是理解和满足社会的终极要求。如果它这么做了，它就会自动成长，变得繁荣昌盛，这正是马狮公司成功的秘诀所在。企业必须不断努力去理解它的客户需求的变化，并从经济角度来满足他们。

2. 确定不同领域的目标

马狮公司在确立了战略发展方向后，继续给出不同领域的目标。在营销领域的目标是：将客户定位为工人和低级职员，去了解他们的偏好，好恶以及在服装方面的购买力。

3. 创新目标

公司决定去开发新的织物和漂染原料，提供有吸引力的廉价服装。为了确保提供的衣物的标准能够不断改进，公司成立了质量控制实验室，与此同时，公司不断去开发新款服装。最关键的一步可能是对客户开始进行调查研究，以便更好了解他们对新款服装的反应，并确认他们的选择，这在那个时代也是一项主要创新。

4. 人力组织

如果要实现目标，有必要建立一个合适的组织，这个组织应该包括不同种类的员工和管理人员，也有必要引入合适的工作方法，并组建一个有效的团队。马狮公司特别注意招募、培训和发展它的管理人员。由于它认识到管理是任何组织的关键要素，马狮公司也因它们的人事管理而出名。它们可能是第一家委派女性经理人来管理他们的女性雇员的商店，女性经理人员具备同情心和对事物的敏感性，员工的士气十分高昂，女售货员工作十分愉快，所有这些都使销售额得到了大幅提升。

5. 物质和财务资源

明确物质和财务资源方面的目标尤为重要。马狮公司非常注意原材料的采购，给产品选定合适的品牌，确定商店的地理位置和布局。鉴于城市中的空间极度拥挤的状况，商店中留给商品的空间都是有限的，要充分利用空间，必须关注细枝末节，商店的商品摆放要求有条不紊，干净和整洁，而同时又要便于搬动。

6. 简化控制

零售商店必须囤积大量的商品，并且还要及时更新存货，正常的步骤是以各种形式在账簿中登记。当公司总裁马克斯勋爵偶然去一家商店访问时，看到按照传统方法要做那么多的案头登记工作，非常震惊。他命令必须立即停止这种无谓的案头工作，存货的确认被代之以简单的实物确认。这是一项大胆和富有想象力的创新，让员工摆脱案头工作也极大地鼓舞了士气，他们以饱满的热情投入到了工作当中，把以前用在案头工作的时间花在改善客户服务身上，自然销售额迅速攀升。

7. 生产力评估

生产力是对组织绩效的真实检测，它是管理竞争力的一个指数。马狮公司最初是采用美国通行的一些衡量生产力的手段，后来他们采用了一个自己的衡量指标——商店中每平方英尺销售面积的销售额。销售面积正好是零售商店的

77

限制性因素，这种衡量生产力的手段既简单也有价值，它的计算也一目了然。为了提高生产力，公司采用了若干步骤，包括仔细挑选产品，安排有吸引力的产品陈列方式和提供更好的客户服务，马狮公司的高速发展得益于上述的这些举措。

8. 利润要求

马狮公司没有计划达到任何特定的利润目标，但还是取得了远高于行业平均水平的利润率。当然利润对任何企业的生存和发展都至关重要，德鲁克反复重申利润不是企业的首要目标，目标管理不仅仅关注利润，利润只是绩效的副产品，当公司按照顾客的需要提供了价格适中的产品，利润就会源源而来。

9. 社会责任

目标管理是一套非常有用的管理企业的方法，它对责任采取了更广的视角。和大公司的通常做法不同，马狮公司不是去利用和它有供货关系的厂商的弱点，而是特别注重供应商的稳定和增长，结果证明这是一个非常好的政策，能够确保质量优异的原材料的正常供应。

案例分析

作为"大师中的大师"，德鲁克对马狮公司成功的实质进行了深入透视，对我们理解公司的战略目标提供了一个优秀的范本。

思考题

1. 查阅你公司的发展目标。

2. 按照德鲁克的学说，在八个指标上细分你们公司的战略目标。

第三节 企 业 哲 学

在中国传统文化中，哲学就是智的意思，哲学就是关于智慧的学问，就是关于世界观和方法论的科学。在企业的经营过程中同样需要智慧，需要经营的世界观和方法论，也就是需要企业哲学。

一、企业哲学的内涵

企业哲学就是企业从实践中抽象出来的、关于企业经营活动的本质和经营规律的基本看法，是企业在经营过程中经验的提炼和教训的反思，也是企业家对企业经营管理的哲学思考。具体地说，企业哲学就是用来帮助企业的管理者或一般员工通过理性思维，针对企业、企业的经营、企业的环境出现的问题找出合理的解决方案，提升企业的竞争优势，引导企业进入健康发展的一种方法和文化行为。简单地说，企业哲学就是研究企业思维和企业行为的科学。

在企业文化的所有要素中，企业哲学是根本和基石。一个企业在经营过程中，企业家们总是会先形成一些关于人、社会、企业的基本看法，在此基础上形成共有的价值观，然后再形成企业的使命、愿景，最后形成这个企业的整个企业文化体系。因此企业哲学是企业文化中最重要的、最根本的组成部分。一个没有正确的企业哲学的企业是不可能发展起来的。

德鲁克认为，一个优秀的企业家应该很清楚地回答三个问题：① 我们的事业是什么？② 我们的事业将是什么？③ 我们的事业应该是什么？这三个问题实际上也是企业哲学的三个命题。首先，企业哲学要解决的问题是存在问题，就是"企业为什么存在"、"企业存在的价值是什么"，很多企业家认为企业存在的理由就是获取利润，而松下幸之助却认为企业的存在是为了社会的繁荣，这就是不同的企业哲学观。其次，企业哲学要解决企业发展的问题，就是企业"将来是什么"，这是站在时间的视角上对企业未来的展望，企业家仅仅是为了把企业做大做强吗？巴菲特将自己85%的财产也就是超过370亿美元捐赠给慈善机构，这又怎么解释呢？最后，企业哲学是应用哲学，它要解决"如何去做"的问题，也就是经营的指导思想，就是企业对待顾客、质量、创新、员工等的指导思想。

思考题

1. 你能站在你企业的角度回答德鲁克的三个问题吗？
2. 你的哲学思想和你的管理方法之间有联系吗？

二、企业哲学对企业经营的指导

企业哲学对企业的具体指导，一般在企业的价值观、企业的愿景、企业的发展目标中体现，同时也指导着企业经营理念的形成。这些内容的形成，是企业家在哲学的高度上思考以下几个方面的相互关系时得到的。

（1）对人的本质的认识。管理，实质就是理性地管人，就是有效地调整人与人之间的关系，就是解决管理者和员工、员工和员工、员工和顾客之间的矛盾。因此需要对人的本性有个基本的假设。前面我们已经讲述了 X 理论、Y 理

79

论和超 Y 理论，这就是对人的基本看法。

（2）企业与空间的关系。空间就是企业所处的环境，企业的环境包括宏观环境（经济、政治、社会、人文、地理）和行业环境，企业和它们之间是一种怎样的关系呢？不同的企业哲学会对企业的决策者有不同的影响，有的企业家更多的考虑的是对立，比如战胜自然、恶性竞争等，而优秀的企业家采取的态度是和谐，比如人与自然的和谐以及企业之间有序的、共赢的竞争。

（3）企业与时间的关系。有些企业沉湎于企业的过去，喜欢提及企业的优秀传统，将"老字号"或成功的经验作为企业的竞争力；有的企业更多地立足于现在，紧跟社会发展的潮流；还有的企业更多考虑企业的未来发展，做好企业的长期发展规划。这都是由于企业家对待时间的态度所决定的——视角指向过去、现在还是未来。

（4）对度的把握。管理是科学，也是艺术，对矛盾双方度上的控制就体现了管理的艺术性，这个度的把握是由企业哲学来确定的。比如刚性管理和柔性管理之间的尺度把握，企业的利润目标和社会责任目标之间的取舍，企业的改革风险和稳健策略之间的选择，顾客价值和企业利润之间的让步等对立双方之间的平衡，都是由企业哲学来指导的。具有深厚企业哲学底蕴的企业，能够游刃有余地处理这些对立。

思考题

1. 对于像"茅台酒"这样的老字号的企业，创新和守旧哪个更重要？
2. 你认为"游刃有余"一词对你的工作有何启示？

案例 4.4　IBM：曾经多走了一步的企业哲学

直到上一世纪 90 年代初，IBM 成功的基石还是老汤姆斯·沃森的那套企业哲学：尊重个人、顾客至上、追求卓越，这就是 IBM 的成功之道。早在 IBM 成立不久，老沃森就把他的哲学理念应用到企业之中，他向他的员工作出了当时几乎是不可思议的承诺：终身雇用、提供保险和带薪休假。在以后的经营中，始终恪守着他的哲学思想。

（1）尊重个人。企业会根据员工的兴趣、能力，对员工进行各种训练，以便让员工在岗位上更好地发挥自己的特长。企业实行有效的双向沟通机制，以便让情绪、意见、建议、申诉能够恰如其分地表述。实行高绩效的薪酬制度，满足员工各个层次的需求。实行终身雇用制，保障员工的充分就业。在一个民主的环境，每个人都同样受人尊敬。

（2）顾客至上。IBM深知顾客才是企业的衣食父母，只有让顾客满意才能让顾客忠诚。因此，IBM公司对员工所做的"工作说明"中特别提到对顾客、未来可能的顾客都要提供最佳的服务。为了让顾客感觉自己是多么重要，无论顾客有任何问题，一定在24小时之内解决，如果不能立即解决，也会给予一个圆满的答复，如果顾客打电话要求服务，通常都会在一个小时之内会派人去服务。

（3）追求卓越。对任何产品和服务都要永远保持完美无缺，尽管完美无缺是永远不可能达到的，但是追求卓越的态度不能降低。IBM设立了一系列满足工作要求的指数，定期抽样检查市场，促使员工拥有一种对产品精益求精的使命感。IBM希望自己的环境能够创造出一种气氛，这种气氛有利于培养出优秀的人才。

然而不幸的是，IBM在1990年代"一只脚已经踏进了坟墓"，成为奄奄一息的大象。是什么导致了IBM的衰退呢？实际上，成也"IBM之道"，败也"IBM之道"，整个IBM无论决策层、管理层还是员工都过分地依赖于"IBM之道"，将以上三个理念执行过了，导致了IBM文化的衰老。

（1）过分尊重个人导致淤滞。尊重个人是没有错误的，但是正如IBM后来的掌门人郭士纳所说，过分的尊重则变成为"首先培育了一种理所应得的津贴式文化氛围。在这种文化氛围中，'个人'不需要做任何事就可以获得尊重——他仅仅因为受聘为公司工作，所以就可以想当然地获得丰厚的福利和终生的工作职位。"还有，终身聘用导致了员工的剧增和机构的庞大，IBM当年为制造360系统电脑，建了5家工厂，使得60年代到80年代的20年间，员工人数从不到10万人上升到40.7万人。这样，这个企业就变得没有活力，成了一潭死水。

（2）顾客服务的绝对至上导致未来的不确定。为顾客提供高品质的服务也是没有错误的，但是再前进一步，就会误认为自己总是能给顾客提供绝对品质的服务，并且变成了一个假想："仿佛客户所需要的东西很久以前就已经安排好了，我们现在的工作就是继续向前把客户带到我们的下一个系统那里，而无论该系统什么时候才能研制出来。"百分之百的满意实际上是不可能实现的，关键是要不断创新服务。

（3）偏执的卓越降低了效率。过分强调"精益求精"，变成了对完美的迷恋，这就催生了一种僵化、呆板的文化，形成了一种官僚体制，项目的审批、产品的检验都变得复杂而无效率，"数万人都在试图保护自己的特权、资源以及各自单位的利益；还有数千人则在更加努力地在人群中发布命令与标准"。

但是，IBM 毕竟是 IBM。1993 年 4 月 1 日，郭士纳走马上任，改变了 IBM 企业文化的基本价值观，将老三样：尊重、服务和精益求精变成了新三样，这就是：赢、执行和团队，从而创立了 IBM 新的企业文化，拯救了 IBM，让这个笨重的大象重新跳起了轻盈的舞蹈。

案例分析

这是一个管理哲学中"度"的把握的案例，再正确的东西过分的使用，也会成为包袱。

思考题

1. 在你的企业中，像"尊重个人"、"顾客至上"等理念使用的恰到好处吗？

2. 你是怎样理解"追求卓越"这一哲学理念的？

三、企业哲学的类型

影响一个企业的企业哲学形成的因素很多，其中主要因素有：企业家尤其是企业的创始人、企业的发展历程以及在其中涌现出来的模范人物、行业特点、社会主导哲学、管理科学的最新成果等。对于不同的企业这些因素的影响程度不同，比如民营企业的企业哲学基本上就是企业家哲学，而对于国有企业来说，最重要的影响因素是社会主导哲学。从影响程度上来分类，可以将企业哲学分成以下几种类型。

（1）企业家主导型企业哲学。在企业发展的初期，企业的规章制度尚不完善，企业家主导着企业的发展，他的哲学思想在整体上影响、确定着企业的经营模式和经营理念，这个时期企业的哲学实际上就是创始人的哲学在企业经营中的折射。

如果一个企业的创始人有一定的智慧，有着深刻正确的哲学思想，那么这个企业就会形成良好的企业文化雏形，对将来企业的发展就奠定了坚实的基础，像松下幸之助的哲学思想一直在引领着松下的发展，老汤姆斯·沃森精髓的洞察力也影响着 IBM 甚至整个美国企业的发展。反之，一些有着错误的哲学思想的企业创始人，他们错误的思想迟早要断送企业的前程。

这种类型的企业哲学是强力推行的，由于创始人是企业的绝对操控者，并且企业中还没有与之可以抗衡的管理思想，因此这种企业哲学中含有独断专行的特点。

（2）环境随从型企业哲学。一些企业在发展过程中，其管理体制和管理思想深受环境中一些因素如社会主导思想、行业特点、政治经济体制的影响，企业领导人的哲学就是社会主导哲学，他们塑造的企业哲学就是社会主导哲学，比如在计划经济下，我国国有企业的经营理念基本一致。

（3）系统整合型哲学。企业的创始人和历届高层管理者对企业的发展都有很大的影响，他们的思想深深印刻在企业的管理理念中；企业在成长发展中，会涌现出很多模范人物和先进事迹，也会有很多成功的经验和失败的教训；企业的外部政治、文化、经济等大环境，行业的特点、竞争的结构等小环境，都在影响着企业的经营思路；管理科学的最新的研究成果也在不断地被企业员工吸收。企业的高层领导就应该洞察企业的外部因素和内部因素，梳理清楚企业的理念，从中提炼出企业的经营哲学。

一个企业的企业哲学，应该是多种因素的整合与结晶，这就需要高层管理者具有高瞻远瞩的战略眼光，洞彻世事的判断能力，与时俱进的行事作风，只有这样企业才能有符合自己发展的企业哲学和企业文化。

思考题

1. 你们企业的企业哲学属于哪种类型？
2. 影响你们企业的企业哲学的最主要因素是什么？

案例 4.5　星巴克的"人和"哲学

1991 年，舒尔茨买下西雅图一家名叫星巴克的小咖啡馆，谁也没有想到，"星巴克"已经成为全球著名商标。2001 年，星巴克的利润达到 1.812 亿美元，销售收入为 26 亿美元。2002 年上半年，星巴克平均每周服务的顾客高达 1800 万人次，几乎每天都有一家新店开张。探究其成功的原因，舒尔茨认为，星巴克对人的本质的正确假设，并将之运用于经营管理之中，这就是它的经营哲学，也是它的成功之道。

一个优秀的服务企业必须要有强有力的品牌的支持。和传统的品牌推广方式不同，星巴克认为员工是企业美名的最佳制造者和传播者。当其他著名企业将大量的资金投入到广告中去的时候，星巴克则将这笔钱投入到员工的福利中去了。成立之初，星巴克就为它的临时工投保了医疗险。1991 年，当星巴克为

第四章　企业的精神文化 ●

它的员工分配股权的时候，也没有忘记它的临时工。临时工都可以获得这样的待遇，正式员工就可想而知了。这些福利制度大大地激励了员工的积极性，提高了员工的满意度。公司还极力营造一种温馨和谐的工作氛围，员工工作的角色是在平等的基础上分配的，因为每个员工都有公司的股权，都被称作公司的合伙人，这就在平等的人际关系上建立了尊重。公司提倡充分有效的沟通机制，公司的重大决策都要争取员工的意见，有效的沟通不仅提高了企业的创新能力，而且提升了员工对成功的渴望，员工对自身价值实现的信心。星巴克每个季度都会召集全球各地的一些员工进行工作经验和思想交流，使得企业的信息资源得到充分共享。比如当某个分店推出一款新产品获得成功后，它很快就会在另一个国家的星巴克柜台上出现。不同肤色、不同种族、不同国家的员工都能团结在一个企业中，为这个全球化的企业尽心尽职，就是因为全体员工都有一个共同的、美好的愿景。

对待顾客的态度也体现了星巴克对人的本质的认识。星巴克认为，自己为顾客提供的不仅仅是咖啡，星巴克向人们提供一种生活的体验，一种生活方式，它希望在顾客心里，星巴克成为一种极其自然的选择，甚至是一种生活习惯。星巴克更注重与顾客建立长远的关系，而不是一两次的交易关系，连锁店与很多顾客都建立了联系，他们可以向顾客介绍咖啡的知识，记住顾客的喜好，并且与他们分享最新信息。星巴克还特别关注顾客的反馈意见，连锁店每周都要将这些意见汇总到总部进行分析。因此，每种新产品在推出后不久，公司就能得到这种产品在市场上的认可度。星巴克还要求员工与顾客之间建立起面对面的营销模式，即在一个时间段、一个连锁店内、一位员工只对一位顾客服务，建立起他们之间的友谊。

对待供应商的态度，也同样基于这种与人为善的理念。首先，星巴克为了得到高品质的咖啡原材料，公司给种植咖啡的农民以技术支持，此外，公司甚至还会向农民提供财政支援、教育费、买房贷款、医疗保险等一系列的支持和真正的关怀，这种关怀是咖啡种植者们意想不到的。星巴克与其他供应商的关系也是长期的，他们挑选供应商的原则第一是品质、第二是服务，最后才是价格。选择供应商是非常重要的事件，对双方来讲都是重要的选择，对供应商来说，一旦被星巴克选中，就意味着它的品质是有保障的，就意味着知名度的提升和大量的买家。同时星巴克还会将自己卓越的管理模式延伸到供应商的企业里去，它会与供应商一起讨论产品的革新、供货的方式、企业的流程等等，这样就大大提高了供应商的生产效率。

舒尔茨说，只要我们拥有很多的连锁店，同时保持我们与员工、与顾客、与供货商、与合作伙伴们的良好关系，并且始终提供高品质的咖啡，星巴克一定能达到与麦当劳一样的规模。

案例分析

星巴克就是通过自己对人的本质的假设，建立起了良好的人际关系体系，又通过这种人际关系体系，建立起了自己卓越的品牌。经营哲学在这里起到了决定性作用。

思考题

1. 星巴克对人的假设是什么？这对你的工作有什么启发？
2. 在对待时间的问题上，星巴克考虑最多的是过去、现在还是未来？
3. 你认为星巴克会继续成功下去吗？

第四节　企业宗旨和企业的社会责任

在阅读企业文化纲要时，有的企业只有企业使命（或企业发展目标）这样的字眼，有的企业只有企业宗旨的表述，有的企业两者都有。还有的教材将两者说成是一个概念，事实上，企业宗旨和企业使命是有区别的，这两个概念之间容易引起混淆。

一、什么是企业宗旨

企业是社会经济单位，对内对外都承担着责任，一个企业了解了自己的责任、找到实现责任的途径并对外承诺，这就是企业的宗旨。也就是说，企业的宗旨要清楚地表明企业现在和将来应从事什么样的事业活动，以及应成为什么性质的企业或组织类型。

企业的宗旨和企业的发展目标（或企业使命）都是企业的内在动力，都是用来表明企业的未来的发展方向的，但是企业的宗旨更多表达了企业的对外承诺，让社会对企业有所了解，以此来说明企业的社会角色。

企业的宗旨是企业总体的纲领，是企业在社会中的一个定位，企业宗旨多与企业最高决策管理层有关，他们通过深入思考，来确定自己企业的本质属性以及和社会的关系，因此，企业宗旨反映了最高管理层的意志。每一位伟大企业的创始人，无论是 IBM 公司的托马斯·沃森，还是松下电器的松下幸之助，他们一开始就对企业有一个深刻的认识，明确企业宗旨，保证了企业的持续发展。

二、企业宗旨的内容

一个企业的企业宗旨在陈述自己的承诺时，一定要标明自己企业的特点，将自己的目标和其他同类企业的目标区分开来。一个良好的宗旨陈述应包括五方面的内容：① 明确企业是什么和希望成为什么；② 在战略上允许企业创造性地发展，而在战术上限制企业进行一些冒险行为；③ 使本企业有别于其他同类型的企业或机构；④ 应指出作为评价企业现在和未来活动的框架；⑤ 陈述应该准确明白，易于被企业员工和社会所理解。概括起来说，宗旨陈述应包括以下十个方面的内容：

（1）顾客——谁是企业的主要顾客？

（2）产品和服务——企业的主要产品和服务是什么？

（3）市场——企业主要在哪一个地区或行业展开竞争？

（4）技术——企业的主导技术是什么？

（5）关注生存、增长和盈利——对企业近、中、远期的经济目标的态度。

（6）企业哲学——企业的基本信仰，价值观念和愿景是什么？

（7）自我意识——企业的长处和竞争优势是什么？

（8）对公共事业的关注——企业期望给公众塑造一个什么样的企业形象？

（9）对企业内部职工的考虑——企业宗旨能否有效地激励企业职工？

（10）利益协调的有效性——是否有效地反映了顾客、股东、公司职工、社区、供应商和销售商等各利益相关团体的利益。

确定企业宗旨应避免的两种倾向：一种倾向是将企业宗旨确定得过于狭隘。狭隘的企业宗旨束缚管理人员的经营思路，可能丧失许多可以发展的机会。例如一个生产洗衣机的企业，如果将自己的宗旨只定义在清洗衣物上，则不可能去开发其他相关联的家电产品，这未免太过于狭窄了，使企业失去了许多发展的机会。另一种倾向是过于空泛。如果一个香港的出版商将自己的宗旨确定为亚洲语言交流公司的话，则显得对企业方向的决策没有什么实际意义，因为这样的宗旨远远超出了企业的实际业务范围和能力。

以下是一些宗旨的不同表述

企业	定义狭窄的宗旨	定义合适的宗旨
化妆品公司	我们出售化妆品	我们出售美丽和希望
复印机公司	我们出售复印机	我们提高办公效率

化肥厂	我们出售化肥	我们提高农业生产力
石油公司	我们出售石油	我们提供能源
电影厂	我们生产电影	我们经营娱乐

案例4.6 德鲁克对企业宗旨的真知灼见

企业宗旨的论述纷繁复杂，然而德鲁克将问题大大简化，他在《管理：任务、责任和实践》一书中将宗旨作了简单而深刻的描述，"为了了解一个企业，必须首先知道它的宗旨，而宗旨是存在于企业自身之外的。因为企业是社会的一个细胞，其宗旨必定存在于社会之中。企业的宗旨只有一个定义，这就是创造顾客。"不管某个企业的宗旨有多少条，但是其中最重要的就是"让顾客满意"，如果顾客不能满足企业提供的产品或服务，企业的其他一切承诺都是空话。

德鲁克认为，确定企业宗旨首先要回答两个大问题：一是我们现在的企业是什么，即分析现在的顾客；二是我们的企业将来应该是什么，即要分析和确定潜在的顾客。企业如果不了解自己是什么，代表着什么，自己的基本概念、价值观、政策和信念是什么，它就不能合理地改变自己。只有明确地规定了企业的宗旨和使命，才可能树立明确而现实的企业目标。企业的宗旨和使命是确定优先顺序、战略、计划、工作安排的基础。它是设计管理职位，特别是管理结构的出发点。

1. 谁是顾客

在确定企业的宗旨和企业的使命时，"谁是顾客？"是首要而关键的问题。这不是一个容易回答的问题，更不是显而易见的。顾客，即一种产品和服务的最终使用者。对一个企业来讲，顾客不会是唯一的一种，通常至少有两种，有时会更多。每一种顾客对企业有不同的期望和价值观，会购买不同的东西。但是，企业必须使所有的顾客在"我们的企业是什么？"这个问题的回答中感到满意。

2. 客户的认知价值是什么

同企业的宗旨和企业的使命有关的最后一个问题是："客户的认知价值是什么？"这可能是最重要的一个问题，但也是最少被提出的一个问题。德鲁克一针见血地指出：原因之一是管理人员确信他们知道这个问题的答案——价值就是他们在企业中所规定的质量。但是，这几乎永远是一个错误的答案。

日本雷克萨斯汽车的成功问世再一次验证了德鲁克的真知灼见。雷克萨斯汽车的总工程师在研究人们为什么买高级轿车时惊讶地发现：身份地位与尊容居然排列在第一位，而车子的性能、基本功能却落居第四。这个排序使雷克萨斯汽车的总工程师非常震惊，他向来认为汽车只是一项交通工具，不是装饰品。在制造厂商和顾客的认知上出现差异时，以谁为准？答案很简单：顾客为标，满意为准。因为，企业是为顾客而存在的。正如德鲁克所言：企业的目的是创造顾客。

3. 我们的企业将是什么

对"我们的企业将是什么"这一问题，即使是最成功的答案，迟早也将会过时。20 世纪 20 年代，西奥多·维尔为贝尔电话系统公司（AT&T 公司的前身）对这个问题所作的回答是："让每一个美国家庭、每一个美国企业都能安上电话。"这一答案到了 20 世纪 60 年代后期就不合时宜了，电话系统已经不像维尔时代那样有一种天然垄断权了。其他的电话信息交流方法正在逐渐出现。维尔为贝尔电话系统所下的简明而出色的定义需要重新加以检验。

因此，德鲁克得出的结论是："关于一个企业的宗旨和使命的定义，很少有维持到 30 年的，更不用说 50 年了，一般只能维持 10 年。"因此，高层管理者在提出"我们的企业是什么"这一问题时，还有必要问一问"我们的企业将会成为什么样子？在环境中已有什么可以看得出的变化，可能对我们企业的特点、使命和宗旨发生重大的影响？"

4. 我们的企业应该是什么

提出"我们的企业应该是什么"这一问题的目的在于使企业适应预期的变化。它的目的在于修改、扩充、发展现有的、继续经营中的企业。为了实现企业的宗旨和使命，有些什么机会或可以创造什么机会，以便促进企业的发展？德鲁克为我们推荐的具体做法是：有计划地淘汰那些不再适合于企业的宗旨和使命，不能为客户提供满足并做出出色贡献的旧事物。在决定"我们的企业是什么，将会是什么，以及应该是什么"的过程中，一个极为重要的步骤是对现存的产品、服务、生产过程和市场作系统的分析。它们是否仍然可行？它们将来继续可行吗？它们还能为客户提供价值吗？它们还能适用于人口和市场的现实、技术和经济发展的现实吗？如果答案是否定的，我们将如何才能有系统地抛弃它们，或至少不再进一步投入各种资源和努力？1981 年，当杰克·韦尔奇成为美国通用电气公司掌门人后，他将德鲁克"有系统抛弃"这一概念作为他整合通用电气公司的理论基础。结果，通用电气的营业额由当年的 270 亿美元攀升到今天的 1528 亿美元，并连续多年名列《财富》杂志"最受敬仰的美国公司"榜首。

规定企业的宗旨和使命是艰巨、痛苦并带有风险的。但是，只有如此，才能使一个企业树立目标、制定战略、集中资源并着手工作。只有如此，才能对一个企业进行管理而取得成效。

（摘自《德鲁克的经典问题》，作者那国毅）

案例分析

这是关于企业宗旨的最简单、最明确也是最深刻的论述，这也是关于企业的最本质的理解。

思考题

1. 按照德鲁克的理论，供电企业的宗旨是什么？
2. 搜索德鲁克的一些论述，阅读并认真思考。

三、企业宗旨举例

微软	激发个人潜能，实现企业潜力。
上海通用汽车	依靠一支训练有素、富有使命感和团队精神的员工队伍，贯彻精益管理原则，安全地为顾客提供高质量的产品和服务，使上海通用汽车成为面向 21 世纪，国内领先、在国际上有竞争力的汽车公司。
丰田汽车	通过生产汽车而为建立富有的社会做贡献。
万科	建筑无限生活。
国家电网公司	服务党和国家工作大局　服务发电企业 服务电力用户　服务社会发展
山东电力	以人为本，安全第一，效益至上。
石横电厂	为社会提供优质的电力和服务。通过生产稳定而优质的电力产品以及提供与电能输出有关的技能输出和管理模式输出服务，让每个人身边的世界充满光明。
中旅集团	弘扬民族文化，保护自然生态，打造世界级旅游景点，创建世界级企业品牌。
联通	为用户提供超值的亲情服务。

| 中国石油天然气管道公司 | 诚信，卓越，和谐。 |

诚信：即立诚守信，言真行实。在处理企业内部、企业与地方政府、企业与业主、企业与合作伙伴等各方面关系时，坚持"诚实、信用"的原则，认真履行合同，恪守承诺意识，保证合作者的正当利益。

卓越：即企业通过不断地自我超越，使核心竞争力不断提升，员工凝聚力不断增强，企业各项指标、工作、业绩，在同类可比的范围内，处于绝对领先的地位和水平。

和谐：即正确处理好企业与职工、整体与局部、近期与长远利益的关系，形成能够充分调动全体职工和各方面积极性的制度性安排，实现企业系统内外各部分和各要素的协调发展，达到企业的经济效益、社会效益与环境效益的平衡、统一。

四、社会责任的概念

"企业社会责任"一词近来频频出现在各类媒体上，已为大家耳熟能详，并成为 2006 年流行词之一。国家电网公司在 CCTV、北京大学和《环球企业家杂志》主办的"2006 中国企业社会责任调查"中，成绩位于前列，然而，它在美国《财富》杂志公布的社会责任排行榜中却没有很好的名次，这是怎么回事呢？究竟什么是企业社会责任呢？

企业社会责任建设于 20 世纪 80 年代兴起于西方发达国家，90 年代以后世界著名公司都将它作为管理的一项主要内容来实施，《财富》和《福布斯》等商业杂志在做企业排行榜时都加上了"社会责任"这一标准。联合国也于 2000 年 7 月启动了"全球协议"，该协议号召公司遵守员工人权、劳工标准和环境方面的九项基本原则，其内容是：企业应支持并尊重国际公认的各项人权；绝不参与任何漠视和践踏人权的行为；企业应支持结社自由，承认劳资双方就工资等问题谈判的权力；消除各种形式的强制性劳动；有效禁止童工；杜绝任何在用工和行业方面的歧视行为；企业应对环境挑战未雨绸缪；主动增加对环保所承担的责任；鼓励无害环境科技的发展与推广。

为此，许多国际组织和非政府机构设计了一系列的评价标准，对企业履行社会责任的状况进行量化和排名。但是由于认识视角的不同，它们对社会责任的内涵赋予了不尽相同的意义。《财富》对社会责任排行榜的评选指标是企业治理、经营策略、利益相关者、绩效管理、社会保证等六项指标，而我国央视等三家机构的评选指标是社会关系、环境关系、经济关系，由于不同的标准，使得国家电网在两个排行榜中出现在大相径庭的位置上。

《国家电网公司 2005 年社会责任报告》中对企业社会责任这样论述，"是指企业对所有者、员工、客户、供应商、社区等利益相关者以及自然环境承担责任，以实现企业与经济社会可持续发展的协调统一。"也就是说，企业在获取经济利益的同时，还应该遵纪守法、遵守商业道德、关注生产安全和职业健康、保护劳动者的合法权益、保护环境、支持慈善事业、捐助社会公益、保护弱势群体等等。

五、为什么要承担社会责任

企业承担自己承诺的社会责任，从短期来看，不会给企业带来太多的经济效益，相反企业还要花费一些成本，但是从长期来看，无论是对社会还是对企业都有很大的好处，有公德的企业都应该切实承担起自己的社会责任，更何况社会责任中很多项目都是企业应尽的义务。

（1）增强企业的凝聚力。有社会责任感的企业能有效地提高员工的忠诚度，因为这样的企业不会违反《劳动法》，不会违反社会公德，也不会侵害劳动者的权益，像拖欠员工工资、忽视员工劳保、非法雇用童工等现象是不会在这样的企业里发生的。这样的企业会从员工的需求出发，以人为本，实现员工在物质和精神上的提高，和谐企业中的劳资关系。

（2）提高企业的持续经营能力。《财富》500 强企业都是标榜自己具有社会责任感的，因为具有良好的社会责任感的企业可以赢得公众的认可，从而增加企业的美誉度，提高企业的品牌影响力。并且这样的企业还可以更好地规避风险，试想，发生危害社会公众利益事故的企业，不都是因为缺乏社会责任意识吗？因此，现在许多跨国公司都把社会责任作为选择合作伙伴的标准。实践证明，企业承担社会责任与企业的经济绩效呈正相关，企业只有承担了社会责任，才会获得长远的商业利益，实现可持续发展。

（3）有利于社会和谐发展。社会的进步要求遵循科学发展观，企业的社会责任可以在企业这个层面上实现社会的和谐。企业的社会责任感首先要求企业保障员工的权益，提高员工的工作生活质量；要求企业满足顾客的需求，让渡顾客价值，给顾客带来物质文明和精神文明；要求企业和上下游企业有效合作，解决就业问题，有效配置社会资源；要求企业合法经营、依法纳税，为社会发展作贡献；企业还可以通过慈善事业来弥补社会运行机制中的缺憾。可以说，具有社会责任感的企业可以造福一方，是社会落实科学发展观的基石。

六、SA8000 简介

虽然对于企业社会责任至今还没有一个统一的标准，但是普遍被企业接受的是 SA8000，也就是社会道德责任标准 Social Accountability 8000 或简称 SA8000。自 1997 年问世以来，受到了公众极大的关注，在美欧工商界引起了强烈反响。专家们认为，SA8000 是 ISO9000、ISO14000 之后出现的又一个重要的国际性标准，并迟早会转化为 ISO 标准，通过 SA8000 认证将成为企业进军国际市场的又一重要武器。

SA8000 以一致的标准指定了下列领域内的最低要求：

（1）童工：企业必须按照法律控制最低年龄、少年工、学校实习、工作时间和安全工作范围。

（2）强制雇佣：企业不得进行或支持使用强制劳工或在雇佣中使用诱饵或要求抵押金，企业必须允许雇员轮班后离开并允许雇员辞职。

（3）健康安全：企业必须提供安全健康的工作环境、对事故伤害的防护、健康安全教育、维持设备卫生清洁和常备饮用水。

（4）联合的自由和集体谈判权。企业尊重全体人员组成和参加工会并有集体谈判的权利。

（5）差别待遇：企业不得因种族、社会地位、国籍、伤残、性别、生育倾向、会员资格或政治派系等原因存在歧视。

（6）惩罚措施：不允许物质惩罚、精神和肉体上的压制和言词辱骂。

（7）工作时间：企业必须遵守相应法规，雇员一周工作时间不得超过 60 小时，加班必须是自愿的，雇员一周至少有一天的假期。

（8）报酬：工资必须达到法定和行业规定的最低限额，并在满足基本要求外还有收入。雇主须提供津贴，不得以虚假的培训计划规避劳工法。

（9）管理体系：企业须制定一个对外公开的政策，承诺遵守相关法律和其他规定；保证进行管理的总结回顾，选定企业代表监督实行计划和实施控制。

思考题

1. 企业的社会责任和你有关系吗？

2. 按照 SA8000 的标准，你们企业是个有社会责任的企业吗？

第五节 企业精神

美国著名管理学家托马斯·彼得斯和小罗伯特·沃特曼在《寻求优势》一书中讲到："一个伟大的组织能够长久生存下来，最主要的条件并非结构形式或管理技能，而是我们称之为信念的那种精神力量，以及这种信念对于组织的全体成员所具有的感召力。"企业的精神对企业经营来讲，也是至关重要的一个文化内容。尤其中国企业，无论是大型国有企业还是百年民营企业，它们成功的一个主要原因就是企业中有一股精神力量始终起着主导作用，就是这种企业精神决定了企业的竞争力。

一、企业精神的含义

关于企业精神的定义，罗长海教授在《企业文化学》一书中给出了精辟的解释，"所谓企业精神，就是一个企业全体或多数职工共同一致、彼此共鸣的内心态度、意识状态、思想境界和理想追求。"企业的发展历程给企业积淀了许多模范人物和优秀事迹，这些因素就会耳濡目染地影响到员工，形成一种共同的思想，这些思想与现代管理思潮和管理方法有效地结合，并加以指导教育，就成了企业精神。

企业精神包括三方面内容：① 由企业优良传统、时代精神和企业价值观有机结合而成的工作态度和行为要求；② 全体员工对本企业的本质属性和企业的社会责任的理解和认同；③ 员工对企业、对社会、对国家、对民族、对未来所抱有的美好期望和理想。例如大庆油田提倡的"铁人精神"就包含了这三方面的内容，详细内容参考本节案例。

企业精神和企业价值观是有区别的。价值观主要解决的是企业的标准问题，是企业对待相关利益者的客观标准，企业精神是企业希望员工保持的工作、情绪、理想的状态，是企业对员工思想境界提出的要求。当然两者之间也是相通的，企业的价值观是企业理念的基础，它指导着企业精神，企业的精神要服从企业的价值标准。

二、企业精神的特征

企业的精神一般都是在企业的经营实践中提炼出来的，是员工的主导意识的结晶，能够代表并指导员工的主流思想，它往往以简洁且富有哲理的语言形式来表述。因此它能够直接在员工的内心深处产生共鸣，从而激发起员工的自觉性、积极性、归属感，也就能够增强企业的凝聚力、向心力和团队精神，从而提高企业的生产力。

企业精神是用来指导和激励员工来实现企业的目标的，人是生产力中最活跃的因素，也是企业经营管理中最难把握的因素，企业精神直接作用在人的思想上，给人以理想、以信念、以鼓励、以荣誉，同时也给人以约束，并以此来调整员工行为。有效的企业精神应该具有以下特征：

（1）企业精神是企业现实状况的客观反映。企业生产力状况是企业精神产生和存在的依据，企业家素质对企业精神的内容有着根本的影响。同样，也只有正确反映现实的企业精神，才能起到指导企业实践活动的作用。企业精神是企业现实状况、现存生产经营方式、员工生活方式的反映，这是它最根本的特征，离开了这一点，企业精神就不会具有生命力，也发挥不了它应有的作用。

（2）企业精神是全体员工共同拥有、普遍掌握的理念。只有当一种精神成为企业内部的一种群体意识时，才可认作是企业精神。企业的绩效不仅取决于它自身有一种独特的、具有生命力的企业精神，而且还取决于这种企业精神在企业内部的普及程度和认可程度，取决于是否具有群体性。

（3）企业精神是稳定性和动态性的统一。企业精神一旦确立，就相对稳定，但这种稳定并不意味着它就一成不变了，它还是要随着企业的发展而不断发展的。企业精神是对员工中存在的现代生产意识、竞争意识、文明意识、道德意识以及企业理想、目标、思想的直接反映，具有稳定性。但同时，形势又不允许企业以一个固定的标准为目标，竞争的激化、时空的变迁、技术的飞跃、观念的更新、企业的重组，都要求企业做出与之相适应的反应，这就反映出企业精神的动态性。稳定性和动态性的统一，使企业精神不断趋于卓越。

（4）企业精神具有独创性和创新性。每个企业的企业精神都应有自己的特色和创新精神，这样才能使企业的经营管理和生产活动具有针对性，让企业精神充分发挥它的激励作用。企业财富的源泉蕴藏在企业员工的创新精神中，企业家的创新体现在它的战略决策上，中层管理人员的创新体现在他怎样调动下属的劳动热情上，工人的创新体现在他对操作的改进、自我管理的自觉性上。任何企业的成功，无不是其创新精神的结果，因而从企业发展的未来看，独创和创新精神应当成为每个企业的企业精神的重要内容。

（5）企业精神要求务实和求精精神。企业精神的确立，旨在为企业员工指出方向和目标。所谓务实，就是应当从实际出发，遵循客观规律，注意实际意义，切忌凭空设想和照搬照抄。求精精神就是要求企业经营上高标准、严要求，

94

不断致力于企业产品质量、服务质量的提高。在激烈的市场竞争中，质量和信誉是关系企业成败的关键因素。一个企业要想得到长期稳定的发展，永远保持旺盛的生命力，就必须发扬求精精神。

（6）企业精神具有时代性。企业精神是时代精神的体现，是企业个性和时代精神相结合的具体化。优秀的企业精神应当能够让人们从中把握时代的脉搏，感受到时代赋予企业的勃勃生机。在发展市场经济的今天，企业精神应当渗透着现代企业经营管理理念、确立消费者第一的观念、灵活经营的观念、市场竞争的观念、经济效益的观念等。充分体现时代精神应成为每个企业培育自身企业精神的重要内容。

思考题

1. 你们公司的企业精神具有这些特征吗？
2. 国家电网公司的企业精神的时代含义是什么？

三、我国现代企业精神类型举例

在企业文化引入到企业管理之前，我国的很多企业就开始塑造自己的企业精神，如"孟泰精神——鞍钢精神"、"铁人精神——大庆精神"、"一团火精神"等，很多企业就是靠自己的精神来建设队伍，报效国家。随着改革开放的深入，更多的企业将企业精神作为企业文化的重要内容来建设，形成了丰富的企业精神体系。总体来讲，根据企业培育的企业精神的不同的侧重点，可以将企业精神分成以下主要类型：

（1）爱国爱企型：企业将爱国主义作为企业精神的主旋律，以热爱企业作为激发员工勤奋工作的主要动力。让爱国家、爱企业成为员工共同的精神支柱。比如：

中旅（香港）公司	爱国、爱港、爱中旅。
中国石油天然气集团公司	爱国、创业、求实、奉献。
中煤集团公司	爱国、敬业、奉献。
招商局集团	爱国、自强、开拓、诚信。
中国建筑科学研究院	爱国、爱院、团结、奋进。

（2）团结合作型：这些企业将团队精神作为提升企业竞争力的法宝，讲究企业对内对外的协作，注重企业的整体发展。比如：

中国兵器工业集团公司	团结、求实、创新、服务。

中钢集团	团结、务实、高效、奋进。
中国轻工集团	团结、开拓、信誉、效益。
上海船舶科学研究所	团结、求实、创新、奉献。
中国移动	改革创新、只争朝夕、艰苦创业、团队合作。

（3）开拓创新型：创新是企业的生命力，固步自封的企业是不可能持续经营下去的。

中国铝业公司	励精图治、创新求强。
中国化学工程集团公司	拼搏、求实、创新、发展。
中国纺织物资集团总公司	求实、创新、拼搏、奉献。
中土畜总公司	敢为人先、不断创新。

（4）励志进取型：进取就是不断超越，不断发展，向着更高、更大、更强的目标迈进。

国家电网公司	努力超越、追求卓越。
中国航空工业第一集团公司	激情进取、志在超越。
神华集团	艰苦奋斗、开拓务实，争创一流。
宝钢	严格苛求、学习创新，争创一流。
中国通用技术集团	追求完美、创造卓越。
东风汽车	实现价值、挑战未来。
中国铁路工程总公司	勇于跨越、追求卓越。

（5）求实诚信型：诚信是商业道德的基础，也是企业品牌的内涵，求实是理性思考的基础，是现代企业管理者的必备素质。

钢铁研究总院	求实、创新、诚信、高效。
中国轻工对外经贸技术公司	诚信、务实、和谐、进取。
中国南车集团	诚信、敬业、创新、超越。
中国纺织物资集团总公司	求实、创新、拼搏、奉献。
中国房地产开发集团	奉献、开拓、务实、求效益。

（6）回报奉献型：企业要向社会作出奉献，以实现和谐社会，员工要向企业作出奉献，更好地融入集体中去。

鲁能	自我加压的负责精神、精诚团结的团队精神、奋不顾身的拼搏精神、追求卓越的创新精神。
中电投集团	奉献绿色能源、服务社会公众。

中国路桥集团	筑路架桥，奉献社会，以人为本，追求卓越。
中国纺织物资集团总公司	求实、创新、拼搏、奉献。
中国华电集团	创业创新、图强报国。
中煤集团公司	爱国、敬业、奉献。

企业不可能只是培育一种企业精神，它都是要全方位地来建设自己的企业精神的。首钢集团的企业精神是最全面的，并且它为各种企业精神作了很好的诠释。

首钢的企业精神：自强、开放、务实、创新、诚信、敬业。

自强，就是要有一种不怨天、不尤人、一切靠自己的自主意识；就是要有一种不甘落后、迎难而上、奋发有为的精神状态；就是要有一种敢竞争、不服输、不服气、不达目的不罢休的决心和勇气，不断挑战自我、战胜自我、超越自我。

开放，就是要跳出自我封闭、夜郎自大的狭隘圈子，以博大的胸怀融入社会、面向世界；就是要积极接受新生事物，广泛开展合作，充分利用一切可以利用的资源；就是要以虚心的态度，海纳百川，博采众长，把首钢办成学习型企业。

务实，就是要一切从实际出发，讲真话，干实事，重实效；就是要坚决克服图虚名、重形式、走过场的坏风气，做到不唯书、不唯上、只唯实。

创新，就是要敢于突破，打破常规，走别人没有走过的路；就是要改变因循守旧的思维，摆脱僵化落后的状态；就是要以超常的努力，把挑战和压力变为机遇和动力，把目标变为现实。

诚信，就是要忠诚老实，诚恳待人，以信用取信于人，对他人给予信任；就是要信守合同，平等竞争，公平交易；就是要坚决反对弄虚作假、坑蒙拐骗、假冒伪劣的不道德行为。

敬业，就是要有强烈的事业心和高度的责任感，为企业发展恪尽职守，建功立业；就是要克服对事业不负责任、敷衍了事、推诿扯皮的不良现象；就是要破除"不求有功、但求无过"的思想，树立开拓进取、永不满足、追求卓越的崇高境界，做到创新敢为人先、创业敢比人快。

思考题

1. 谈谈你对国家电网企业精神"努力超越，追求卓越"的理解。

2. 在你的班组中，你是如何理解和实施"无私奉献"精神的？这与"责、权、利对称"的理念矛盾吗？

案例4.7　传承铁人精神　创新文化建设

铁人精神产生于20世纪60年代轰轰烈烈的大庆石油会战时期。当时，国家面临严峻的考验，3年自然灾害使国民经济受到严重影响，物质条件极端困难。早期的大庆油田，荒野一片，滴水成冰，职工们吃的是苞米面，住的是四壁漏风的马棚。一方面油田地质情况复杂，另一方面我国石油工业基础薄弱，技术力量不足。在这种情况下，外国人预言，中国根本没有能力开采出这个大油田。然而以铁人王进喜为代表的几万会战职工，经过3年半艰苦卓绝的夺油大战，一举改变了我国石油工业落后的面貌，实现了石油产品基本自给，促进我国石油工业的全面发展。之所以能够取得举世瞩目的成就，根源在于大庆精神、铁人精神所迸发的巨大文化力，这种文化力最终形成了大庆持续高产和稳产的生产力。

铁人精神是铁人王进喜崇高思想、优秀品德的高度概括，是我国石油工人精神风貌的集中体现。铁人精神内涵丰富，主要包括："为国分忧、为民族争气"的爱国主义精神；"宁可少活20年，拼命也要拿下大油田"的忘我拼搏精神；"有条件要上，没有条件创造条件也要上"的艰苦奋斗精神；"干工作要经得起子孙万代检查"、"为革命练一身硬功夫、真本事"的科学求实精神；"甘愿为党和人民当一辈子老黄牛"的埋头苦干的奉献精神等。还有"对待革命事业，要当老实人，说老实话，办老实事；对待工作，要有严格的要求，严密的组织，严肃的态度，严明的纪律"的"三老四严"的传统精神。

进入商品经济时代，大庆人应该怎样对待铁人精神呢？为此，大庆油田公司达成共识：现在的大庆油田公司，虽然不再需要人拉肩扛，也不必用身体去搅拌泥浆，但艰苦奋斗的精神依然要有，科学创新的精神更要有，还要从老一代石油工人的传统中提炼、继承文化精髓，继续弘扬发展铁人精神，把铁人精神作为推进发展、构建和谐、再铸辉煌的力量源泉。

为了适应时代的发展，在市场经济中获得竞争力，大庆人创新了企业精神，将时代精神和铁人精神有机结合，为铁人精神赋以新的时代内涵，"爱国"以兴企为本；"创业"以创新为魂；"求实"以诚信为先；"奉献"以共赢为根。将大庆精神由"爱国、创业、求实、奉献"八个字变成一个系统化的充满时代特征的企业精神体系。

铁人精神曾经这样定位国家、集体和群众之间的关系。对待祖国，大庆人始终牢记"三个至上"——就是国家利益至上、国家需求至上、国家荣誉至上；对待事业，铁人视如生命；对待群众，铁人无私奉献，群众的难处总是记在心间。

今天大庆人对爱国和奉献有了新的理解。国家利益最重要：这一点在大庆人的心头一刻也未曾忘记，为切实承担起维护国家石油战略安全这一神圣使命，他们在忘我拼搏。企业利益最关键：全局上下全力以赴，共谋发展，不断提升企业竞争力。职工利益最根本：职工是企业的主人，也是国家利益、企业利益、自身利益的创造者和受益者。只有实现好、维护好、发展好职工群众的根本利益，才能激励职工群众实现好、维护好、发展好国家利益和企业利益。

大庆人还给"三老四严"赋予新的内涵。"三老四严"是大庆传统企业文化的精髓，是铁人精神的具体体现。"三老四严"虽然不过时，但需要进行创新，体现时代特色。积极探索以"三老四严"为主要内容的文化管理模式，引导干部职工用"三老"树人、靠"四严"立业，遵循"用大庆精神保证质量，以'三老四严'取信用户"的质量方针，打造以诚信为特色的经营管理文化。大力宣传"三老四严"是一种诚信文化，是一种军队文化，从这两个方面来重新挖掘"三老四严"。在企业中倡导"三老四严"，就要求干部要具有世界眼光、战略思考、善于驾驭、勇于负责，创造性开展工作。对待职工群众，动真情，讲实话，办实事，情为民所系，权为民所用，利为民所谋；在职工中倡导"三老四严"，就是要求职工群众认真履行岗位职责，想实事，干实活，按质按量完成工作任务；在市场中倡导"三老四严"，就是要做到市场与效益并重，优质服务，诚信经营，合作共赢，不断满足用户需求。

市场经济是诚信经济，构建和谐企业需要以诚信为基础。当老实人，说老实话，办老实事是诚实守信的具体体现，是时代的具体要求，具有强大的生命力和延续力。

案例分析

如果企业在其发展历程中能像大庆油田一样积淀下来优秀的企业精神，那么这个企业的企业文化一定是强有力的、真正能给企业带来经营绩效的。但是可惜的是大多数企业的企业精神都是外来的，效果不会很明显，因为员工接受起来不会主动认同。

思考题

1. 你们企业积淀下来的企业精神和你们企业现在提倡的企业精神一致吗？
2. 你的班组里的先进事迹存在哪些精神？

本章重点提示

1. 企业的精神文化是企业文化的核心，它在根本上指导着企业的经营。

2. 价值观是企业经营的判断标准，企业哲学是企业经营的世界观和方法论，企业的愿景是对企业发展蓝图的描绘，企业的宗旨是企业对外承诺的社会责任，企业精神是企业倡导的、员工接受的核心思想。

3. 一个优秀的员工必须深谙自己企业的经营方针和基本思路，还应该从宏观上了解世界知名企业的经营策略。

想 想 做 做

1. 你能总结出你的经营管理哲学吗？
2. 认真思考你们企业的精神文化。能否提出一些异议？

第 五 章

企 业 经 营 理 念

—— 学 习 目 标 ——

通过本章学习，你可以：

- 理解诚信对一个企业的意义；
- 认识到一个岗位的权、责、利对称对企业的重要性；
- 深刻理解什么是以人为本；
- 知道品牌对企业的意义；
- 掌握服务在电力行业中的重要性以及如何把握服务理念。

美国管理学家托马斯·达文波特在《最优理念》一书中有过这样的论述，"理念指的是那些改善企业业绩和提高管理水平的方法。"企业在理性化的经营过程中，每一项工作都应该有一套明确的管理思想和指导原则，这就是企业的经营理念。企业经营理念就是企业为了提高经营绩效，在企业的核心价值观的指导下形成的关于企业基本假设、企业与市场的关系、对员工的假设、管理方式等的指导原则和方法。任何一个企业都应该有自己的经营理念，一套系统的、全面的、明确的、一致的经营理念，可以大大地提高企业的经营绩效。

企业的经营理念是在企业的价值观、企业哲学的指导下，吸收了现代企业管理的先进思想，结合企业自身的实际情况，得到的一整套的指导原则和方法，我们也可以把企业的经营理念理解成更加细化的、具体的企业的价值观和企业哲学，是企业哲学和价值观在某个方面的具体指导。

企业完整的理念应该包括两个部分：企业对于外部环境（包括宏观环境和竞争环境）的基本看法和相应的应对措施；企业对于自己的资源、能力的基本假设和基本处理态度。企业的经营理念是企业对发展过程中的经验、教训进行总结、思考、提炼而成的，这样的理念才容易为员工接受。同时，企业也要根

101

据外部环境和内部环境的变化，适时地做些调整，把一些新的理念吸收到企业中来，只有这样，理念才"能够启发、激励员工更加努力工作并且不断创新，新的理念能够为企业带来更高水平的活力，并且实现企业振兴，它们是企业变革的动力，有助于企业适应环境。"（达文波特语）。

本章中，我们先论述一些基本的企业理念，然后再介绍最新的经营理念。

第一节　诚　信　理　念

一、诚信的含义

美国科学家富兰克林在《给一个年轻商人的忠告》中有一句话："切记，信用就是金钱。"当今，越来越多的企业家已经认识到一个深刻命题：企业的资源除了人、财、物、信息、时间，还有一种宝贵的资源——信用。诚信理念已经是企业文化中不可或缺的组成部分了。什么是企业诚信呢？"诚"为诚实，是语言和内心的一致，就是表里如一，也就是实实在在，真心实意；"信"为信用，为语言和行为的一致，行为先后一致，也就是遵守诺言，实践成约，从而获得信用。"诚信"，是诚实与信用的一致，即以诚待人，取信于人。

在市场经济高度发达的今天，诚信已经成为企业的一个必备素质，只有诚信的企业才能被广大消费者认可，消费者才有可能持续地购买企业的产品和服务。从 2001 年美国安然公司破产案、安达信会计师事务所信用危机案，到 2002 年世界通信公司虚报利润案，充分说明没有内外高度一致的、以诚信为核心的价值观，企业将失去竞争力、将在市场中没有立足之地。很多企业已经认识到，一个企业最大的危机是失去公众的信任，一旦出现信用危机，企业将不能生存发展。

诚信是企业品牌的第一要素。顾客总是会相信那些讲诚信的企业，供应商和经销商也愿意和诚信企业打交道，银行也总是青睐于那些诚信企业，正如可口可乐公司的总裁曾经说过的，即便是可口可乐公司的厂房突然间全部毁坏，他们第二天就可以凭借其诚信品牌筹到足够的资金，重新建一个新的"可口可乐"帝国。张瑞敏提出的"首先卖信誉，其次卖产品"的诚信理念，为海尔的百年基业奠定了坚实的基础。

二、诚信的形式

魏杰教授认为，企业的诚信理念应该是内在性。"所谓内在性诚信理念，就是指企业内在地自觉地遵守诚信的原则，完全以诚信的理念来指导自己的经营活动。"企业的诚信理念要求企业的所有员工都应该自觉地、积极地、主动地对待诚信，而不是迫不得已的诚信。内在性的诚信理念有三种形式：

（1）以契约为基础的诚信。就是企业无论对外还是对内都要恪守承诺，按照承诺办事，这个承诺可能是合同、制度、法规，也可能是心理契约。

（2）信息非对称条件下的诚信。信息非对称是指一方比另一方掌握更多的信息，在这种条件下处于劣势的一方在制定合同时就容易在不知情的情况下被骗，而诚信的企业就应该让对方知道全部真相。

（3）完全考虑当事者利益的诚信。这是一种共赢的诚信，当事者一方并不是只考虑自己的利益，他还会站在对方的角度考虑对方的利益，双方开诚布公地讨论共同利益的最大化，然后再分享这部分利益。

思考题

1. 你班组的员工有诚信理念吗？你有很好的办法解决班组诚信问题吗？
2. 在你们班组里，怎样对待信息不对称？

案例5.1　到底谁不诚信？

最近，格兰仕集团向佛山市顺德区人民法院递交《民事诉讼状》，以侵权及损害商誉为由，将北京创想广告有限公司（以下简称"创想"）、《上饶广播电视报》、《鹰潭广播电视报》、《健康导报》等单位推向被告席，索赔商誉损失人民币297万元。其中，创想被列为第一被告。该集团法律顾问称，此次被起诉的广告公司、报纸只是部分涉事单位，更大的被告是同业某企业，可能在近期被"揪"出来。

格兰仕方面召集新闻界说："北京创想广告公司受委托，在《健康导报》等报纸刊登《由格兰仕炉腔变脸、看企业诚信危机》一文，该有偿广告稿在没有任何法律事实根据的前提下，公然中伤格兰仕'在搞更加隐蔽更加高级的作假现象'、'格兰仕遭遇诚信危机'。报纸刊登广告公司故意损害格兰仕商誉的目的非常明确，但相关媒体只图眼前利益，不顾事件严重后果仍予刊登，严重损害了格兰仕的商业信誉，给格兰仕造成了无法计算和难以挽回的严重损失，为维护企业合法权益，特提起诉讼。"格兰仕新闻发言人表示，先行作为被告的几家涉事单位与格兰仕素无瓜葛，目前，格兰仕公司律师掌握的事实和证据都已表明，他们并非真正的"黑手"。那么真正的"黑手"是谁呢？

（摘自《深圳商报－格兰仕状告"黑媒"揪黑手》，作者刘荆年、段煜第）

企业看到了诚信的作用，消费者是不会购买不诚信企业的产品的。当事人双方至少有一家是不诚信的，采取不诚信的办法处理问题，最后受到伤害的不仅是对方，还有自己。

思考题

1. 你们的企业是怎样对待诚信的？
2. 你认为所有的企业都会受到不诚信的困扰吗？

第二节　责权利对称理念

在我国，人们对责任和权利关系（也即责、权、利的关系）的研究始于20世纪70年代末期的农村经济体制改革，责权利相结合是在联产承包责任制的经验中总结出来的，后来将这一研究成果推广到整个经济体制改革，并成为企业中的一个重要管理理念。为了更好地理解责权利对称理念，我们先从责、权、利在企业中的含义入手。

一、责、权、利的含义

责，即责任，有两方面的含义：一个是每个岗位都有一定的工作要做，这个岗位上的员工要尽力去完成本职工作，比如安全员要负责安全生产，班组长要领导生产还要建设班组，这一切都应该在岗位说明书中详细描述；另一个是当某个岗位上的员工没有做好本职工作时，他就要承担由于自己的过失而给整个企业带来的损失，这种责任带有惩罚性的含义，一定的压力可以让员工更加小心翼翼、尽职尽责。

权就是权力，它包括两部分即基本要求权和工作权。基本要求权是法律保障的员工的基本权力，比如人身自由权、法定休假权等，对企业来讲，这些权力属于保健因素，如果企业不满足职工的这些基本要求权，会引起员工的极大不满并可能受到法律的制裁。工作权就是企业赋予员工的，是其调动企业的资源（包括人、财、物、信息等）的能力，企业也可以收回这些权力。

利是指利益，就是企业可以给员工的好处，有些利益是物质上的，比如薪酬、福利、保险，还有些利益是精神上的，比如升迁、培训、精神鼓励等。对于不同的员工，他们所希望满足的需求、得到的利益是不同的，有些员工可能最希望得到低层次的需求，而有些员工可能希望实现自我价值，企业应该根据员工的不同需求来分配利益。

二、责、权、利对称的含义

在任何一个组织中，都存在着责任与权利的问题，一个有责任的位置如果不给它与之相匹配的权力，这个责任就无法执行下去，但是如果给予的权力过大，又可能会出现滥用职权的现象。对于经济组织来说，因为它的目的就是追求利润，所以还存在一个利益的因素。为了将这三者进行有效的结合，就需要对责任、权力和利益进行有效地匹配，这就是责权利对称的理念。责权利对称理念的基本含义是，企业给予职工多大的责任，职工就应拥有对应的权力和利益。反之，企业给予了职工多大的权力，员工享受了多大的利益，他就应付多大的责任。

责权利对称性管理理念是企业文化极为重要的组成部分，很多企业在实施企业文化时，容易在责权利的分配上出现问题，有的企业规定了职工相当的责任，却没有赋予职工相应的权力，导致员工无法完成自己的职责，挫伤了员工的积极性，有的企业没有给负有责任的员工一定的利益，导致员工的不满，这些都是企业的责权利不对称造成的。因此企业要有效经营，就要明确每一个岗位上的责、权、利，并使它们有机结合，有效匹配。

三、设计责、权、利对称的原则

企业在设计某个岗位的责权利时，要以责任为中心来设计权力和利益。人们对权力和利益的追求是无止境的，企业只能通过责任来约束权力和利益，也就是说，要想获得一定的权力和利益，就首先要承担责任。当然，如果员工承担了一定的责任，企业就要给予一定的权力和利益来保障和奖励。

企业要保持责权利三位一体。也就是说责任的承担者、权力的使用者、利益的享受者应该集于一身，责任者必须要有权力保障其责任的执行，并且能够享受驾驭权力的快乐，同时他还要获得一定的利益，他应有的利益不能被别人夺取，权力也不能分享，只有这样才能克服有责无权或有责无利的责权利脱节状况，否则企业就没有一个公平公正的文化氛围。

企业一定要把责权利公开化、明晰化，使员工知道具体的责任内容、权力范围和利益大小。责权利的配置，首先要按照社会平均水平作为参照，这样才能让员工感到外部公平，其次要根据自己企业的实际情况并且保持一致的比例来设计每一个岗位的责权利，这样才能保证企业的内部公平。实践表明，责权利三者之间的结合越合理、人们的积极性发挥得就越好，就越能体现出企业的公平，只有这样才能真正落实企业文化的作用。

思考题

1. 你班组的岗位责权利明确吗？
2. 你们是如何来设计责权利的？能够把三者更加细化甚至量化吗？

第三节　人本主义管理理念

一、人本主义管理理念的兴起

进入 20 世纪 50 年代以来，随着资本主义生产方式的进步，人对企业生产率的贡献越来越大，人在企业中的地位也越来越高，"人本主义"就逐渐地取代了"资本主义"在企业中所占的主导地位，以人为本的管理理念成了企业管理学的新兴命题。

在我国的管理实践中，人本主义管理理念产生较晚，过去一直是"物本主义"非"人本主义"，正如魏杰教授所说，"人的本性一直受到压抑，个人被视为企业的'螺丝钉'，安排到哪里就在哪里发挥作用。"人的选择权被完全剥夺。改革开放以来，人本主义的先进理念逐渐引入到企业管理中来，员工不再被视为企业的一种生产要素，而是被视为和企业并列的独立主体，员工的人性得到尊重，员工的价值得以实现。

二、人本管理理念的内涵

老汤姆斯·沃森在塑造 IBM 的企业文化时所订立的三个基石之一就是：尊重个人。公司不断致力于改善员工的工作环境、提高员工的福利水平、关注员工的身心健康、增强员工的工作能力、为员工作好职业生涯规划、不辞退员工。他们这种尊重员工价值和尊严的文化，就是以人文本的管理理念的最好诠释。

那么究竟什么是以人为本呢？"人"主要指企业的员工，有时也涉及至企业的相关利益者；"本"在深层次上讲，就是"根本"、"目的"的意思，因此人本管理理念就是把人看作企业生存发展的根本，人是企业存在的目的。在这种思想指导下，企业应该实施以促进员工人身自由、全面发展为根本目的的管理理念与管理模式。

倡导人本管理理念的企业，仅仅将"以人为本"作为一个口号是无济于事的，它应该将这一理念应用到管理中，灌输到管理者和员工的思想中，从而使其转化为企业的一种自觉行为和习惯。人本管理理念的内涵主要有以下四个方面：

（1）人格尊重。社会发展到今天，对人权的一些基本态度都有了共识，企业的员工不论他是高层管理者、技术人员、普通员工还是清洁工，他们都有一个共同的特点，那就是：他们都是人，他们生来都是平等的。虽然在企业中扮演的角色不同，但是他们都需要得到尊重。企业在具体实施这一理念的时候，首先应该做到的是相互尊重，尊重是一种文明的表现，在IBM文化中就有一条规定，上级不能随意训斥下级。其次，要理解管理的权限范围，企业赋予管理者的权力，只是一种管理权，只是局限于对下级工作的控制，在工作之外上级对下级是不能行使权力的。最后，管理者要尽量营造一种和谐氛围，把握好"柔性"和"硬性"的尺度分寸。

（2）人才开发。企业有责任和义务对企业员工的能力进行开发，就是要针对员工现有的能力和兴趣倾向，对员工进行人力资源规划，对员工的能力有效地指导、培训、开发和使用，这是企业人本管理模式的重要组成部分。这样一方面可以提高员工的积极性和归属感，另一方面，虽然企业付出一定的成本，但总体上能通过提高每一个员工的工作能力来提高企业的经营绩效。企业除了对每一个员工进行开发外，还要形成一个整体的人才管理机制，包括晋级、岗位重新设计等方法，来实现企业和员工的双赢。

（3）需求满足。企业不仅要满足顾客的需求，人本主义管理理念还要求企业也要满足员工的需求。前面我们讲过，美国人本主义心理学的主要发起者马斯洛曾经提出过"需要层次论"，这个理论认为：人有多种需要，尚未满足的需要产生他们工作的动机，也是激励他们不断进步的因素。人类基本需要按层次的低高和力量的弱强排列成五个等级，即生理的需要、安全的需要、社交的需要、尊重的需要、自我实现的需要。讲求人本管理理念的企业要设法了解员工的这些需求并满足之。

（4）价值实现。传统的科学管理认为人工作的目标就是生存，就是获得最大的报酬。但是社会进步到今天，生存已经不是工作的主要目的，更重要的是为了实现自身的价值。人本管理的企业应该首先了解员工的价值观，了解他们的人生理想，同时企业也为自己树立一个宏伟的愿景，让每一个员工的人生目标包含于其中，每一个员工的人生理想都可以在企业发展的过程中得到实现。

三、人本管理的层次

现在大多数企业都开始倡导和落实人本管理理念，但是由于对"以人为本"含义理解的程度不同，执行的力度、深度、广度也就不同，从而产生的效果也不尽相同。总的来讲，可以将人本主义实施的情况分为五个层次：

（1）情感沟通管理。它是人本管理的最低层次，也是提升到其他层次的基础。在该层次中，管理者与员工不再是单纯的命令发布者和命令执行者，管理者和员工有了除工作命令以外的其他沟通形式，这种沟通主要是情感上的沟通，比如管理者会了解员工对工作的一些真实想法，或员工在生活上和个人发展上的一些需求。在这个阶段员工还没有就工作中的问题与管理者进行决策沟通，但它为决策沟通打下了基础。

（2）员工参与管理。员工参与管理也称"决策沟通管理"，管理者和员工的沟通不再局限于对员工的问寒问暖，员工已经开始参与到工作目标的决策中来。在这个阶段，管理者会与员工一起来讨论员工的工作计划和工作目标，认真地听取员工对工作的看法，积极采纳员工提出的合理化建议。员工参与管理会使工作计划和目标更加趋于合理，并提高了员工工作的积极性，提高了工作效率。

（3）员工自主管理。随着员工参与管理的程度越来越高，对业务娴熟的员工或知识型员工可以实行员工自主管理。管理者可以提出公司整体或部门的工作目标，让每位员工拿出自己的工作计划和工作目标，经大家讨论通过后，就可以实施。由于员工在自己的工作范围内有较大的决策权，所以员工的工作主动性会很强，并且能够承担相应的工作责任。在该阶段，每位员工的工作能力都会得到较大的锻炼，综合能力较高、创造力较强的员工，在这个阶段会脱颖而出，成为独当一面的业务骨干。

（4）人才开发管理。为了更进一步提高员工的工作能力，公司就要有针对性地进行一些人力资源开发工作。员工工作能力的提高主要通过三个途径：工作中学习，交流中学习和专业培训。人才开发管理首先要为员工建立一个工作交流的环境，让大家相互学习和讨论。另外，人力资源部门可以聘请一些专家，进行有针对性的培训。

（5）企业文化管理。一些优秀的企业在制定自己的企业文化系统时，始终将以人为本的理念作为企业的哲学来对待，无论是在制定企业的价值观、企业的宗旨、企业的目标时，始终不忘员工的利益，在制定企业的制度时，也是处处为员工利益着想。这种企业真正把员工看成是企业提升竞争力的最关键因素，也把员工看成是企业发展的目标，全方位地实施了以人为本的管理理念。

思考题

1. 你在实施人本管理的时候，会遇到哪些障碍？
2. 你认为你们单位的人本管理理念能否贯穿整个企业文化体系？

四、工作生活质量

在倡导以人为本的企业中，现在都在实施一种叫"工作生活质量"的管理方法，就是让员工在工作场所感受到愉悦、满足、成就、幸福，让他们把工作当成是生活中的一种乐趣，企业的管理者更多地考虑员工的心理感受。

实际上，只有提高了全体员工的工作生活质量，企业自身的利益才能够得到保证，企业的长期发展才成为可能。因此，企业的管理人员应该借鉴先进企业的管理经验，将员工的工作生活质量真正地提高上去。

（1）把员工的利益放在重要位置。企业只有通过盈利才能实现自身的发展，才能为社会做出贡献，不盈利的企业是无法生存的。但是只关心盈利而不关心员工的利益也不可能成为一个成功的企业，这种企业是没有持续发展潜力的。为了提高员工工作生活质量，企业可以从以下几方面入手：① 了解员工的真正需要，并力争满足员工的合理要求；② 让员工做他们喜欢做的工作和他们擅长的工作，只有这样员工才能在工作中找到乐趣，发挥自己的才干，同时也可以提高企业的绩效；③ 为员工规划好他们的职业生涯，使他们在企业中能够找到自己的职业道路，从而实现人生价值。美国强生公司认为，"我们对全世界的员工都有责任，每个人都应该被视为有价值的个体。我们尊重每个员工的尊严与价值，让他们对工作有安全感，他们的待遇必须合理而且足够，工作环境必须清洁、整齐而且安全。我们必须帮助员工履行他们对家庭的责任……我们必须给那些胜任的员工提供同等的雇用、发展和升迁的机会。"这是对员工工作生活质量提供的保证。

（2）实施民主管理。现代企业中的管理是以人为核心的民主管理，随着科技的发展、社会的进步，人在企业中的作用将越来越重要。专制管理的结果必将引起员工不满、不合作甚至反抗，其后果是使企业无法在激烈的市场竞争中获胜。要提高员工工作生活质量，可从民主管理中的几方面入手：① 企业中一些重大的有关员工切身利益的决策尽可能公开化，让员工有知情权；② 让员工有更多的选择权和参与权，提高员工参政议政的热情；③ 真正发挥工会的作用，激发员工主人翁精神。从根本上说，让员工感到公平是提高工作生活质量不可缺少的一个环节。

（3）建立企业员工工作生活质量小组和有效的沟通机制。企业员工工作生活质量小组在企业实现目标过程中有着不可忽视的重要作用，小组负责收集有关信息，然后及时传递给有关部门。有效的双向沟通机制，能够保证管理层的指令及时准确地传达到员工，基层员工的许多意见、建议和看法甚至一些情绪也能及时地反馈给上层管理者。在这种机制中，就可能形成一种和谐愉快的工作氛围，员工与上司之间能够愉快相处，员工与员工之间也能愉快合作。

（4）建立共同愿景。企业要设法塑造一种群体意识，一种共有的价值观，让员工对企业的未来充满信心，让员工的价值在企业得到实现，让员工的理想在企业得到升华。

（5）设计人性化的工作环境。企业有责任让员工在一个舒适、卫生、安全的环境中工作，同时企业也有义务使环境更有利于员工工作。优美健康的工作环境有益于员工的身心健康，也可以提高员工的工作效率。

案例5.2　联邦快递如何实施"以人为本"的管理理念

近年来，在《财富》杂志评出全世界10家最受尊敬的公司排行榜中，联邦快递多次榜上有名。联邦快递中国区副总裁陈嘉良接受记者采访时认为，"一家公司成功并被人欣赏，确实有它的理由。很多人认为联邦快递成功是因为它有很多的飞机、有庞大的网络等，其实这些东西有钱都可以买到，不是联邦特有的核心竞争力。为什么比竞争对手强呢？联邦以人为本的公司文化才是最有力的竞争力。"

陈嘉良先生告诉记者，"以人为本"首要之处就是要有一种平等的理念，尊重每一个员工。其实大家都是平等的，只是工作的性质不一样而已，工作性质不一样可能权利不一样，但是这不代表谁就比谁更有地位、谁就比谁能干。在中国，大老板到一个地方都会把包交给别人来背，这很常见，可是在联邦快递他们不这么做，因为大家都是平等的。一般企业在举行大型活动时都是大老板讲很多，但联邦快递不同，特别强调员工的讲话。如公司在美国上市时出席仪式的不仅有总裁，还有递送员。

当然平等不只是口头说说，还要在制度上有所保证。如联邦快递公司设有"员工公平对待条例"。员工受到处分如觉得不合理，可以在7天以内投诉到他上司的上司，他上司的上司要在7天内开一个"法庭"来判定员工对还是经理对，如果员工还是不满意，还可以继续往上告，确保员工得到公平的对待。陈嘉良先生告诉记者，很多原先管理阶层的决定都是通过这个"法庭"推翻的，在公司里没有人可以一手遮天。

注重员工自身的发展，这也是公司以人为本的文化内涵之一。公司很注重对员工的培养，每一个岗位都有一个培训计划；对于新人，公司不仅对他们进行专业的培训，还会对他们进行管理的培训、怎样做人的培训，如怎样跟人家沟通，让员工清楚公司文化怎样，自己未来的发展怎么样，在公司里做得成功是怎么样。陈嘉良副总裁以自己为例，联邦快递是他第一份工作，1985 年进公司做销售，2 年后提拔为操作部经理，3 年后调回销售部做销售经理、销售部总经理，1996 年、1998 年先后到台湾、北京做总经理，1999 年提拔为大中华区副总裁。他告诉记者，公司给了他一个很清楚的发展的方向，给他很多的机会，还全费资助他念完 MBA。公司提供给员工发展的机会，很多高职位都是首先从内部找人。据了解，目前在中国开展的经理培训计划，也是先从第一线员工中去找人，并对他们进行 18 个月的培训，再送到美国、新加坡等地学习，同时让他们到不同的岗位工作以便对公司有一个全面的了解，这些对他们未来被提拔成经理有很大的帮助。公司每一个员工每年都有 2500 美金的学习津贴，有了2500 美金，大家就有机会去学习、去提高自己，如果公司有高的位置，员工就有更多争取机会，这些都是公司成功的主要原因。当然公司还设有见义勇为奖、公益互动奖等奖项，鼓励员工贡献社会，这也体现了以人为本的文化内涵。

沟通，人与人的交流与互动，也让以人为本的公司文化得到落实。陈嘉良先生说，他们花很多精力跟员工沟通，以自己为例，他 75% 的时间花在路上，为什么跑来跑去，就是要跟员工多碰面、多对话、多了解，了解经理们的一些困难，把一些理念跟他们讲，到员工工作的地方去跟他们谈话。现在几乎每个月都在跟不同地方的经理员工交流，此外每半年他会跟所有的经理召开一次电话会议，每年所有的经理也会被召集在一起开一个会，这样确保沟通顺畅。

沟通不只是从上到下，而且也是从下到上的。为了确保员工与公司之间沟通得很好，公司还设有一项管理方法，即"调研反馈行动"。陈嘉良先生谈到，每年都会进行一次员工对公司、对经理的调研，员工通过问卷去评估他的经理，为他的经理打分数，有了分数后，再要求经理跟员工坐下来谈，到底问题在哪里，发现问题后，要有具体的行动改善，他说，经理未来能不能够提拔，这个分数很关键。

陈嘉良先生还讲述了一个小故事：1997 年公司的飞行员考虑罢工，其他员工便到飞行员家里劝他们不要这样。他说，很多人以为给员工很多的钱就可以，其实不是这样，可能多给一点钱，短时间感觉不错，但是长远就不会觉得怎样，最重要的你是不是用心来对他好。

（摘自 http：//www.mie168.com/htmlcontent.asp）

案例分析

联邦快递通过尊重、沟通、晋级、培训等人力资源工具实现了企业以人为本的管理理念。

思考题

1. 你认为薪酬的提高是不是实施以人为本理念的最好办法？
2. 在你这个节点上，信息往上传递容易吗？

第四节 品牌文化理念

在竞争激烈的市场经济中，如果企业的产品和服务没有特点，企业的产品和服务就不可能被消费者接受，企业也不可能被消费者认可。因此企业认识到，只有提高差异化的产品和服务，利用品牌来表现自己的产品和服务，企业才有可能获得竞争力。

一、品牌的概念

品牌的定义非常多，在前面我们曾经引用了美国营销学家菲利普·科特勒的定义，"品牌是一种名称、术语、标记、符号或者它们的组合应用，其目的是借以辨认某个销售者的产品或服务，并使之与竞争对手的产品和服务区别开来。"

品牌是一个大的概念，不仅包含了品牌名称、标记、符号、包装等外在的要素，还包含了通过这些外在要素传达给消费者的内在信息，即品牌承诺、品牌体验和品牌个性。

（1）品牌承诺。对于消费者来讲，品牌就是企业对他们做出的一种保证、一种承诺，一个企业提供的产品可能多种多样，也可能不断变化，但是消费者对于同一个品牌的不同产品都能以同一个态度来认可，因为一个品牌旗下的不同产品包含着同一个企业的价值观、经营理念、生产标准等。比如麦当劳推出任何一种新产品，它的忠实顾客都会品尝，因为他们相信这个品牌，这就是品

112

牌承诺的力量。

（2）品牌体验。品牌形成的过程就是消费者筛选的过程，在消费者看来，品牌的含义就是所有消费者的感受的总和。消费者在尝试一种品牌时，他们可能会感到满意、惊喜、肯定，也可能会感到不满、厌恶、拒绝，这些感受在市场上相互交流、碰撞、互动，就形成了这个品牌在市场上的影响力。

（3）品牌个性。就像人有个性一样，在品牌的形成过程中，为了迎合自己的目标，客户也会具有自己的特点。

无论对消费者还是企业，品牌都可以给他们带来好处。对于消费者来说，① 品牌可以帮助消费者简化选择过程，对于琳琅满目的产品和品牌，能被消费者认可的品牌总是会脱颖而出的，直接吸引消费者的眼球；② 提高消费者的满意度，尤其是一些知名品牌，它本身就包含了价值，甚至品牌的价值超过了产品的价值；③ 帮助消费者的决策。在当今的市场上，消费者已经从产品消费转向了品牌消费，当消费者犹豫不决的时候，他们一般就会借助品牌来帮助自己选择。对于企业来说，品牌也大有好处：① 提高顾客的忠诚度。顾客总是有购买惯性的，他们总是认准品牌重复消费的。② 可以获得更高的收益，好的品牌可以让厂家获取高额利润。③ 降低扩展市场的成本。企业可以通过品牌延伸战略，用同一个品牌推出更多的产品，占领更多的市场。因此，企业可以依赖品牌来提高自己的竞争力。

二、品牌战略

品牌战略就是指企业为了提高在市场上的竞争力，在企业发展目标的指导下，结合企业所处的外部环境和内在因素，围绕着企业的品牌所制定的一套完整的、长期的、根本的总体发展规划和与之相应的行动方案。企业在塑造自己的品牌时，要有战略眼光，要让自己的品牌战略具备一些特征：

（1）全局性。在制定企业的品牌战略时，要分析企业所处的宏观环境、微观环境和内部环境的所有因素，利用 SWOT 来分析，最后确定。

（2）长期性。许多企业的品牌就是企业生命的一个象征，企业的寿命多长，企业的品牌就有多久，品牌战略就是要确立企业的终身品牌的。

（3）导向性。企业一旦确立了品牌战略，企业的经营活动就应该和品牌的内涵保持一致，不得有背离。

（4）系统性。一个品牌的形成过程包括了创立、推广、发展、保护、更新、撤退等一系列环节，系统性就是要保持这些环节的协调统一。

实施品牌战略对企业大有好处，一方面它可以整合企业的资源，提高企业的素质，提高企业的研发、制造、管理、服务、营销水平，还可以提高管理者和员工的素质；另一方面品牌战略可以进一步地落实企业文化，将企业的价值观通过品牌传递给消费者和公众。

企业的品牌战略由三个方面构成：品牌架构、品牌定位和相应的品牌个性设计。

（1）品牌架构。品牌架构组合就是企业的品牌数目及组合方式。① 大多数企业都只有一个品牌，比如"海尔"品牌，不论企业生产的电视机、洗衣机还是空调器，一律贴上"海尔"品牌。这样做对企业有很多好处，它可以统一企业形象，传递企业精神；降低品牌的维护成本；可以高效率地推广新产品。这样做的劣势是容易给企业带来"殃及池鱼"式的风险，并且企业的产品很难拉开档次。② 还有的企业使用双品牌架构，比如皇明太阳能热水器，它的高端产品使用"皇明"品牌，低端产品则使用"亿家能"品牌，这样就可以拉开产品的价位。③ 有些企业则使用多品牌，比如宝洁公司，它的洗发水就有"海飞丝"、"飘柔"、"潘婷"等品牌。企业使用多个品牌也是优劣参半，给企业带来的优势：扩大市场，争得更多顾客；分散企业风险；可以推出不同性质的产品。给企业带来的劣势是：企业没有统一的形象，顾客难以理解企业的文化内涵；相互竞争，分散顾客；品牌推广成本高。

（2）品牌定位。定位是创造性地思考现有的产品，它不是对产品采取什么行动，而是针对潜在顾客的心理、将产品确定在顾客的心中。品牌定位就是建立一个与目标市场有关的品牌形象的过程和结果，也就是为某个特定品牌确定一个适当的市场位置，使品牌在顾客的心中占领一席之地，当某种需要一旦产生，人们第一时间会先想到这一品牌。

在具体定位品牌时，一般要经历三个过程，即细节市场、选择目标市场和具体定位。首先，企业应该做充分的市场调研，确定细分变数和细分市场，勾勒细分市场的轮廓；其次，评估每个细分市场的吸引力以及发展趋势，根据自己企业的情况，选择目标细分市场；最后，为每一个企业选定的目标细分市场确定可行的品牌，做相应的品牌定位。有了正确的品牌定位之后，企业再制定相对应的品牌传播策略。这样，企业就会渐渐稳定自己的目标客户，树立自己的品牌，获得竞争优势。但是，现在很多企业，它们在没有进行正确品牌定位的情况下，就忙着促销、搞活动、做广告，结果给企业造成大量人力、物力和财力的浪费，破坏了企业原有的品牌形象。

在品牌定位时，企业不能随心所欲地定位，而是要依据一定的标准，否则反而适得其反。具体而言，以下几种标准是定位时应遵循的：① 定位要清晰、明白，不宜太过复杂，要明确这个目标市场的特点，并让自己的品牌与之相符；② 定位要和自己的核心竞争力匹配，品牌要能体现企业的优势；③ 品牌的内涵要和消费者的需求相辅，只有这样产品和服务才能被消费者接受。

（3）品牌个性。就像人有个性一样，品牌也要有自己的个性，品牌个性就是品牌的独特气质和特点，是品牌的人性化表现。广告大师大卫奥戈维曾经说过："一个伟大的创意是美丽、高度智慧与疯狂的结合，一个伟大的创意能改变我们的语言，能使一个默默无闻的品牌一夜之间闻名全球。"这种创意就是品牌个性的闪烁。

品牌是由诸多要素组合而成的，在品牌初创期，消费者只能认识到品牌的名称、标识、口号等视觉符号，当产品逐渐被目标消费者接受，品牌的内涵逐渐被目标消费者认可后，品牌就进入了成熟期，这时品牌就从不成熟进入成熟，具有自己的独特气质和特点，这就是品牌的个性。此时的品牌就是靠自己的个性吸引了一些认同自己个性的消费群体，并形成忠诚度。比如年轻人都喜欢喝可口可乐，因为它代表着活力、激情，跟自己的个性比较符合；成功的商业人士都喜欢坐奔驰车，因为它代表着大气、稳重、高档、高品位。

实际上，每一个成功的品牌都有自己的鲜明的个性，比如苹果派牛仔裤宣扬的个性是"反叛"和"个性主义"，它的竞争对手李维斯牛仔裤表达的个性是"舒适"和"量体裁衣"；当大多数药品广告都在宣传自己的疗效时，一家药品品牌却打出了"关爱生命"的理念。这些有个性的品牌，它们的产品之所以能够溢价，并不在于产品本身的功能，而在于品牌所体现出来的一种个性与品味。有个性的品牌能与竞争品牌拉开距离，在竞争激烈的市场上，和竞争对手硬碰硬的对抗不一定是最好的方法，而通过差异性品牌策略，找到一块属于自己的目标市场，不失为一剂良方妙药。

三、品牌文化

品牌文化是指企业在长期经营活动中，在企业的品牌上所创造出来的物质形态和精神成果，是品牌在经营中逐步形成的文化积淀，它代表了企业和消费者的利益认知、情感归属，是企业价值观和社会文化在品牌上的反映。在市场经济和社会文明高度发达的今天，许多著名品牌都包含了很高的文化价值，它们利用各种强有效的传播途径，向消费者传递着品牌中的文化内涵，诉说着品牌背后的价值趋向，寻求着消费者对品牌在精神上的高度认同，创造品牌信仰，最终形成强烈的品牌忠诚，从而赢得顾客青睐，赢得稳定的市场，大大增强企业的竞争能力，为品牌战略的成功实施提供强有力的保障。这就是品牌文化的魅力所在。

（1）品牌文化的构成。根据品牌文化的内涵，可以将品牌文化分成三个层次：① 品牌文化的精神，就是品牌所蕴涵的深刻的价值内涵和情感内涵，也就是品牌在发展过程中所凝结成的价值观念、精神、审美情趣、情感诉求、时尚品位等精神象征。消费者钟爱这个品牌，不仅是因为产品的价值，更主要的是品牌所代表的价值观、品位、个性和生活方式，消费者的购买也不仅是为了产品或服务，而是为了体验一种认同的、知己的情感的表示，甚至是自我价值的实现。消费者通过这种思想、情感上的认同可以产生高度的忠诚，企业从而稳定了客户资源。② 品牌文化的行为，就是品牌文化以员工的行为或企业的行为作为载体的表现。服务形象是员工在对顾客服务过程中的服务方式、服务态度、服务质量以及消费者和社会公众对此的评价，这也是品牌文化的一种表现；管理者的管理风格、员工的行为规范、社交能力，都影响着消费者对企业品牌的态度，这也是品牌文化的内容；企业的社会责任感影响着企业在顾客和公众心中的地位，这也是品牌文化的内涵。③ 品牌文化的物质，就是品牌的物质载体，包括产品、商标、名称、企业环境、厂房等，这些也是品牌文化的构成要素，是企业品牌文化精神的外在体现。

（2）品牌文化与企业文化的关系。① 品牌文化和企业文化都属于亚文化，都是和企业经营相关的，都有三个层次，即精神、行为和物质；② 企业的品牌文化必须服从于企业文化，品牌文化的价值观也要和企业的价值观保持一致，才能做到表里如一，品牌文化是企业文化的一种体现；③ 企业文化主要是对内的，其目的是为了提高企业的经营绩效，品牌文化是对外的，是为了引起消费者的共鸣以产生认同。

思考题

1. 你们公司的品牌有几个？它们都有什么样的个性？
2. 在你的工作岗位上，你的工作如何与你们公司的品牌内涵相结合？

案例 5.3　"彩虹工程" 品牌介绍

山东电力集团确定其服务品牌为"彩虹工程"，具体内涵是：

（1）品牌定位：品牌是一个企业区别于另一个企业、一个产品区别于另一个产品，一种服务区别于另一种服务的标识。通过品牌对外展示形象，对内规范员工行为。没有品牌就无法展示特色。供电服务作为市场的存在形态，为了区别与其他行业服务的差别，也应有自己的品牌。

（2）品牌战略：山东电力集团公司是国家电网公司的所属全资子公司，国家电网公司的企业品牌——"国家电网"就是我们的服务品牌。山东电力实施母子品牌战略，把"彩虹工程"作为"国家电网"的子品牌。山东电力自2000年1月23日开始实施"彩虹工程"以来，已经产生了很大影响。"彩虹工程"已经作为一个区域性服务品牌广为人知，是一笔宝贵的资源。我们将把"彩虹工程"作为一项永不竣工的工程，坚持不懈地实施下去，通过子品牌的宣传，为母品牌"国家电网"增光添彩。

（3）品牌塑造：围绕建设"一强三优"现代公司和提高"四个服务"水平，塑造"彩虹工程"品牌。品牌建设贯穿于公司生产经营管理的全过程，以品牌树形象，以形象提效益，壮大公司实力和提升社会影响。品牌要首先获得员工认同，进而争取社会认同，使"彩虹工程"建设目标成为员工自我要求，成为公司的社会形象代表。

（4）宣传与策划：品牌是公司和员工行为的浓缩，是公司的无形资产，品牌的效应反映了公司服务的进展。不单纯的追求品牌效应，实现品牌与社会声誉的和谐，实现自然提升。"彩虹工程"品牌的宣传与策划是动态的，与环境变更、客户心理以及社会需要的变化是一致的。

思考题

1. 集团公司使用母子品牌的策略有什么好处？
2. 从品牌文化的视角，你认为"彩虹工程"品牌的三个层次的内涵是什么？

案例5.4 可口可乐与百事可乐的文化之争

在20世纪的历史进程中，作为美国人"精神乳汁"的可口可乐的成长壮大史浓缩了广告传播和时尚转变的历程，创造了美国人文化精神史上一个不可战胜的神话。因为在今天的世界上，"可口可乐"和"OK"一词已经成为影响力最广泛的词语。"可口可乐成为美国文化中的精华与糟粕的象征"。

不论是在1920年还是在1990年，当一个年轻人为他的第一个女友买了一瓶可乐时，这差不多就是一种爱情宣言；当一个可口可乐公司职员击坏一台百事可乐的自动售货机时，这一定也是出于对可口可乐的爱。在100年的历史上，世界上几乎没有哪一家公司能像可口可乐那样始终不渝地打造着自己的公司理念：对产品最根本的忠诚；不接受本公司的竞争产品；每个与可口可乐紧密相连的人都应该获得好收入。在亚特兰大，员工不仅仅是在简单地工作，他们被告知，他们是在"为上帝、为祖国、为可口可乐"而劳作。

由爱国主义、表现欲、激情和利润四种精神所组成的可口可乐市场策略可谓所向披靡。

从 20 世纪 20 年代以来，美国饮料市场上就到处可见这种装潢独特、售价 5 美分、重量为 185 克的"魔瓶"。在第二次世界大战中，几乎哪里有美国兵，哪里就有标榜为战争服务的可口可乐。"可口可乐上校"在战争中紧随他的士兵们，从狙击手到将军们都热切盼望着可口可乐。1943 年，艾森豪威尔将军曾用海底电报敦促可口可乐公司"运 300 万瓶可乐到北非，以满足每天 20 万瓶的需求"。结果，可口可乐由于这封电报而更加声名远扬。二战期间美国大兵差不多消费了 100 亿瓶可口可乐，该公司在战后更是获得了丰厚的市场回报。

可以认为，饮用可口可乐不仅是一种日常消费行为，更是一种文化认同策略。可口可乐不仅是一种饮料，在它背后还顶着整套上层建筑和意识形态，侵蚀着饮用者的心理期望、行为模式，以及他们对过去的诠释、对现实的评判和对未来的展望。

在可口可乐垄断饮料市场半个多世纪后，这个市场出现了一个强有力的竞争对手——百事可乐。这种竞争态势首先是从凌厉的广告攻势开始的。在从 1930～1960 年的第一个竞争回合中，百事可乐针对可口可乐容量小的弱点，以"一样代价，双份享受"的竞争性广告，介绍自己的公司 1939 年推出的 5 美分一瓶、重 340 克的百事可乐。这一针对饮量大的青年消费者市场的战略无疑是致命的，而此期间，可口可乐仍旧是"可口可乐，使好时光更值得回味"、"好口味的标志"之类的提示性广告，显得反击无力，到 1960 年，可口可乐市场占有率下跌了 3%，而百事可乐则上升了 20%。

1960～1980 年的第二个竞争回合，百事可乐公司确立了以青少年消费者为目标市场的经营战略，并采用以表现青少年活力、豪爽畅饮为特点的广告。这种战略进一步加剧了老一代多饮可口可乐，青少年多饮百事可乐的分化格局。60 年代，百事可乐公司推出了百事可乐新生代，以"现在，对于那些自认为年轻的消费者而言，百事可乐正是你们的最佳选择"和"奋斗吧！你是百事可乐新生代生龙活虎的一员"为广告，进一步强化了自身的观念。这项广告战略使消费者潜意识中把可口可乐推向了"老旧、落伍、跟不上时代潮流"的一端，成功地抓住了年轻一代追求时髦和企图摆脱老一代生活方式的逆反心理，同时成功吸引了高年龄阶层中仍想表现青春活力的人们。百事可乐还不失时机地将广告配上流行音乐，当电视广告中出现迈克尔·杰克逊和莱昂纳多（它的中国版则是王菲和郭富城等）时，尽管老一代的人不知这些广告代言人姓什名谁，但年轻人心中荡漾的叛逆感和自豪感却难以抑制。"百事可乐，新一代"这一广告主题刺激了青年一代的消费欲望，强化了其消费选择。尽管当美国宇航员从月球返回地球时，纽约时代广场上巨大的霓虹灯广告牌闪烁的是"欢迎回到可口可乐的摇篮——地球"的字样，表明了可口可乐还击百事可乐的强大决心，但是通过强有力的竞争性广告，百事可乐还是从可口可乐手中争取到了很大的一部分市场，从而成为全球市场上排名第二位的饮料品牌。

如今，凸现亲和性，强调文化认同，已经成为最具有侵略野心的跨国公司品牌在自身全球化扩张过程中常常费心加以确认的广告文化手段。事实上，"民族国家的文化认同感"即使作为一种想象出来的东西，也无时不在提醒着跨国公司的掌门人在设计全球性的投资计划和营销策略时，必须对自身的广告和商品所欲投放的目标市场保持一份"民族警惕"和"文化戒心"。

思考题

1. 分析百事可乐与可口可乐之间的竞争，品牌文化在其中扮演着怎样的角色？
2. 两种可乐的文化之争，是在哪个层面上展开的？精神文化层次、物质文化层次还是行为文化层次？

（摘自余明阳、杨芳平编著的《品牌学教程》）

第五节　服务文化理念

2005 年 7 月，全国服务文化现场经验交流暨理论研讨会在日照供电公司召开。会议围绕建设符合时代发展要求的服务文化课题，进行了广泛深入的研讨。会议指出，在日益激烈的市场竞争中企业要生存和发展，就必须高度重视服务文化的建设。在这里我们就服务文化理念的一些相关内容进行一番探讨。

一、传统的服务概念

关于服务的定义很多。一般来说，我们把提供劳动、智力等无形"产品"的过程称为服务。在 ISO9000 系列标准中，对服务做了更精确的定义："服务是为满足顾客的需求，在同顾客的接触中，供方的活动和活动的结果。"在这个定义中可以看出，服务是一种活动，提供服务的企业就要在活动的过程中，提供必要的手段和方法，提供的可能是非物质手段和方法，比如劳力、智慧、知识和软技术手段（象咨询、管理、调解和仲裁等），但是有时也离不开物质载体，比如货物、有形工具、机器、设备等。在定义中还可以看出，服务是以满足客户需求为目的的，也就是说服务必须要有一个结果。

和制造业不同，服务业的经营有以下几个方面的特点：

（1）同步性。一般产品都是先生产，然后再销售和消费，但是大多数服务都是生产、销售和消费同时进行，服务是不能储存的。

（2）易逝性。服务随时间消失，不能储存、转售或退回。

（3）异质性。由于服务人员的能力不同，客户的需求不同，因此，没有两种服务会完全一样。

（4）无形性。和产品不同，服务是看不见的，只有结果能被感受。

（5）不稳定性。由于顾客的需求不同、服务人员的能力不同、服务的传递不稳定，会导致服务的结果不稳定。

（6）顾客参与性。许多种服务，是顾客和服务人员互动的，顾客的反馈意见能影响服务人员的行动。

二、服务文化的概念

虽然企业都知道服务的重要性，但是，正如汤姆·彼特斯所说，"所谓的顾客服务，现在还停留在嘴巴上说说罢了。"大家都在讨论着顾客及服务的重要性，却很少有公司真正了解该如何去创造一个以吸引并维护忠实客户为主的服务文化。要想建立一个服务文化系统，首先应该了解什么是服务文化。

陈步峰先生在《中国服务文化建设》一书中对服务文化作了全面而精辟的论述，"所谓服务文化，是企业群体信奉践行的服务价值理念，是企业在长期的服务过程中所形成的服务理念、职业观念等服务价值取向的总和，是以服务价值观为核心，以创造顾客满意、赢得顾客忠诚、提升企业核心竞争力为目标，以形成共同的服务价值认知和行为规范为内容的文化。服务文化是一个科学体系，是以顾客至上服务为本的价值观为核心，以企业道德为准则，以服务机制流程为保证，以服务创新为动力，以服务品牌为亮点，以星级服务和传奇故事为载体的系统文化。"

简单地说，服务文化是以服务价值观和服务理念为核心、以客户满意为目标、以形成全员共同的价值认知和行为规范为内容的文化系统。服务文化有三种类型：① 是生产性的服务文化，是以市场经济规律为基础，在企业生产、加工、营销的过程中体现出来的服务文化；② 是公益性的服务文化，是以要求企业在获得回报的同时承担一定社会责任为特征的服务文化；③ 是行政执法的服务文化，是指以立党为公、执政为民为核心价值理念，贯穿于行政执法部门所提供的各项服务之中的文化。建设服务文化，对于企业来说，是一项极为重要的工作。打造服务力，也就是打造服务动力、服务能力、服务毅力和服务张力。

1. 企业建设服务文化的意义

市场经济发展到今天，已进入服务经济时代，服务已经无处不在，如今"人人都是服务员、行行都是服务业、环环都是服务链"，构建高品位的服务文化已成为企业文化战略的一个重要部分。

（1）服务文化可以提升服务品质。服务是满足他人需求的价值双赢的活动，服务的目的是为他人提供解决方案，服务的本质是一种文化的互动感情的沟通。服务与文化具有天然的情结，有服务就有文化。每个员工必然是企业服务文化的创造者、传播者、享受者、展示者，服务主体的文化底蕴决定着服务产品的质量，建设服务文化的目的就在于提高服务主体的文化素质和创新应变能力。面对顾客，每个员工代表的不是他自己，而是企业人、社会人、文化人，代表的是企业和城市的形象。只有把服务提升到文化层面才能提升服务的品质，文化是服务的不竭之源，服务有了文化的支撑，就会越做越活、越做越实、越做越有品位。服务文化已经渗透在我们的工作生活和经营管理之中。

（2）服务文化能够突破服务瓶颈。一些单位服务的顽症在于时好时坏，低层次、表面化、检查式、被动式、浅层次、花架式、简单化和单一化服务乃至诉后服务还不同程度的存在，服务效率低、产品质量差、态度不热情、功能不完善、机制不高效、流程不顺畅、承诺有欺诈等现象还经常出现在很多企业中。原因在于劣质的文化仍在顽强的作祟，把服务看作一种形式流程，把服务等同于一般的产品，而忽略了服务的参与者和相关者是活生生的人，忽略了服务的特性。只有加强服务文化建设才能破解服务的密码，澄清服务的误区，开发服务的资源资本，实现服务转型，寓经营管理于服务之中，才能充分发挥服务的最大效益。

（3）服务文化可以激发员工的服务潜能。面对经济服务文化全球化、一体化的趋势，为什么领导感到危机员工却不着急？为什么领导强调忠诚敬业，员工仍然貌合神离？为什么月月搞培训，服务质量却不断反弹甚至出现服务忧郁症、浮躁症、倦怠症？为什么天天喊服务，却没有突显服务优势，顾客仍不满意？为什么反复强调前台重要，员工却都不愿去前台？究其原因就在于，没有把握服务的精髓，没有把服务提升到文化层面，没有使服务成为员工的事业和心理需求。只有通过文化的熏陶，才能帮助员工减压释负、调整心态快乐服务。知识经济服务经济的到来，使工作的形式发生根本变化，高智商高附加值的无形劳动越来越多，需要用服务价值观来指导员工创造性的工作。服务一旦内化为员工的心理需求，员工的积极性和创造性就会持续不断地被激发出来，就能充满激情的探寻服务规律，用真心的、快乐的沟通交流来打动顾客，主动地、创造性地满足顾客需求，赢得顾客的忠诚。

（4）建设服务文化有助于提高企业竞争力、创建和谐社会。建设服务文化，就是建设忠实客户，就是建设稳定的市场，同时也就建设了企业的竞争力。建设服务文化与创建和谐社会是互为前提、相互影响的关系，建设服务文化是创建和谐社会的基础保证和重要内容，和谐社会的提出又为服务文化建设提供了广阔的空间，迎来了建设服务文化的春天。

2. 加强服务文化建设

服务文化是企业文化的灵魂和核心，服务文化建设在企业文化建设中占有举足轻重的地位。在倡导文化制胜的今天，企业为了提高经营绩效，必须要强化服务文化建设。

（1）抛弃旧的服务观念，引入新的服务理念。理念是行动的先导，有什么样的服务理念就有什么样的服务态度、服务行为。因此，建设服务文化，关键是要树立人本服务理念，要符合时代要求。

陈步峰先生在《中国服务文化建设》一书中列举了一些错误的服务观点，这些观点误解了顾客和服务的含义：顾客不是罪犯——你没有权力对他制裁；顾客不是"小偷"——把顾客当贼不能获得顾客忠诚；顾客不是争论对象——谁也不能在争论中获胜；顾客不是来捣乱的——他是来做生意送钱的；顾客不是糊弄报复对象——你糊弄他，他就加倍报复你；顾客不是因你而活着——而是你依靠顾客活着，没有客户你还会有什么；顾客不是听你命令看你脸色的下级——他是可以开除你的老板和上级；顾客不是上帝——她不符合上帝的要求，她是唯一用脚投票的群体。文中又进一步澄清服务不是什么而是什么。服务不是口号是行动；不是文件是机制；不是报告是流程；不是单赢是多赢；不是追求利润是建立长久的合作的关系；不是卖产品而是送文化送智慧；不是形式主义是内涵很深外延很广的文章；不是一蹴而就而是没有最好只有更好的目标；不是盲目蛮干而是察言观色投其所好随需应变；不是一厢情愿而是经营证据，顾客感受不到的服务没有意义；不是照章办事学会微笑即可，而是用心解决问题创造价值；不是可有可无，而是资源资本和核心竞争力。

除了要纠正这些错误的思想和观点，在当前还需要特别培养这样几种服务理念：① 是客户至上的服务理念。服务方向以客户需求为导向，服务质量以客户满意为目标，服务措施以客户方便为宗旨。② 是诚信至上的服务理念。视诚信为企业的生命，讲真诚、重合同、守信用，用真诚服务博得客户和市场的信赖。③ 是真情贴心的服务理念。带着深厚的感情为客户服务，讲真心、献爱心，把"情"贯穿于服务的全过程。④ 是全员参与的服务理念。破除服务是营销部门、售后服务部门的事，与其他部门无关的偏见，树立起为客户服务人人有责、人人负责、人人尽责的思想，并且落实到实际工作中。

陈步峰先生还提出了服务人员要保持的十种心态：感恩心态，感恩戴德心常有、激情燃烧春常在；侍者心态，助人者高，侍人者贵；本分心态，专业专注、真诚服务；体验心态，换位思考、反思反馈；双成心态，成己为人、成人达己；宽容心态，海纳百川、和谐人生；事业执著心态，忘我投入、享受成就；热忱心态，激情洋溢、传递爱心；负责心态，主动认真、全力以赴；成功心态，自信专注志不移、不畏艰险勇登攀。

（2）要努力提高服务质量。服务质量是服务的核心和关键，服务能不能达到客户满意，主要在于服务质量。服务质量有十分丰富的内容，比如服务态度的好坏、服务程序的简繁、服务效率的高低、服务效果的优劣等，都属服务质量问题。加强服务文化建设必须引导企业和职工在先进服务文化理念指导下，努力提高服务质量。一是要在坚持主动服务的同时坚持个性服务。随着人们生活水平的提高，人们对衣食住行的要求就越来越高，如对供水、供电、供气、供暖、交通、环卫等已经或将要提出更多个性化、差异化的服务要求。这都需要我们研究和提供多元化、个性化服务。二是要坚持细节服务。随着激烈的市场竞争，质量的判别越来越体现在细节上，一定意义上讲，"细节赢心"、"细节决定成败"。三是要坚持全面服务。必须把服务贯穿于企业产品设计、生产、管理、经营和终端服务的全部过程，落实到每个服务对象身上，实现全员化、全流程、全方位、全目标的服务，禁绝一切服务疏漏。四是要坚持创新服务。千篇一律、老一套的服务是跟不上顾客的需求的。五是要打造品牌服务。提高服务质量的最高目标和最高层次是服务品牌和品牌服务。有这样一个顺口溜："末流企业靠欺诈，四流企业靠关系，三流企业靠产品，二流企业靠技术，一流企业靠品牌。"品牌是企业的核心竞争力。

（3）要努力增值服务价值。服务具有明显的延展性，服务文化具有明显的增值性。企业各项活动的目的是为了实现市场价值，这要靠两条：一是努力增加产品的附加值，二是要努力增加产品的销售量，卖出更多产品，获得更多利润。实现这两条，服务很关键。有调查材料指出，在吸引客户光顾的众多因素

123

中，最主要的是服务质量的好坏，其次是产品本身，最后才是价格。一个满意的客户会引发 8 笔生意，一个不满意的客户会影响 25 个人购买商品。消费者买商品不仅要买使用价值，还要买服务，优质的服务文化对企业产品价值实现和价值增值起着决定性作用，因此，加强服务文化建设必须努力促进服务增值。

（4）要努力提高服务技能。提高服务质量和服务水平必须以提高服务技能为前提。群众满意的优质服务需要靠过硬的技能，企业必须努力提高科技水平、管理水平和职工队伍素质，作为职工必须努力提高自己的职业技能，因此加强服务文化建设必须把努力提高企业和职工为客户服务的技能作为重要举措。

（5）要努力完善服务机制。有效和长效的机制是推进服务文化建设的重要保证。企业要努力围绕构建先进的服务文化，完善相关的宣传、教育、管理、激励、监控、奖励机制，把优秀的服务文化用制度规定下来，建立起科学规范的管理体系，同时把抽象的服务概念和服务要求变为具体的服务标准、服务守则，渗透到企业经营管理的全过程，实现服务与管理的有机结合。

（6）要努力改进服务手段。服务总要通过一定的方法、措施、载体来实现，要提高服务质量必须改进服务手段，在这方面我们有不少经验，比如，建立服务组织，设立服务网点，组织便民服务活动，推行入户服务等。我们要在服务文化建设中坚持好的经验，创新服务手段。

思考题

1. 你认为你的工作和整个服务文化有什么样的关联？
2. 在你的观念中，是否有些和服务文化理念不相符的？你认为需要改正吗？

案例5.5　卓越服务循环——一种新的服务文化模式

作为一种新的服务文化模式，卓越服务循环是一个非常有效的切入点，它将服务文化理念发挥得相当成功。下面我们解释这种循环的过程，从中可以看出服务文化是如何落实的，并且能够显示出创造满意的员工及满意的客户之间的关系及其重要性。

1. 领导者创造服务文化

为了给顾客提供卓越的服务，进而增加顾客的忠诚度，组织中的每一个人，从高阶主管到一线服务人员，都必须参与其中，并有共识能够创造出一个不论是公司系统、流程及行为都以服务顾客为主的企业文化。

领导者在这样的任务中占有举足轻重的地位。不论是高阶主管的策略领导，或是在线经理的技术领导，他们的领导特质及能力，是推动企业"卓越服务循环"的主要动力。

2. 高阶主管订定大方向

高阶领导者的任务是在计划公司的策略目标，如愿景规划、价值界定、确认主要成功因素时，将顾客考虑进去。同时必须确保公司的系统及流程与服务的宗旨相结合，否则公司的目标将无法完成。若高阶主管不愿投注资源及时间在此方面，则责任归属困难，顾客的忠诚度亦难以获得。

3. 在线领导人推动执行

在线领导人的责任及角色为何呢？虽然他们并不一定会与顾客直接接触，却能直接影响到服务提供者的动力与技能。

研究报告显示，以下 5 项是在线领导人最需要完成的任务：

（1）将服务的理念付诸实行，认清客户的期望，并确实定出服务的步骤来达到或超越顾客的需要。

（2）发展以服务为主的作业流程分析、重整并改善服务顾客的作业程序。

（3）建立确认并加强公司内部的合作关系，进而达到或超越顾客的期望。

（4）增加技巧及专业知识的学习，并给予服务人员学习及发展的机会。

（5）充份授权给服务人员，使其能采取必要措施来服务顾客。

4. 成功的文化创造满意的员工

若领导者能建立一套系统或程序，使员工能发挥能力，做好工作，员工势必感到满意，进而增加产能，流动率亦会降低。提高员工满意度的主要措施之一，便是加强内部人员的相互合作。服务人员若无法得到内部同事的支持，将无法完全发挥服务顾客的能力，进而影响服务质量。

5. 满意的员工带来满意的客户

相信每个人都当过顾客，并与一些显然不满其工作的服务人员接触过，应能深刻体会可能造成的负面影响。服务人员是直接提供服务价值给客户的人，其表现如何决定顾客对公司看法的好坏。如果你雇用的人都表现出服务顾客的热诚，并让顾客知道公司亦有相同的信念，那么顾客的满意度也将大大提高。

6. 满意的客户衍生为忠诚客户

顾客的满意度与忠实客户的多寡有绝对的关系，顾客满意度愈高，忠实客户就愈多。施乐公司（Xerox）最近发表的一项研究指出，在问卷上回答"非常满意"的客户，在未来 18 个月会再购买施乐公司产品的可能性，比起回答"满意"的客户要高出 6 倍。你认为贵公司的服务质量如何呢？你是否还认为"满意"与"非常满意"之间并无差别呢？

7. 忠诚客户确保企业成功

企业拥有忠诚客户不论是在营销或成本上都大有帮助。忠诚客户不但会继续使用您的产品，而且由于认可您的服务质量，大多愿意提高消费量及消费金额。除此之外，他们还会向其他人推荐您的产品，减低您吸引客户的开支。最主要的是，忠实客户跟你是站在同一阵线的，他们希望你成功，愿意就您的表现提供意见，并容忍您的错误（例如，不会为了一点小错误便离弃你）。

德鲁克曾说过"商业的目的是获得并保留客户"。虽然获得一个新客户的成本为保留一个旧客户的 5 ~ 8 倍，许多公司仍将其主力及投资放在吸引新客户上，这显然是一项大错误。

8. 由何处做起

凯悦集团（Hyatt Hotel Corporation）及凯特林医疗中心（Kettering Medical Center）皆以实际行动来表示其对服务质量的重视。通用汽车集团的别克车款部门，便是深信高阶主管的领导及参与是关键因素的最好例子。别克车款的领导者偕同总公司、各区分公司及经销商的代表人员，共同组成了一个客户服务顾问群，他们发现就算顾客的满意度达到93% ~ 96%，仍不足以确保其忠诚度及公司的获利性。为达成别克"关心客户，宛如家人"的愿景，此协会订出四项关键要素及一系列推动愿景的指针。他们也发现现有的操作系统及流程需进一步改变与协调，于是展开一项为期三年，参与者达500多家经销商及25000个员工的服务文化改造计划。此计划于各经销商所得的结果不一，有些显示在顾客忠诚度上增加了18个百分点。

（摘自 http：//www. surprising. cn/n139c26. aspx）

案例分析

这是一种新颖的服务文化的实施方法，企业通过优秀的文化来服务员工，让满意的员工去服务忠诚的顾客，从而实现多赢的局面。

思考题

1. 你们单位的文化能让你满意吗？
2. 你的工作能让你的下游满意吗？

"诚信彩虹"是日照供电公司报经国家工商总局注册的服务品牌，也是他们建设服务文化的标识。"诚信彩虹"品牌诞生已逾一年，服务文化大纲的实施也有时日，但它引发的思考和给人的启示却日益深化，历久弥新。

启示之一：把一个服务活动经过规范、完善，升华成一个品牌并进行注册，进而建设以此为标识的服务文化，标志着日照电业人对诚信的理解从伦理道德的范畴已经提升到制度和文化建设的层面。从在全市窗口行业率先推出社会承诺服务到全员参与的"创树"活动，多年来，日照供电公司深化优质服务举措，不断创新，硕果累累。特别是"诚信彩虹"服务品牌注册一年来，日照供电公司在创品牌、建文化体系的过程中，锐意创新，以扎实有效的措施保证了"诚信彩虹"良好的服务能力和社会美誉度。他们在全国率先研制运用了城市流动快速反应系统，组建了流动服务车队，成立了诚信彩虹社区服务队，构建了新型的商务服务平台。然而，日照电业人不满足于停留在表层的一种服务，"诚信彩虹"的注册，服务文化的建设，就是传统服务向服务文化的回归与升华。公司总经理石玉东坦言，建设服务文化，是供电企业由满足社会需求向为客户提供满意服务的转变，更是拓宽生存空间、发展空间、效益空间的战略选择。

启示之二：市场经济就是一种互动的诚信经济。对于一个企业来说，诚信和文化不仅是一种声誉，更是一种资源和无形资产。日照供电公司建设"诚信彩虹"服务文化的过程，雄辩地说明：讲诚信的人，总会赢得诚信的回报。2003年初，日照供电公司按时守信地完成日照钢铁公司临时供电线路的架设，出现了客户出钱奖励"诚信彩虹"的动人场面，也使钢铁公司决定在110kV变电站项目的施工中不再招标，而改由向日照输变电公司议标，但要请日照供电公司在52天内完成工程。按常规，这样的工程工期最少也要两个半月。同时严峻的非典疫情、多变的天气、复杂的地理环境，如期竣工困难重重。然而，日照电业人凭着特别能拼搏、特别能奉献的铁军精神，硬是按要求完成了任务，并被评定为优质工程。2003年12月，日照供电公司半年如期建成、投运了220kV岚山输变电工程，刷新了山东省变电站建设的记录，市委、市政府为日照供电公司记集体二等功，并授予日照供电公司"铁军铸诚信，银线架彩虹"的锦旗。这是市政府第一次单独为一个单位记功、召开庆功会。这就是诚信服务的回报。诚信服务的实践，不仅提升了日照供电公司的名气，也让日照电力焕发出新的光彩。连续3年，日照供电量增幅居山东省前三。作为一种资源和无形资产，诚信在日照电力的发展过程中，位置正越来越重要，作用也愈发明显。

127

启示之三：把单一知识型队伍塑造为复合知识型队伍；把单纯的思想教育拓展为群众性的系列文明创建；把普遍性的道德要求内化为自觉的道德实践。石玉东曾这样向记者阐述：个体对群体行为规范的遵守，分服从、适应和内化三个层次。第一个层次带有明显的被动强制性特点；第二个层次是在硬性约束下的主动遵从；第三个层次则把群体行为规范转化为个体深刻的内在信念、一种完全自觉的要求，是变群体规范为个体行为、变活动化为人格化的最高境界。去年初的一个下午，完成了外派任务回返的几位职工，途中发现石臼一居民小区路边一电杆电缆下线被车撞坏，遂立即停车，一面让司机追赶肇事车辆，一面张开手臂，在电杆周围形成一个安全护栏，保护下班的人群，直到抢修人员赶到。十六届四中全会召开的当天，线路工区的几名职工下班路上听说日照变线路上的客户用电设备发生故障，立即想到，如果客户故障处理不力，有可能引发线路停电，而该线路带着日照电视转播塔，处理不好势必会影响当晚重要新闻的播出，便立即返回岗位，自发赶到客户处援助。从这些职工的自发行动上，我们可以透视到日照供电公司服务文化建设的境界。学习力是文化力之源。建设服务文化要树立学习是第一需要的理念。正是坚持这一理念，日照供电公司采取借智培训、强化培训、网络培训等形式，在队伍建设上已经实现了从单一结构到复合知识再到学习创新的"三次转型"。在今天的日照供电公司，文化不仅仅是一种管理模式，更是企业的一个响亮的品牌，是企业恒久的活力之源。

（摘自《日照供电公司建设"诚信彩虹"服务文化的启示》，
作者卢延国、李平）

案例分析

日照供电公司成功地将服务文化和品牌文化有机结合，提高了企业的声誉、顾客的满意、员工的自觉性和企业的竞争力。

思考题

1. 在山东电力集团公司大力倡导服务文化背景下，你们公司如何实施服务文化的？

2. 查阅有关日照供电公司的服务文化建设的信息，谈谈你受到的启发。

　　它们在 2006 年冲击着中国管理界的认知；它们在 2006 年影响着中国企业界的实践；它们同时还在昭示着我们的未来……在刚刚过去的 2006 年里，发生了很多管理事件，相伴随的是，许多管理理念成为了各界的焦点。《中外管理》在岁末年初之时，为您总结、提炼了"2006 年十大管理理念"，算是新春来临之际，送给您的一份小礼。我们称之为"十大"，而规避了时下流行的"最新"、"最优秀"标签，就在于：管理不相信时髦，而只看实效；管理不存在优秀，而只有适用。因此，我们剥离了洋溢在身边的种种浮躁，而只从 2006 年对企业认知与实践切实产生影响的角度，推荐了十个我们认为值得您关注的管理理念。也因此，它们或许并非在 2006 年刚刚诞生，它们或许还没有成熟为一个理论体系，但它们共同的特征是：对 2006 年的中国管理界产生了深远影响，或正在成为备受中国企业界重视的管理核心。以下排名不分先后，仅以拼音顺序为序。

一、产消合一

　　美国学者阿尔文·托夫勒在他 2006 年的新著《财富的革命》中着力强调的"Prosumer"（产消合一者）本身就是个新造词。它是由"Producer"（生产者）和"Consumer"（消费者）两个词汇组成，意指一种生产者即为消费者，或消费者即为生产者的经济现象。但事实上，"产消合一"理论并非到今日才被发现提出。作为一种几乎与人类社会的经济活动同时诞生的现象，它早已被有识之士所论述。但在 2006 年，托夫勒却在他的《财富的革命》中严肃地警告："即将到来的'产消合一'大爆炸，不仅仍然被那些报道商业和金融的各种媒体所低估，还被学术机构和政府所低估。"而所幸，企业界并没有完全忽视它的存在。

　　在 2006 年中，很多中国企业已经在营销、管理、创新中积极实践了"产消合一"。这种利用消费者不计报酬为企业服务甚至创造利润的经济模式，已经让很多企业得到丰厚的回报。但令人惊讶或值得憧憬的是，"产消合一"带给企业界的空间，其实远远超过我们目前的想象！可以预见的是，这种经济现象将在更多领域中被更广泛地开发与应用。

二、长尾理论

　　顾名思义，这个理论中有一个"长长的尾巴"。很多企业或者行业都遇到这样的难题，总有一些产品变得需求不旺或销量不佳。举例来说，曾经热销的小说或者电影，在掀起的热潮过去之后，就变成了难以消化的积压和库存。"滞销品"真的没有出路吗？美国《连线》杂志编辑克里斯·安德森并不这么认为，他在分析亚马逊等网站为何成功的文章中指出：只要存储和流通的渠道足够大，这些"滞销品"共同占据的市场份额就可以和那些数量不多的热卖品所占据的市场份额相匹敌甚至更大。简单地说，"滞销品"所产生的利润就是那根"长尾"。作为一种在2006年登陆中国的营销理论，"长尾"给很多中国企业带来了革命性的营销理念突破。这一理论颠覆了被商界人士视为金科玉律的80/20法则——此前的商业理论认为我们只要抓牢20%的畅销品市场，就能带来80%的利润，但是互联网等技术的出现，使得生产、流通的成本急剧下降，使得原本被我们忽视的小众商品也有了出头之日。同"产消合一"相似的是，"长尾理论"既是已被成功案例（GOOGLE的广告营销）所证实的理论，也是正在被更多领域积极探索和实践的理论。

三、丰田 Total TPS

2006年是日本经济复苏的第五个年头。一个鲜明的例证是，当美国三大汽车巨头都被巨额亏损折磨得苦无出头之日的时候，丰田却在年复一年地赚取着越来越丰厚的巨额利润。很可能，丰田将根据其2006年的优异表现，而取代美国通用成为全球汽车界的"老大"。值得中国企业思考的是，丰田获取如此丰厚利润的源泉，恰恰就是被一个"微笑曲线"打入谷底的"制造"。"丰田生产方式"（TOYOTA Production System – TPS）早已席卷欧美，不少中国制造业的精英也把学习丰田作为标杆。但在2006年，一方面丰田的利润令全世界惊讶，一方面越来越多在中国制造业深陷"刀片"利润却苦无良策。于是，就在2006年，《中外管理》杂志帮助众多中国企业家迈出了"学习丰田"的重要一步——赴丰田实地考察。"丰田生产方式"的核心理念是：在必要的时间，以必要量，来生产必要的产品。在2006年的考察中我们发现：丰田已经将TPS扩展为Total TPS，也就是说从原先生产上从上至下的持续改善，发展到了全员自主的持续改善，全方位的持续改善。而两次实地考察最重要的收获是：我们不仅要知道向丰田学什么，还要知道"怎么学"。事实上，这不仅是发生在"向丰田学习"中的问题，对于多数管理理论，中国企业还没有真正找到一种"因地制宜"的学习和复制的方法。

四、管理未来

"在一个充斥着自大狂和江湖骗子的行业中，他是一个真正的具有原创性的思想家"。《经济学家》杂志曾这样评价彼得·德鲁克。德鲁克的辞世并未削弱人们对他追捧的热潮。相反，在2006年，他的理论受到了更多中国企业界精英的推崇，成为压倒性的思想偶像（参见本刊2006年11期《中外管理》创刊15

周年专刊的中国企业领袖访谈调查)。因为人们发现：许多"今天"的理念都能在他"昨日"的著作中找到最初的身影。而他诸多预见式的理论，正在被现实一一证实。"管理未来"就是其中之一。

全球化愈演愈烈，世界经济瞬息万变，知识社会到来，创新成为企业最关注的焦点。这些既是今天企业面临的环境，也是"管理未来"理论发生的基础。我们发现：一切如德鲁克所预言的那样发生了，这也是为什么"管理未来"成为2006年的热点。在信息型的社会中，知识工作者与服务业从业者将成为主要劳动力。明确的任务与绩效评估、不断的学习反思与主动负担责任，将成为知识型管理的明显特征，这也是未来管理者面临的环境和挑战。在《中外管理》中，德鲁克提出："远眺窗外"，是观察变化，寻找目标与现实绩效间平衡的最好方法。

五、活力管理

2005年年底，《中外管理》杂志社做了企业中高层主管的调查，被调查的2500人中，有65%的人将员工缺乏活力列为他们最烦恼的要素。显然，如何提升员工活力，高效率地完成组织的目标，并实现员工个人的幸福已经成为困扰企业界的管理难题。

在本次调查中，另一个达成共识的观点是：企业文化对员工活力产生着至关重要的影响。当问及那些总是激情饱满、热力四射、积极向上的员工，是什么让他们总能保持工作上的活力时，多数人都是认为是受到企业文化的感召和鼓舞。同时我们发现：这些"活力员工"也成为企业最核心、最具创新力和最不容易流失的成员。他们倾力为实现企业和自我价值而奋斗，却不为更多的报酬、更高的职位或更知名的公司所动。显然，那些更能调动员工活力的公司，在管理上更容易凝聚人心。在2006年，"活力管理"已经深深触动了管理者的神经，他们必须开始考虑如何更好地处理员工"工作－生活的平衡"、如何管理员工情绪和效率的平衡，以及如何达成信任和授权的平衡。

六、企业家的博客式管理

"博客"热潮早在2004年就掀起，到2006年可谓达到一个高潮。很多管理事件、经济事件也从"博客"中爆发。与此同时，许多企业家、企业高管也纷纷"开博"，建立自己与外界沟通交流的新渠道。

与其他公众人物开设博客不同的是，企业家们赋予了博客更多的意义，比如：传播企业文化，加深与员工以及客户的交流，当然他们也希望能借此更丰富自己的公众想象。虽然有些企业家并不在博客上大谈商业和管理，但不可否认的是，他们敲下的每一个字，都影响着他们身后的企业。是的，在2006年，中国企业家通过博客，第一次用自己独立的声音表达自己对于经营环境的见解，也是第一次学会用一种常态方式，通过感染社会大众，从而影响、管理企业内的小众。

但风险也同时存在。"不负责任"的互联网，很容易歪曲和错误地传播信息，如果不想把自己陷入网络的争论，为了表白和辩驳疲于在网络间奔命的话，就要做好"博客管理"。黄鸣在他的博客上是个斗士，向文波更把博客当枪一样使，但在公众能意识到他们至少是"坦诚"的企业家之前，他们还要为各种争论消耗不小的成本。

七、企业家的自我管理

2006 年，GOOGLE 中国区总裁李开复发表了他写给年轻人的一本书《做最好的自己》。但其影响绝不仅仅局限于那些尚未或者刚刚步入社会的年轻人。它引发了很多人对价值观和人生梦想的思考。彼得·杜拉克曾经对企业家们提出 5 个经典的自我管理提问。和《做最好的自己》相似的是，这些问题让企业家们重新思考个人对企业的贡献，自己在企业和社会中的角色，以及如何定位自己的人生目标。从 2006 年开始，《中外管理》所做的管理人物报道中，都将列出这 5 个提问。

事实上，企业家的自我管理不仅包括价值观上的审视，也包括：个人健康、时间、情绪、公众形象等各方面的管理。对于一个企业领军人物来说，良好的自我管理，不仅能提高个人的效率、贡献和影响力，也会对企业文化、未来的接班人乃至企业的未来发展产生更为积极的影响。

八、企业社会责任的自觉

在中国，"企业的社会责任"绝对是个老生常谈，但也绝对是个长期被忽视的话题。在中国企业界"责任"仍被更广泛地认为是一种负担。但在 2006 年，这一情况发生了改变：继 2005 年部分企业公布自己的《企业社会责任报告》之后，更多的企业加入到这个行列中来。因为他们发现：越具有社会责任的企业，其绩效表现也就越好。企业管理者们终于意识到：企业的社会责任，也能为企业创造利润。

尽管这种利润很难量化，但一个简单的逻辑是：更具有社会责任感的公司，就具有更好的公众形象。相比于社会责任缺失的企业，他们能对公众产生更多的影响力和号召力，能更大地激发公众的认同感和信任感，这恐怕是很多公司正在通过其他渠道，花大力气和大价钱刻意追求的。

自 1994 年起，全球企业社会责任报告就由商业战略智库公司（Sustain Ability）、联合国环境规划署（UNEP），以及标准普尔公司（S&P）联合发布。

该报告从企业持续性发展战略的清晰度、企业对于社会责任的承诺，以及实践中的透明度等方面，对全球近100家候选企业进行严格的评估，最终选出50强企业。这个结果明显影响着入选公司在股市上的表现。这些都说明企业的社会责任已经不是一个空谈的话题，而是关系到企业兴衰命运的要素。

九、世界是平的

毋庸置疑，"世界是平的"，是2006年度最炙手可热的管理理念。这个理论对于全球一体化最新的阐述，让管理者们在瞬间放大了自己的视野。当然，也有人认为这不过是"地球村"理论的延续，是对全球化的另一种描述。但在"地球村"的理论中，我们只知道世界变小了，全球化让我们生存的环境趋于一体化，而"世界是平的"告诉我们：我们不仅生活在一个更趋同的世界，通过各种网络和渠道，我们每个人还被联系在了一起。而且这种联系，正在深刻影响和改变着我们的生活。

2006年11月，《中外管理》召开了以"管理'平'天下"为主题的年度恳谈会。在这次盛会上，企业界、学界和政界要人就"扁平化"对各方的影响展开了深入的探讨。企业管理该如何适应这个日趋扁平的世界？扁平的世界中全球化将出现什么样的特点？中国企业将从中得到哪些机会受到什么样的挑战？这些在"管理'平'天下"中发掘的问题，不仅在2006年，也将在更长远的未来，引起企业管理者的深刻思考。

十、需求驱动供应链管理

创新已经成为近几年来长盛不衰的话题。2006年，需求驱动创新被广泛关注和应用。这里，我们不得不提到基于需求的供应链管理创新。由于客户的需求一直在改变，创新的速度也变得至关紧要。更快的开发流程意味着供应链人员必须能够更加快速地反应，为创新提供足够的支持。在了解需求之后，供应链的管理人员在采购方面能帮助研发提供最合理的原材料供应，而非由研发人员来直接下订单。这不仅节约了成本，也缩短了研发时间。

同时，客户在供应方面变得越来越苛刻，只要需要，他们就希望在准确的时间和地点收到准确的物品。企业既要保证供应链的准确，又要保证它的低成本和高效率。由于基于需求的供应链管理在产品上市之前就已经知道目标客户，就大大减少了订货和交货的时间，这也帮助企业实现了供应链的价值最大化。

（摘自《中外管理》，作者李之澜）

本章重点提示

1. 各种经营理念是企业精神在某个层面的具体体现，是更具体的企业精神文化。

2. 诚信是企业品牌的基石，无论是企业的发展还是员工的团结都离不开诚信理念。

3. 岗位的设置要做到权、责、利对称，这样的岗位才能让员工满意，才能和其他岗位协调一致，才能提高企业的经营绩效。

4. 以人为本的含义就是尊重员工、满足员工需求、帮助员工实行人生价值，管理者还要提高员工工作生活质量。

5. 品牌不仅是企业的战略，也和每个员工密切相关，员工的工作应该和企业的品牌战略保持一致。

6. 对服务的最好的理解和实施办法就是把服务当成一种文化，看作企业文化的一个子系统。

想 想 做 做

1. 本章所讲述的理念你都认同吗？你在工作中已经使用了哪些理念？

2. 在你工作的环境中，你看到最新理念被使用的影子吗？

左侧竖排：电力企业学习型班组长培训系列教材

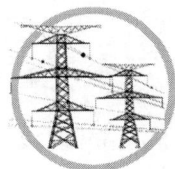

班组文化建设

班组文化建设篇

班组企业文化建设的测量方法

—— 学 习 目 标 ——

通过本章学习，你可以：

- 了解企业文化测量的概念；
- 掌握企业文化测量的维度；
- 知道班组企业文化建设的一般方法。

一个班组是否有良好的文化，取决于三个方面的因素：一是公司的企业文化是否合适以及实施是否有力；二是班组成员是否认同并接受企业文化；三是班组长能否很好地理解公司的企业文化，能否了解班组的文化状况，能否恰如其分地将公司的价值观、经营哲学和经营理念落实到工作中去。由此可见，班组长在班组企业文化建设中起着至关重要的作用。

班组长首先要了解班组文化状况，也就是企业文化在班组中的执行情况。一般来讲，作为班组中的一员，班组长能够感性地了解班组文化的现状，但是在提倡以理性管理为主的时代，班组长如果能用实证的方式，调查一下每个员工对企业文化认知的程度，那将更加有利于把企业文化落到实处，将班组建设成文化型的班组。

一、班组文化测量的概念

所谓班组文化测量，就是为了了解公司企业文化在班组内部执行的状况，而就企业文化的主要内涵，对班组成员进行问卷调查或座谈的过程。这和企业文化建设初期的文化测量是不同的，班组文化测量是为了了解文化的执行情况，是为了更好地执行公司的文化，测量的范围是班组的员工，测量的组织者是班组长。

班组进行文化测量对建设班组的企业文化很有益处：一是可以了解班组文

化执行的状况。企业的价值观和企业的理念确立了企业在生产、经营、人际交往等方面的判断标准，这只是企业的一种主观假设，它是否能被员工认同并应用于生产实践，通过班组文化测量，班组长就可以更好地了解班组的具体情况。二是可以让班组所有员工进一步温习公司企业文化的内涵，文化测量的过程，也是让员工剖析自己，领会企业文化的过程。三是通过测量可以为以后文化的落实和变革提供依据。通过研究测量结果，班组长可以知道班组人员在执行企业文化过程中的成效和挫折，他们对企业文化的认可程度和执行效果，可以重点突出地发扬或弥补企业文化在班组的实践程度。

班组文化测量具有以下特点：一是客观性，理性的管理要求用实证的方法，精确地描述企业中的客观存在，班组文化测量就提供了这样一种方法。但是在实际工作中，只靠这种测量的方法并不一定能很好地了解文化执行的全部情况，还需要和班组长的感性认识结合，才能起到更好的效果。二是相对性，测量需要有个参照，班组文化测量的参照就是时间的过去，就是过去班组员工对企业文化的认知和执行，这个特性就能让班组长诊断出班组文化建设是否进步了。三是局部性，企业文化是整个公司的管理理念的综合，但是由于班组的特点，各个理念的重要性对于班组来讲是不等同的，所以在测量的时候，主要测量那些和班组工作相关的理念的执行情况。

二、班组文化的测量维度

对班组文化进行测量，要选择合适的维度，也就是要选择好所要测量的文化的内涵。班组文化的测量维度的选择要满足三个基本要求：一是所选维度要能代表班组文化的特征，也就是要选择那些对班组文化建设最重要的理念；二是维度要相互独立，不要交叉；三是简单明了，越简单越能被理解。

1. 西方国家常用的测量维度

荷兰学者 Hofstede 教授对组织文化的测量进行了深入的研究，他在对欧洲多家企业的企业文化测量的基础上，提出了企业文化测量维度的三个层次：价值观层、行为层和制度层，其中价值观层包括三个维度，即职业安全意识、对工作的关注、对权力的需求；行为层有六个维度，即过程导向—结果导向、员工导向—工作导向、多元化—专业化、开放系统—封闭系统、柔性管理—刚性管理、注重实效—注重标准；制度层维度只有一个，即发展晋级—解雇机制。VSM94 量表就是在这十个维度上改进得到的，它被西方企业界广泛接受。

Denison 的组织文化测量维度是对竞争性文化价值模型的进一步拓展。他认为，从"组织弹性—稳定性"、"外部导向—内部导向"这两个维度出发可以把企业文化的内涵进一步划分为四个模块：人的特性模块、基本价值观模块、环境适应性模块和企业使命模块。具体维度如下：① 人的特性模块，其中包括授权，即企业成员进行自主工作的授权状况，它是责任感的源泉；团队导向，即依靠团队的力量来实现共同目标的意识；能力开发，即企业用于员工技能成长、素质开发上的投入状况。② 基本价值观模块，包括核心价值观，即企业成员共享的、特有的价值观和信念体系；一致性，即企业成员达成一致观念的难易程度，尤其指在遇到冲突时；和谐，即企业不同部门之间为共同目标而相互协作的状况。③ 环境适应模块，包括应变能力，即企业对环境变化能够迅速采取变革措施并顺利实现；关注顾客，即对顾客兴趣的把握以及对顾客需求的迅速反馈；组织学习，即企业从内外部环境中接收、内化、传播知识与经验，并迅速进行创新，创造新知识的能力。④ 企业使命模块，包括企业愿景，即企业所有成员共享的对企业未来发展的看法；战略导向、意图，即对如何实现企业愿景所进行的战略规划，包括明确的企业战略以及每个成员为实现目标所需付出的努力；企业目标，即为实现企业愿景、战略而设定的一系列阶段性目标。

2. 我国企业常用的测量维度

自从 20 世纪 80 年代企业文化传入国内以来，我国学者和企业家对企业文化的研究和实践都取得了很大进展，在文化测量方面的研究成果也非常显著。

台湾大学心理学系郑伯壎教授提出了 VOCS 量表，该量表包括两个高阶维度：外部适应价值和内部整合价值，其中外部适应价值包括社会责任、敦亲睦邻、顾客取向和科学求真四个维度，内部整合价值包括正直诚信、表现绩效、卓越创新、甘苦与共和团队精神五个维度，一个企业的企业文化可以通过这九个维度来考察。

北京大学光华管理学院也对企业文化的测量进行了研究，其测评量表有七个维度，即人际和谐、公平奖惩、规范整合、社会责任、顾客导向、勇于创新、关心员工成长，并就这七个维度提出了 34 道测试题目。清华大学经管学院提出的测评量表由八个维度 40 多道测试题组成，这八个维度是客户导向、长期导向、结果导向、行动导向、控制导向、创新导向、和谐导向和员工导向。

3. 电力企业班组文化测量的维度

根据供电企业的行业性质、企业的整体环境、企业的发展历程、员工的身份和班组的特点等方面的因素，班组文化的测量应该有以下几个维度：

（1）学习创新。供电企业是个技术密集型企业，技术的发展变化比较快，员工需要不断学习才能跟上技术的进步，并且企业正由原先的粗放型的生产管理模式向集约型迈进，企业的效率也需要管理和技术方面的进步来支持，因此学习创新是文化的一个重要指标。

（2）安全意识。供电企业的特点要求员工要有严格的安全意识，"安全第一，预防为主"的安全理念是企业的核心理念，这是由电力关系到社会的稳定、电力可能危及人身并且电力设备贵重等特点决定的。

（3）客户导向。电力和每个社会公众的生活密不可分，电力员工的福利也是公众的焦点，因此每个员工都要树立服务意识，要在自己的工作岗位上尽职尽责让顾客满意，要用服务文化来塑造自己的服务理念。

（4）员工发展。电力员工基本没有流动性，大多数员工都会在企业中度过一生，因此怎样规划好员工的职业生涯，是让员工实现自身价值的最好途径。员工应该有自己的发展目标，班组长也应该塑造一种积极向上的氛围，形成一种良性的人才竞争机制。

（5）团队精神。班组的工作很少有个人独立能够胜任的，需要大家的协调配合共同努力才能完成，因此班组里要有一种友爱和谐的团队精神，既要保证良好的人际关系，又要有协同工作的态度和行动。

虽然还有些维度（比如社会责任、权力控制等）对企业很重要，但是与班组这个层次的文化建设关系不大，可以作为备选但不是必不可少的维度来测量。

思考题

1. 你认为你们班组最重要的文化理念是什么？请排序。
2. 你认为通过测量的方法能了解班组的文化状况吗？

案例6.1　新纪元公司的企业文化测量问卷

一、关于该量表的有关说明

（一）测量的目的

（1）考察该企业文化系统执行前的企业文化状况，以确定公司的企业文化系统；

（2）考察文化系统执行后的企业文化状况，通过比较来随时调整并改进该系统。

（二）测量维度的确定

根据本公司的具体情况，确定了以下维度：① 诚信；② 组织学习；③ 创新；④ 使命与战略；⑤ 团队精神；⑥ 理性；⑦ 绩效导向；⑧ 人际和谐；⑨ 社会责任；⑩ 凝聚力；⑪ 沟通。

（三）问题的确定

每个维度提出 2~4 个问题，由员工根据自己在组织的工作感受来问答。

（四）测量的时间

在本企业文化执行之前测量一次，在企业文化执行后定期再测量（维度不变，但题目有所变化，有关数据及分析见后）。

（五）样本容量

根据员工岗位的分布情况，按比例地抽取 100 位员工，每次参与测评的人员基本保持相同。

表6-1　　　　　　　　　　新纪元公司的企业文化测量表

序号	内容　　　　分值	完全不同意	非常不同意	不同意	有点同意	同意	非常同意	完全同意
1	公司对员工的承诺，一般都能实现	1	2	3	4	5	6	7
2	公司的产品与广告上所言完全一样	1	2	3	4	5	6	7
3	公司在任何时候鼓励员工说实话，哪怕谎言能带来利益	1	2	3	4	5	6	7
4	公司支持员工参加业余学习并愿意提供机会创造学习氛围	1	2	3	4	5	6	7
5	公司鼓励员工从自身和他人的经验教训中学习	1	2	3	4	5	6	7
6	员工的素质被公司认为是提高竞争力的重要方法	1	2	3	4	5	6	7
7	公司鼓励员工进行创造发明，并提供支持和给予奖励	1	2	3	4	5	6	7
8	随着环境的变化，公司会相应的改变组织结构	1	2	3	4	5	6	7
9	公司在新产品的开发上下了足够的力气	1	2	3	4	5	6	7

序号	内容＼＼分值	完全不同意	非常不同意	不同意	有点同意	同意	非常同意	完全同意
10	公司的企业精神和宗旨符合各方面的期望	1	2	3	4	5	6	7
11	公司有着明确的发展方向	1	2	3	4	5	6	7
12	在公司里，人们认为长远的成功比短期行为更重要	1	2	3	4	5	6	7
13	团队合作的意识强，人们之间能够相互支持理解	1	2	3	4	5	6	7
14	公司对团队给予了足够的自主决策权力	1	2	3	4	5	6	7
15	你所在的团队中，每个员工都有自己的职责并能较好地完成	1	2	3	4	5	6	7
16	领导的决策大多经过深思熟虑并有一套决策机制	1	2	3	4	5	6	7
17	在公司里，制度比人情重要	1	2	3	4	5	6	7
18	公司强调客观标准，习惯用数据和事实说话	1	2	3	4	5	6	7
19	高业绩可以获得高收入，低业绩则低收入	1	2	3	4	5	6	7
20	公司给高绩效的员工更广阔的发展空间	1	2	3	4	5	6	7
21	公司较好地处理了绩效、能力品德和学历之间的关系	1	2	3	4	5	6	7
22	公司鼓励员工之间、团队之间的协调	1	2	3	4	5	6	7
23	公司很尊重员工的个人情感	1	2	3	4	5	6	7

班组文化建设

141

序号	内容	分值 完全不同意	非常不同意	不同意	有点同意	同意	非常同意	完全同意
24	员工之间的冲突都能得到有效处理	1	2	3	4	5	6	7
25	公司力所能及地参加一些公益活动	1	2	3	4	5	6	7
26	公司不仅仅追求利润，还重视自己的社会责任和企业形象	1	2	3	4	5	6	7
27	公司很注重环境保护和美化环境	1	2	3	4	5	6	7
28	大多数员工视公司为家，热爱自己工作	1	2	3	4	5	6	7
29	员工能在公司中实现自身目标	1	2	3	4	5	6	7
30	别的公司出更高的薪水你也不会离开本公司	1	2	3	4	5	6	7
31	公司鼓励员工提意见	1	2	3	4	5	6	7
32	公司能及时反馈各种意见和建议	1	2	3	4	5	6	7
33	员工的合理化建议能得到采纳	1	2	3	4	5	6	7

二、数据分析

通过对问卷中数据的统计，得出以下结论。

表6-2　　　　　　　企业文化测量结果

内容 \ 原先分值 执行后分值	企业文化系统执行前	企业文化系统执行后
诚信	3.7	4.1
组织学习	2.1	4.7
创新	5.4	5.6
使命与战略	3.0	5.1
团队精神	2.9	4.4

142

内容 ＼ 原先分值／执行后分值	企业文化系统执行前	企业文化系统执行后
理　性	3.0	3.8
人际和谐	4.5	4.1
社会责任	4.4	4.7
凝聚力	4.2	4.5
沟　通	2.9	5.0

对企业文化系统执行之前的数据分析：

（1）诚信：分值低于期望值，究其原因是领导的承诺有时不兑现，公司对诚信没有足够认识。

采取措施：在企业的核心理念中重点提出。

（2）组织学习：分值最低，除了师傅带徒弟，几乎没有相关的学习形式。采取措施：制定相关的培训计划。

（3）创新：分值最高，企业在技术创新方面做得较好，但在制度创新、管理创新方面略差。采取措施：随着战略和环境的变化及时地调整组织结构。

（4）使命和战略：分值很低，公司没有明确的战略目标，使命表述不清。采取措施：明确战略，讲清使命。

（5）团队精神：分值很低，没有专门设计过团队。采取措施：按实际需要设计各种类型的团队。

（6）理性：分值低，多数领导好感情用事，缺乏科学的决策机制。采取措施：建立科学的决策机制。

（7）人际和谐：分值最高，这和领导的人际关系能力有关。采取措施：继续维持，但防止滥用人情。

（8）社会责任：分值高，但员工对公司的实际应尽的责任不太清楚。采取措施：让员工明确公司应尽的社会责任。

（9）凝聚力：高但也与员工的别无选择有关，与整体的就业情况有关。采取措施：制定更有效的薪酬、培训、职业生涯等方面的制度。

（10）沟通：很低，没有很好的沟通渠道，不太鼓励沟通。采取措施：设计沟通渠道、鼓励沟通。

案例分析

这是一个关于企业文化实施前后的文化测量问卷调查及分析，是一种用实证的方法来分析企业文化的建设状况，对班组文化的建设有一定的参考价值。

思考题

1. 你认为你需要通过测量表格来了解你班组的文化状况吗？
2. 设计一个量表来了解你班组的文化情况。

本章重点提示

1. 通过实证的方法来建设企业文化是通用的办法，班组长应该逐渐熟知并使用这种理性的管理方法。
2. 确定电力企业文化建设的测量维度是个重要的内容，班组长根据自己班组的特点来确定相关指标，以便更有效地了解班组状况。

想 想 做 做

1. 你认为实证分析的方法对你的班组管理有意义吗？
2. 在你班组中最重要的文化指标有哪些？

第七章

创新型班组的建设

---- 学 习 目 标 ----

通过本章学习，你可以：

- 了解班组的创新有哪些内容；
- 了解如何培育自己和班组成员的创新思维；
- 掌握班组创新管理的方法。

　　世界管理大师德鲁克曾经说过，"企业的职能只有两个：营销和创新。"人类社会已经进入创新时代，创新已经成为文明的标志，进步的阶梯。很多著名企业把变革作为自己企业唯一不变的理念。托马斯·彼得斯和小罗伯特·沃特曼在《成功之路》中对企业创新的原因作了深刻的阐述，"顾客的需求改变了，竞争对手的技术提高了，公众的情绪起波动了，国际贸易中各方面的力量重新组合了，政府的法规变动了，这些公司就会紧紧跟上、转向、修缀、改造并适应这些变化。总之，它们具有革新性，是就其整个文化而言的。""当今环境下，企业兴盛得靠创新，在技术上创新，在战略上创新，在商业模式上创新。"这是IBM首席执行官萨缪尔·帕尔米萨诺最近在罗马召开的"创新领导论坛"上讲的一段话。企业要想兴旺发达，员工就要有创新意识，班组就要有创新活力，企业就要有创新机制，唯有这样，企业才能保持勃勃生机。

145

第一节　创新的基本概念

一、什么是创新

1. 熊彼特的定义

创新理论大师熊彼特在 1912 年出版的《经济发展理论》一书中解释了创新

的概念。他认为，创新并不完全等同于技术发明，而是"建立一种新的生产函数"，也就是说把一种前所未有的关于生产要素和生产条件的"新组合"引入生产体系。具体而言，熊彼特所说的"创新"包括五种具体情况：一是引进新产品，也就是消费者还不知道的产品或者现有产品的一种新特性；二是引用新技术，即新的生产方法，这种新方法不一定非要建立在科学新发现的基础之上，它可以是用新的商业模式来处理某种产品；三是开辟新市场，也就是企业不曾进入的市场，而不管这个市场原先是否存在；四是控制原材料的新供应来源，不论这种来源是否存在过；五是实现企业的新组织方式或者管理模式。他还强调，企业家的职能就是实现创新，引进新组合。

2. 德鲁克的定义

世界著名管理大师彼得·德鲁克认为，创新就是"赋予资源一种新的能力，使其能够创造财富"。他还提出了"创新的七个源泉"分别是意外之师、不协调、程序需要、产业和市场需要、人口变化、认知的变化、新知识。这些源泉就是创新的起点，是创新的机会。要使创新成为一种必然，必须从这七个源泉中寻找创新点。

3. 创新与发明

在我们理解什么是创新时，大师们的真知灼见给了我们无限的启发。创新和发明是不同的，发明是思想的创作和实践性检验，它不一定要产生效益，它是科学家的行为。创新是企业家或员工的商业行为，"是把发明引入生产系统，创新是发明的第一次商业化应用。"正如爱迪生告诫他的助手的，"我们必须拿出成果，不能像德国教授那样，毕生研究蜜蜂身上的绒毛。"

4. 创新的类型

人们一般认为创新就是引入新技术、新产品，实际上创新的内容要更加丰富，包含以下七种类型。

（1）思维创新。每个人都有思维定式，这就导致了生活、工作、学习的惯性和封闭，就会妨碍对新鲜事物的接收，也就阻碍了能力的发挥。创新的理念就要求改变这一切，要不断地学习新观念、新技术、新思维，跳出封闭的圈子，重新审视自己和环境，养成求新、求异的思维方式。这是一切创新的前提。

（2）产品（服务）创新。生产企业不断推出原先没有的产品，是创新；服务行业不断改善服务模式，也是创新。Intel每十八个月把CPU速度提高一倍就是产品创新表率，电力公司推出的"彩虹工程"就是服务创新的典范。

（3）技术创新。企业引入新技术有很多途径，既可以是自主创新的技术，也可以是别人的专利技术，这都可能创造一个新市场或者整合一个旧市场，从而给企业带来竞争优势。不注重技术创新的一个典型例子是柯达，当数码相机开始逐步被接受的时候，它还在购买乐凯胶片。

（4）组织与制度创新。由于组织面临的环境在不断变化，员工的需求、价值观也在发生变化，企业的组织结构和制度都要相应进行调整，比如因为企业社会责任观念的提出，企业就要重新划分或合并部门、改变岗位职责、调整部门权力。

（5）管理创新。管理的先行者和管理学家几乎每天都在提出新的管理理念，像流程再造、绩效管理、客户管理等，企业家就应该找到那些能给自己带来经营绩效的理念，引入到企业管理中来，实现管理创新。

（6）营销创新。营销创新是指根据消费者不断变化的需求，设计全新的营销策略、渠道、产品定义、品牌文化、广告促销策划等，以便更好地满足消费者的需求，创造新顾客，扩大市场。

（7）文化创新。企业的文化虽然有一定的稳定性，但也不是一成不变的，企业家应该将企业文化理念中不合时宜的成分去掉，同时引入新的文化理念，实现企业的文化革命或文化再造，建设创新型的企业文化。

思考题

1. 查阅德鲁克的"创新的七个源泉"的详细内容。

2. 在你的班组中，最能实现哪种类型的创新？

二、培育员工的创造性思维

创新能力的基础是创造性思维，创造性思维就是以新的不同寻常的方式考虑问题、寻找方案，是思维的最高形式，它能破除常规逻辑的限制，探究事物的本质、预测发展的趋势，它能超越原有的事物的界限和隔阂，把事物重新有机组合起来。没有创造性思维的员工是不可能进行创新的，墨守成规只能导致固步自封。

班组成员可以在生活工作中改变原有的思维定式，使用各种方式来锻炼思辨能力，培育自身的创造性思维。

1. 多维思维法

多维思维法，就是发散思维，就是在思考问题寻找解决方案时，不是拘泥于一点上看问题，而是从整个"面"甚至整个"体"上考虑问题，不是满足于一种解决方案，而是突破原有的模式找到多种常规或非常规的途径。这就需要充分发挥人的想象力，突破原有的知识圈，从一点向四面八方想开去，并通过知识、观念的重新组合，寻找更新更多的设想、答案或方法。例如，我们考虑风筝的用途，就可以多维思考：按照一般思维，它的功能就是娱乐，实际上，它还可以用来测量风向、传递军事情报、作联络暗号、当射击靶子等。

人的多维思维能力可以通过锻炼而提高：首先，遇事要大胆思考，不管现实不现实，可行不可行，要找到尽可能多的方案；其次，突破思维定式，多维思维不是要你在同一条路上走多远，而是要让你尝试走不同的路；第三，要往深度上发展，从不同的视角来看事物的本质。

2. 横向思维法

英国剑桥大学教授爱德华·德·博诺是横向思维的积极倡导者。他认为，生活中有时碰到的问题，当用常规办法无法解决时，人们应该尝试换个角度，用他的话来说，就是"纵向思维是在深挖同一个洞，横向思维是尝试在别处挖洞。"其特点是：不是过多地考虑事物的确定性，而是考虑它的多种选择的可能性；不是关心怎样在旧观点上修修补补，而是如何提出新观点；不是一味地追求正确性，而是追求各种机会。

根据横向思维理论，爱德华博士研究出一种名为"六顶思考帽"的思维方法和训练模式。比如，如果把汽车的两面各涂上黑色和白色，然后在马路上肇事，见证此事的一部分证人说是黑色，一部分证人说是白色，双方各执一词，断案的法官如何裁决？传统思维很难解决这个棘手的问题，而如果使用带颜色的平行思维，即"六顶思考帽思维"，问题会迎刃而解。

爱德华认为，当大家站在不同的角度并坚持自己的观点时，讨论是最无效的。只有将思考的不同方面分开，取代一次解决所有问题的做法，集中分析信息（白帽）、利益（黄帽）、情感（红帽）以及风险（黑帽）等，使人们可以依次对问题的不同侧面给予足够的重视和充分的考虑。

3. 侧向思维法

侧向，是指和最初的目标方向或使用的工具方式不一致，具体来讲有三种侧向：一是侧向移入，这是指跳出本专业、本行业的范围，摆脱习惯性思维，侧视其他方向，将注意力引向更广阔的领域或者将其他已成熟的领域、较好的技术方法、原理等直接移植过来加以利用；或者从其他领域事物的特征、属性、机理中得到启发，形成对原来思考问题的创新设想。最简单的例子就是物理学家要求数学家帮助解决物理问题；二是侧向转换，这是指不按最初设想或常规直接解决问题，而是将问题转换成为它的侧面的其他问题，或将解决问题的手段转为侧面的其他手段等等，比如在美国西部淘金热潮中，有些人不是去淘金而是向淘金者卖食品；三是侧向移出，是指将现有的设想、已取得的发明、已有的感兴趣的技术和本厂产品，从现有的使用领域、使用对象中摆脱出来，将其外推到其他意想不到的领域或对象上，如飞机发动机厂家生产汽车发动机。

4. 逆向思维法

逆向思维法就是指人们为达到一定目标，从相反的角度来思考问题，从中引导启发思维的方法。当面临新事物、新问题的时候，我们应该学会从事物的反面或反角度来分析研究新事物、解决新问题。逆向思维方式一般分为四类：一是结构逆向思维，就是指从已有事物的逆向结构形式中去设想，以寻求解决问题新途径的思维方法。二是功能逆向思维，是指从原有事物相反功能方面去设想寻求解决问题的新途径的思维方法，如用废弃的易拉罐可以做成优美的装饰品。三是状态逆向思维，是指人们根据事物某一状态的逆向方面来认识事物，引发创造发明的思维方法。过去木匠用锯和刨来加工木头，都是木头不动工具动（实际上是人动）。这样做，人的体力消耗较大。为了改变这一状况，人们从工具不动、木头动的角度出发，设计发明了电锯，从而大大提高了效率和工艺水平，减轻了劳动量。四是因果逆向思维，是指从已有的事物的因果关系中，变因为果去发现新的现象和规律，寻找解决问题新途径的思维方法。在电的发明史上，从奥斯特的电能生磁到法拉第的磁能生电，它们之间就有着因果逆向思维的联系。

5. 联想思维法

古希腊哲人亚里士多德早在两千多年前就指出：只有不断使自己的思维从已存在的一点出发，或从已知事物的相似点、相近点或相反点出发，才能获得对事物的新的看法，世界由此才会得以前进。联想思维就是在头脑中将一种事物的形象与另一种事物的形象联想起来，探索它们之间的共同的或类似的规律的思维方法。

有时一个人对某个待解决的问题经过长时间反复思考而仍得不到解决，却会在某个外界事件的触发下，引起联想，跳出现有圈子而产生新设想。有很多新学科、新观念、新假说和新方法的产生和出现都同进行联想创造性思考有关。联想思维有以下几种方法：一是接近联想，就是指在时间上和空间上相互接近的事物之间形成的联想，如由冬天想到下雪。二是相似联想，就是在性质上或形式上相似的事物之间所形成的联想，如结婚纪念日会让你想到你的结婚仪式。三是对比联想，是指具有相反特征的事物或相互对立的事物之间所形成的联想。四是因果联想，是对具有因果关系的事物所形成的联想，如由空气污染联想到全球气候变暖。

6. 头脑风暴法

头脑风暴法是指为了得到某一个问题的解决方案，让讨论小组的每个成员自由地提出各种想法，而不管这些想法是多么的离奇。这种方法最早是在1941年由亚历克斯·奥斯本提出的，奥斯本是一个广告公司的总经理，他发现传统的商业会议制约了新观点的产生，因此提出了帮助激发观点产生的规则。他把头脑风暴描述成一个小组试图通过聚集成员自发提出的观点，来为一个特定问题找到解决方法的会议技巧。

在具体实施头脑风暴法时，要把握一些基本原则：一是暂不做出评判，发言者不得被打断发言，不管他提出的主意是否具有价值、可行性及重要性。二是思路要尽可能自由，一些个别的主意可能意义不大，但是综合在一起可能会得到一个全新的概念，也可能就是解决方案。三是追求尽可能多的主意，数量可能会产生质量，主意越多，越有可能得到真正想要的东西。四是学会综合，每个成员都可以将听到的别人的看法不断进行综合。

思考题

1. 你使用过哪些创造性思维方法？
2. 你怎样才能培育你班组员工的创造性思维？

第二节　班组创新管理

一、阻碍创新的管理作风和理念

在一个具有优秀文化氛围的班组中，员工的创新意识和创造力可以得到很好的发挥，然而遗憾的是，班组长的一些错误的管理风格和管理模式往往成了抹杀创造力的凶手，使得班组成为一潭死水，鲜有创新意识，更没有创新机制。为了让班组中产生更多的创新意识，班组长首先要避免一些错误的做法。美国管理学家保罗·斯隆在《创新何来》一书中总结了12种常见的抹杀创造力的错误做法，对于班组长避免对创新扼杀有很好的借鉴意义。

1. 批评

这是由于因循守旧的思维模式造成的。有很多人总是喜欢维持现状，一听到新的观点，马上就批评它，指出新观点中的缺陷，他们不擅长创意新东西，但却有很强的挑毛病的能力。实际上，新观点大多不太成熟，没有经过完整的思考，至少是没有经过检验，否则就不是新观点了。因此，很容易找到足够的理由来拒绝这些新观点。

但是，这些被拒绝或被批评的新观点，可能包含着伟大的思想，可能会带来巨大商机。爱因斯坦的相对论最初也不被当时的科学权威认可，但是后来却为科学带来了革命。当然，这些被批评的观点，不一定都是伟大思想的萌芽，但经常是好观点的起步。实际上，就像英特尔公司董事会主席安迪·格鲁夫所说，"只有偏执狂才能生存。"每个组织都需要大量糟糕的、愚蠢的、疯狂的观点，因为在这些观点之中，我们可以对其中一些概念进行改进，使之成为有效的创新。

因此，作为一个班组长，要鼓励员工大胆思考、大胆发言、大胆尝试，不要随意批评员工的想法和做法，因为批评会阻止这个人再提出更多的建议，并且会形成一种不欢迎创新的氛围，长此以往，任何员工都不愿意提出一些很可能要受到批评的新观点，班组也就不会有任何创新精神了。

2. 忽视集体讨论

"三个臭皮匠，顶个诸葛亮"，这是对集体智慧的最好的诠释。一个人的创新意识总是有限的，如果把班组的所有员工聚集在一起讨论，汇合在一起的新观点就会大大增加，并且通过集体讨论还可以相互激发灵感。然而，很多班组长把集体讨论看做是老式的、过时的方法，不提倡甚至反对这种做法。可能这是由于不太信任员工的能力，认为自己的主意已足够好，也可能是缺乏民主的意识，不喜欢集体讨论的作风。

如果班组不经常举行集体会议来寻找创造性的解决方案，那么作为班组长，你就失去了很多发现新观点的机会，失去了很多合理化的建议。并且，你会向你班组成员发出这样一条信息，即他们的观点是不重要的，从而他们就失去了创新的兴趣。在进行班组讨论的时候，可以借鉴一些成熟的经验，如"头脑风暴法"、"深度汇谈"、"六顶思考帽"等讨论法。

3. 忽略顾客需求

不管怎样讲，企业经营的一个基本理念就是要让顾客满意，因此企业的创新也是为更好地满足顾客的需求服务的。企业中最能了解顾客需求的是直接和顾客接触的一线员工，但是很多企业忽视了这一点，由于企业的组织结构复杂，信息流通不畅，导致顾客的需求很难从一线员工那里反馈到上层。

企业应该让一线员工充分参与到企业的创新中来，让他们把了解到的市场的真实情况带到企业中来，给他们机会，让他们帮助寻找解决办法。这样一来企业将增加一个非常丰富的创意的来源，将会做出更接近顾客需求的决策，员工也更加容易接受这些决策，从而形成双向的"创意沟通"机制。

151

4. 效率重于创新

创新不仅要付出成本，还要承担一定的风险，有数据显示，科研成功率平均不到10%，而失败率却在90%以上。因此很多企业不愿意花精力去创新，它们更愿意把注意力用于改善当前的业务模型运转上，把精力全部用在细节的修补上。

但是，这种做法很可能会耽误全面革新的机遇，如你想要改进计算尺的用途，你无论怎样提高它的使用效率，也不如引进计算器。因此企业不仅要改进当前的工艺，更重要的是要持续不断地寻找和试验为顾客提供价值的新方法，仅仅把注意力放在效率上是一件非常危险的事情。

5. 工作过度

很多企业都要求员工努力工作，甚至超负荷的工作，这和以人为本的企业理念是违背的，并且这还会扼杀企业里的创新意识。把员工当成工具的企业是不会有创新意识，实际上，让员工按照旧方法加倍努力工作，不如通过改变工作方法更能提高效率。如果一个员工一直都在制作煤气灯，整天都忙于制作出更多的产品来，他就不会有时间来学习有关电的知识和研究电灯。

整天处于高度紧张状态的员工不会有时间和心情去思考，不会给企业带来创新的观点和建议。作为管理者，班组长不应该给员工太大的工作负荷，要给员工留出些时间，创造和睦的工作氛围，激励班组成员的创新意识。

6. 一切按计划执行

有些管理者非常教条，一切行事要按照计划执行，决不会越雷池一步去做计划外的工作。经常听到他们说的一句话是"我们不会尝试这个观点，因为它不在我们的计划之中，而且我们没有为它编制预算。"这样一来，详细编制预算然后严格实施计划的组织使自己受到了很大的束缚，他们把自己局限于计划制定者的构思之中，这样的组织和组织成员也不会有创新精神。

但是正如常言所说，"计划没有变化快。"消费者的需求、技术的进步、竞争者的变化时时都在发生，我们很难想象，去年计划的制定者能够准确地预测到现在的情形。因此优秀的公司应该把计划当成是松散的框架性的指导纲要，而不是详细的路线图。公司制定计划时，应该尽量全面地考虑到市场形势的变化、新出现的威胁与机遇，要留有余地，只有这样的计划及实施方式才可能不成为创新的绊脚石。

7. 承担责任过重

我们前面讲过，企业在设置岗位的时候要做到责权利对等，但是有些企业过分强调了责任，当某件创新事项没有获得成功后，责任人要受到较大的处罚。

据统计，我国国有大中型企业的技术创新成功率为57.02%，也就是说，某项创新只有一半的成功的可能性。如果都要对创新的失败负责，谁还会去创新呢？大多数项目会失败，但是它们仍然值得一试，因为只有通过尝试这些项目，你才能知道哪些会无效、哪些会成功。

企业不应该责备失败，"失败乃成功之母"。前微软中国区总裁李开复曾经说过："一定要给科研人员足够的空间，要鼓励成功，也要鼓励失败，开发人员的失败其实很重要。"鼓励失败是微软研究院的一种企业行为，是他们所推崇的一种管理理念、管理机制。在创新成为主导企业命运的今天，对于失败仅仅是"容忍"、"允许"，已经显得不够了，只有鼓励失败，才有可能踏上成功之路。

8. 不当的奖励机制

对于常规的生产和销售很容易确定相关人员的奖励数目，只要把他们的利润乘以百分比就可以了。但是对于创新者来讲就没有这么容易了，创新可能是一个较长的过程，在过程当中如何奖励创新者？创新还可能以失败告终，对这些失败的创新者，仅仅宽容就足够了吗？也可能创新的成果带来的收益是长期的，企业又如何让创新者得到应得的回报呢？由于这些复杂的情形存在，多数企业没有能够很好地制定创新奖励机制，导致了员工没有强烈的创新动机。

企业应该对各种创新的结果都给予奖励。实际上，创新失败者对于企业和社会来说也是有意义的，一是规避了后来者的风险，二是积累了相关数据，三是为新的研究指示了方向，因此也要对他们进行精神上和物质上的奖励。对于过程中的创新者来说，要对他们实施阶段性奖励。那些能够给企业带来巨大收益的创新者，可以给予他们与项目相关的股票期权等。当然，最好的激励还是工作本身，在创新中获得乐趣，实现个人价值。

9. 缺乏自主意识

很多企业都有这样的理念，当碰到难题的时候，不愿自己解决问题，而是将问题外包，交给其他部门或者企业的外部人士去解决，这实际上就是缺乏自主创新意识。这是由多方面的原因造成的，如有关自主创新的法律法规、政策体制还很不完善，企业的经费投入不够等。

企业如果总是依赖外部资源来解决内部问题，对企业会带来更多的问题：企业会因此而缺少核心竞争力，企业将不会有自己的知识产权，企业将没有品牌影响，企业也会加大自己的成本，更重要的是企业会从此缺乏创新精神和创新能力。所以，企业应该有自力更生的精神，树立一种自己解决问题的自主创新意识和机制。

10. 职业惯性

很多企业的员工的流动性小，他们在一个岗位上工作一生，工作时间长了以后就会对工作失去兴趣，习惯性的工作会减弱员工的创新活力。有的企业的晋级都是内部选拔的，这虽然可以增加员工的忠诚度，减少流动率，但是如果所有的管理者都是在同一种企业文化中成长起来的，他们就不能以一个客观的、崭新的眼光来看待企业，就很难看到工作中的缺陷与不足。这种近亲繁殖和固步自封的文化作风，将是企业革新的巨大阻力。

"流水不腐，户枢不蠹。"企业应该有一定的流动性，员工应该做一些适当的岗位轮换或者工作扩大化，通过一些环境的变化来激发他们的创新意识；企业也应该在外部招聘一些管理者，要招聘一些和企业管理模式不完全一致的创新者，让他们将不同的理念和方法带进企业中来，激活企业的创新精神。

11. 依赖少数人

在许多企业中存在着一个普遍的错误：创新只是少数人（如研发部门、生产经理）的事情，和大多数员工无关。实际上，真正意义上的创新活动是和每一个企业员工相关的，企业各部门和全体员工人人都应该参与创新，实现全员创新。

我们看看海尔是怎样全员创新的：海尔员工的创新活力来自以海尔独创的OEC管理法和"市场链"管理机制为核心的行之有效的一整套管理制度。通过内部"市场链"机制使得人人面对市场，从制度上激发了每一个员工的创造力，使人人成为创新的SBU（策略事业单位）。1997~2001年，海尔共收到员工的合理化建议13.6万条，被采纳7.8万条，创效益4.1亿元。海尔很多部件、工序和产品都是以海尔员工的名字命名的，象保德垫圈、迈克冷柜、杨明分离法等，对于发明或改进创新这些部件或产品的员工，公司除了给他们发奖金，还隆重召开大会用其名字命名。

12. 缺乏培训

创新，除了要有创造性的思维模式，还需要有坚实的专业知识的积淀，只有不断接受新知识的培训，员工才有可能具备创新的理论基础。另外，员工的很多想象力、创造力都在日常例行工作中渐渐丢失了，通过恰当的培训，人们可以学到各种技巧，会再次挖掘出他们的想象力。

思考题

1. 在你的班组中，有哪些妨碍创新的做法、制度和理念？

2. 你用什么方式解决班组中那些扼杀创新的做法?

二、班组创新力管理

假设班组的员工都有很好的创造性思维,班组里也没有很多妨碍员工创新的做法和制度,那么这个班组就一定是创新型的吗?实际上并非如此。要想让班组充满创新活力,还需要对班组适当管理。

何谓班组的创新力呢?当班组的成员在工作计划之外,能自发地做出新颖并有效的行为时,这个班组就是有创新力的。班组的创新力给企业带来的大多是改进,就是改变现有的事物的状态,也有可能是革新,即创造出全新的事物。不管是改进还是革新,它们对企业都是至关重要的,它们都能提高企业的经营绩效,提高企业的竞争力。

实际上,绝大多数改进或革新项目,都不是管理计划的结果,都未经过严密的事先计划,大多是意想不到的。没有人会准确无误地预见到谁、将在什么时候、什么地方、以什么样的方式创新出什么,不可预见性就是创新的魅力所在。

既然创新不是计划的产物,那么作为基层管理者,我们能为班组的创新作些什么呢?美国管理学家艾伦·鲁宾逊在《企业创新力》一书中给了我们答案。他认为,虽然企业不能准确知道创新行为将来自哪里或者将会是什么,但是可以通过必要的措施增加创新行为发生的概率,这些措施包括团结、自发活动、非职务行为、处理意外事件的能力、多种激励因素和企业内部交流,这六个措施被鲁宾逊教授称为企业创新力的六个要素,以下我们来介绍这六个要素并思考在我们班组创新活动中如何把它们作为有效的管理手段。

1. 团结

团结就是"一致"。在企业或班组的环境中,团结就意味着组织中的每一个成员的目的都是和组织的目的相同的,他们的行为也是组织所期盼的,组织的氛围非常和谐。威廉·大内在《Z理论——美国企业如何迎接日本的挑战》中提到,日本企业成功的一个主要原因就是公司内部的"亲密性",管理者将家庭中才有的亲密关系引入到企业中来,形成一种"团结"的氛围。

但是,遗憾的是,大多数企业或班组都不太团结,这是因为很多不团结的企业也能生存甚至盈利,只要员工之间的紧张程度没有超过一定的界限,企业还是能够正常运转的;另外,团结很难把握,它需要长时间的文化熏陶,共同价值观的认可,相同行为的塑造才能获得,因此很多企业只是对团结的底线进行控制,而不去注重高质量的团队精神的塑造。这种团结程度不高的企业虽然会偶尔发生一些创新行为，但是持续的创新是不可能在这里发生的。第一，在不团结的班组或企业中，员工没有主动性，他们的目标不是统一在组织的目标之下的，各有各的心思，不愿为企业费尽心思提出合理化建议；第二，由于不团结，相互之间嫉贤妒能、关系紧张，也就不可能设置令人满意的创新奖励制度，无论物质上的还是精神上的；第三，缺乏协调配合，一些需要通力合作的创新项目无法实施。

企业的很多表现都和企业的团结密不可分，其中创新对团结是最敏感的，从某种程度上看，越团结的组织它的创新力越强。在团结的组织中，每个员工的目标和企业的愿景都是一致的，他们发自内心地愿意为企业做贡献，这就是创新的原动力。在这样的组织中，为了整体利益，员工会牺牲自己的利益，会约束自己的行为，会相互配合，这就是创新的协同力。当企业提出一个战略目标的时候（如降低成本），每个员工都会在自己的岗位上出谋划策，提出各种有效的合理化建议，形成创新的合力。

在建设创新型班组的过程中，班组长要抓好班组的团结，具体来讲可以在以下几个方面进行引导：首先要意识到团结的重要性，这是和创新、和谐、效率、安全都密切相关的，也是企业文化的要求，并且团结不是一日之功，需要长时间的磨合、熏陶、和解才能获得；第二，要消除不团结因素，不团结的因素可能是制度，可能是管理作风，还可能是员工的个人因素，作为一线管理者，要发现现象，找到原因并及时纠正；第三，要让每一个员工认同企业的价值观，理解企业的使命和战略目标，让自己的理想同化到企业的愿景中来；第四，要让每一个员工知道，为了实现组织的目标，自己的责任和义务是什么，在自己的岗位上能够为企业做什么。通过这些措施，员工就保持了一致性——共同奔向企业的目标。

思考题

1. 你认为你的班组中缺乏创新或很少创新与班组的团结有关吗？
2. 你能想出让你的班组更加团结的办法吗？

2. 激发员工的自我创新行为

企业不能够计划好未来的一切，很多创新行为都是企业始料未及的，它们都是员工的自发行为。大多数人的思想中都有创新的欲望，并且这种欲望像饥饿一样根深蒂固，是人的本能。在一些贯彻"以人为本"经营哲学的企业中，员工的环境比较宽松，自我创新的本能保存较好，企业会源源不断地涌现出创新观念。

　　班组长应该在班组中塑造一种氛围，让每一个员工都能够充分释放自己的创造灵感，实现自身的价值。班组长可以在以下几个方面入手：一是全员参与。每一个员工都有创新的天赋和能力，我们也无法预料谁会给出下一个创新观点，因此班组长不能顾此失彼有所偏向，应该建立一种人人都是最好的创新者的氛围。二是要简化参与创新的过程。有的企业将创新的制度制定的相当繁琐，需要层层申请、核准、审批，复杂的流程扼杀了创新的激情，班组长应该努力营造一种随时随地可以创新的机制。三是要把创新的结果落实到底。有些企业虽然鼓励创新，员工也提出了很多合理化的建议，但是这些建议提交上去后，都石沉大海，没有回音，这是对员工创新激情的最大破坏，当员工看到自己的建议不受重视后，他们不会再有创新欲望了。所以班组长必须要给员工的任何创新建议一个答复，哪怕这个建议被否定，也要告诉他被否定的理由。四是要坚持书面汇报。员工的合理化建议或创新方案要记录归档，这样做可以保留原创者，也可以让他更好的理清思路，还可以方便传递给其他人看。五是建立有效的鼓励机制。出乎很多人意料的是，经济奖励和创新力不成正比。有统计数据显示，最有创新力的企业是适度奖励的企业，重奖的企业并不一定有很强的创新力。班组长应该了解员工的需求，用一种合适的方式对员工的创新给予激励。

思考题

1. 你所在的班组成员是否有自我创新意识？为什么？
2. 你是怎样鼓励你的班组成员进行自我创新的？

3. 突破组织结构的限制

　　每一个员工都有一个固定的岗位，他在自己的岗位上工作，会对自己的岗位工作提出一些创新性的建议，但是有的时候他也会对别人的工作提出一些合理的建议，甚至是对企业之外的工作进行一些创新试验。这种创新行为也被叫做非职务行为。对于这种非职务行为，不同的文化有不同的对待方式，有的企业会认为是不务正业的行为，有的企业是睁一只眼闭一只眼，有的企业则给以支持。那么企业或者班组长应该如何来考虑这个问题呢？

　　首先，在倡导以人为本的组织中，应该满足员工的需求，既然员工有这个需求，企业就应该予以满足。当然，员工有自己的职责，他应该先保证能够完成自己的本职工作。其次，调查显示，企业的很多革新项目都是来自于非职务创新，企业在这方面的收益远远大于企业的付出，企业可以完全占有员工的创新成果；另外，企业的职务行为（也就是员工针对自己岗位的创新活动）总是有一定局限性的，这种局限性来自于员工的知识界限、视野和惯性，他们很难跳出自己的圈子来审视自己的工作，而一个局外人可能会看得更加清楚；最后非职务的行为占有企业相对少的资源，它可以作为企业正式创新项目的补充。因此，班组长应该支持班组成员的各种创新活动，企业应该倡导全员全方位的创新活动。

很多企业都对企业中非正式的创新活动表示了支持。东芝公司允许员工有15%的工作时间来进行非职务创新，惠普鼓励员工将工作时间的10%用于非职务创新活动，并且惠普还努力使这类研究者能够充分使用实验室和其他设备。当一项非职务创新活动取得一定进展后，有些企业会给予大力支持，把它变成正式的创新活动。

思考题

1. 你愿意从事非职务的创新活动吗？
2. 你支持你的下属进行非职务创新吗？

4. 处理意外事件的能力

很多伟大的创新都来自一些偶然的事件。爱迪生试用了6000多种材料，试验了7000多次，才意外发现用炭化棉线做灯丝可以延长灯泡的寿命。企业管理者应该高度重视意外事件的发生，以便从中获得创新。

德鲁克曾经把意外事件作为企业创新的七个来源之首详细加以分析，他认为意外事件包括三种情况：一是意外成功。它对企业最有好处，因为这种成功带来的创新成本是最低的、过程最简单，但是遗憾的是，企业往往忽视甚至拒绝这种创新，这是由于企业的管理者认为这种意外成功是和默认的规律相矛盾的，因而也是不可靠、不正常的。二是意外失败。和意外成功不同，意外失败不能被拒之门外，而且它会引起人们的高度注意，管理者往往要求进行深入地研究和分析，追究责任，但是，实际上它就是一个意外而已。三是外部环境的意外变化。一般来说，组织无法扭转外部环境的意外变化，但是优秀的组织应该充分利用这种变化带来的机遇，通过创新来提升自己的竞争力。

为了能够处理这三种意外事件，班组长可以采取以下方法：第一，提高对意外事件的意识，不能忽略任何一件意外事件，不管是成功的、失败的还是外部的，都要做出及时的反映。第二，增加一些成功的意外事件的发生，当事态进行到一定程度的时候，可以促使事件往成功方面发展，并且利用这个成功来创新。第三，用一种宽松的态度来对待意外失败，反过来看，意外失败可能是另外一种成功的征兆。

思考题

1. 你的班组中会遇到哪些意外事件？
2. 对于创新中的意外失败事件你们公司的企业文化是怎样处理的？

5. 多种激励因素

毫无疑问，适当的激励因素可以激发员工做出更多的创新行为，然而很多企业的激励因素都不是太有效，主要有两个原因：首先，对某个员工有效的激励因素，可能对别人无效。第二，激励因素可能和工作无关，员工受到了激励，他并不一定把激情用在工作或创新上。因此，企业为了创新，必须要实行有效的激励因素。

作为基层管理者，班组长最了解下属员工，他可以在激励因素的选择上提供好的建议。以下方法可以帮助班组长进行思考：① 一般来讲，最好的激励是工作本身，如果一个员工热爱自己的工作，他在自己的工作创新中找到了成就感，并以此作为实现人生理想的阶梯，这是最好的激励因素，这就需要培养员工的爱岗敬业精神。② 员工最知道自己的需求，知道哪些因素对自己的工作最有激励，班组长应该了解每个员工的特点，找到激励他们创新的办法。③ 让员工有选择地轮岗，员工在一个岗位上工作久了会感到疲劳，当他轮换岗位后，他可能会带着原来的工作经验和视角，在新的岗位上受到激励，带来一些变革的思想。④ 安排员工多与班组之外的相关人士接触，如和生产线上游或下游的其他班组的员工交流，如和顾客、供应商、经销商切磋，如参加培训、请教专家等，都可以激励员工的创新。⑤ 一些必要的物质和精神的奖励也是必不可少的激励因素，虽然它们更多起着保健功能。⑥ 班组长要为员工提供机会，让他们带着被激励出来的热情参与创新，这是很重要的一点，是持续创新的动力。

思考题

1. 对于你的班组成员来说，你认为最有效的激励因素是什么？

2. 你还可以想出其他激励因素来激励你的员工参与创新吗？

6. 内部沟通机制

组织中已经设计好的沟通渠道不一定能够满足关于创新的沟通的需要，正式沟通渠道的作用是有限的，企业中的创新行为大多未经计划，临时性、突发性的沟通在正式沟通渠道中可能无法进行。如果企业中的沟通仅仅局限于正式渠道的话，那就会阻碍创新信息的交流，能够激发创新的信息就无法碰撞出火花，创新发生的可能性就会减少。尤其在大型企业中，关于创新的信息量大，充分交流的可能性会更少。

为了能够保证创新信息的交流，企业的管理者可以在这几个方面促使交流的通畅：① 充分利用局域网，通过视频聊天等方式交流信息是最快捷、最有效、最经济的方式。② 给那些不能在一起交往的员工提供见面的机会，比如柯达就是通过技术展览会的形式，让员工知道企业中其他地方的创新行为，这样就把有共同兴趣的员工联系在一起。③ 确保每一个员工充分了解企业的资源和技能以及创新活动的进展，当他想要从事某个方面的创新项目的时候，他知道怎样在企业中获得帮助。④ 及时了解企业中的尽可能多的创新行为，分配相应的资源，给以支持帮助。

思考题

1. 你能认清你班组中的创新沟通渠道吗？
2. 如果你班组中的一个成员有个创新项目，你如何在信息的沟通上给予帮助？

案例7.1　以创新为目标的3M公司

"你今年的工作与去年相比有什么变化吗？"作为3M中国有限公司的人力资源部经理，齐敏在年终考核的时候通过问卷问每一个3M员工这个问题。别小看这个问题，对于已经在3M工作了34个年头的余俊雄而言，这个问题蕴涵着3M一百多年来创新战略的灵魂。在国际上，3M传奇般的注重创新的精神已使公司连续多年成为美国最受人羡慕的企业之一。创新的观念从员工进入3M的第一天就得领教，所有新加盟3M的员工，在头两个月内必须全面接受公司文化培训——创新理念是培训的核心。总经理来讲述3M创新的理念，成功的主管讲自己因创新成功的经历，各个主题传达的精神是一致的：坚持不懈、从失败中学习、好奇心、耐心、事必躬亲的管理风格、个人主观能动性、合作小组、发挥好主意的威力等。成功的创新英雄向新员工们证明：在3M宣传新思想、开创新产业是完全可能取得成功的，而如果你成功了，你就会得到承认和奖励，员工不仅可以自由表达自己的观点，而且能得到公司的鼓励和支持。

1. 15%原则

3M公司有名的"15%原则"就是允许每个技术人员在工作时间内可用15%的时间来"干私活"，即搞个人感兴趣的工作方案，不管这些方案是否直接有利于公司。一般的，当员工产生一个有希望的构思时，他可以直接与相关部门联系，看是否可以付诸实践。在一定的时候，3M公司会组织一个由该构思的开发者以及来自生产、销售、营销和法律部门的志愿者组成的风险小组，小组成员始终和产品待在一起直到它成功或失败，然后回到各自原先的岗位上。

与15%原则相对应的还有3M的组织结构，它是扁平化的公司组织结构。3M在美国的做法是：组织新事业开拓组或项目工作组，人员来自各个专业且全是自愿，"谁有新主意，他可以在公司任何一个分部求助资金，新产品搞出来了，不仅可以获得更多薪金的奖励，还包括晋升等"。3M的人力资源配置和薪酬设计体系都与鼓励员工创新相关联，并根据员工的创新发明情况随时调整。

15%是原则是创新的环境，而后通过正确的人员安置、定位和发展提高员工的个人能力。从人力资源发展的角度看，公司发展既是员工的责任，也是各级主管的责任，因此"对优秀的员工给予公平合理的奖励，个人表现按照客观标准进行衡量，并给予适当的承认与补偿。"

2. 逆向战略计划法

"成为世界上最具有创新力的公司"是任何一个3M员工时刻都可以听到的3M创新的宣言。3M对创新的基本解释很简单：新思想＋能够带来改进或利润的行动。

创新不是刻意得来的，3M的创新战略表明，当公司愈是刻意要创新时反而愈是不如其他公司。3M对创新战略的管理通过实施"逆向战略计划法"来保证创新能有效的为公司增长服务。值得一些制定创新战略的企业家们注意的是，3M并没有事先将重点放在一个特定的工业部门、市场或产品应用上，然后再开发已经成熟的相关技术。3M的做法正相反，是先从一个核心技术的分支开始，然后再为这种技术寻找可以应用的市场，从而开创出一种新的产品，是一种先有解决问题的办法后有问题的创新模式。3M在核心的技术总量上并不是特别多，很多创新和发明都是围绕既有的技术成果交叉展开的，3M的前首席执行官德西蒙曾经说过：创新给我们指示方向，而不是我们给创新指示方向。事实上，3M的做法是试图通过一种类似温室一样的、允许分支技术自己发展的公司文化来支持研究活动。

另外，3M又有三个管理策略来配合逆向战略计划法。根据3M技术部人员的亲身体验，"弹性目标"是第一个原则，它是培养创新的一种管理工具，方法就是制定雄心勃勃的但要切合实际的目标。据称，3M公司制定的目标数量并不多，但有一个目标就是专门用于加大创新步伐的——每年销售额中至少应该有30%来自于过去4年中所发明的产品。

"视而不见原则"是第二个管理原则。3M公司的管理人员都有一定的容忍能力，因为即使你想要取消明显是不切实际的研究计划，你也要必须慎重，"如果要拒绝，我们一定要充分思考，并给出充分的理由"。

第三是"授权原则"，在具体的创新操作过程中，授权是在员工已做好创新的思想准备之后让他们开始工作，但创新主要还是靠他们自身的动力。当他们在发明创造时，公司就及时给予帮助。

案例分析

"他山之石，可以攻玉。"3M给我们提供了一种和我们完全不同的创新理念和机制，对我们开拓思路很有帮助。

思考题

1. 你是怎样帮助你班组里有创意的员工进行创新的？
2. "逆向战略计划法"在你班组中可以实现吗？

本章重点提示

1. 创新是企业发展的动力，也是班组管理的一个重要环节。

2. 创新的内容包括思维创新、产品创新、技术创新、组织与制度创新、管理创新、营销创新和文化创新，其中许多项目都是在班组展开的。

3. 创新的基础是经营理念和工作理念的转变，每个员工应该用新的思维方式来改变自己。

4. 班组长不仅要改变阻碍班组创新的因素，还要培育班组创新的机制。

1. 你的企业管理机制和班组管理机制支持一般员工的创新活动吗？
2. 你的班组中可以实现哪几种创新活动？

学习型班组建设

---● 学 习 目 标 ●---

通过本章学习，你可以：

- 了解学习型组织的基本概念；
- 知道学习型组织的特征；
- 初步掌握学习型组织的五项修炼；
- 了解学习型班组建设的基本方法。

第一节　学习型组织的兴起与发展

　　1965 年麻省理工大学史隆管理学院的佛睿斯特教授写了一篇题为"一种新型的公司设计"的文章，由于佛睿斯特是系统动力学的创始人，因而这篇文章是他用系统动力学的原理研究组织结构的结果，他非常具体地构想出未来企业的组织形态，这种形态应该是一种层次扁平化、组织咨讯化、系统开放化、企业人员逐渐由从属关系转向工作伙伴关系、不断学习、不断重新调整结构关系的形态。佛睿斯特认为："人类面临的真正重大问题，是没有能力理解和掌握人类自己的种种复杂系统"，而"盲目的技术进步加剧并造成了更大的复杂性，我们处于失控状态，行驶在一条没有任何光明的黑道上，而绝大多数的技术进步是让行驶速度越来越快。"在他看来，我们人类当前所面临的不是一个简单的、个别的、局部原因造成的危机，而是复杂的、全面的"系统危机"——这是由技术、经济、文化、政治和社会诸因素造成的危机。

　　彼得·圣吉于 1970 年在斯坦福大学完成航空及太空工程学士学位后，进入麻省理工史隆管理学院读研究生，他被佛睿思特教授的管理新理念所震撼，由此专攻管理学方面的研究。作为佛睿斯特的学生，彼得·圣吉除了进一步融入更多整体动态搭配的细节性的技术外，还将一些新的创造性管理技术结合起来，发展出一种新型的组织概念，在其中人们得以由工作而活出生命的意义，组建实现共同愿望的"学习型组织"。彼得·圣吉和他的工作伙伴们对数千家企业进行研究，并对一批企业作了辅导，积累了不少成功的案例。通过吸收东西方管理文化的精髓，结合他们的实际研究成果，彼得·圣吉提出了以五项修炼为基础的学习型组织理论。他将研究成果写成《第五项修炼——学习型组织的艺术与实务》一书，该书于1992年荣获世界企业学会最高荣誉的开拓者奖，以表彰其开拓管理新典范的卓越贡献。美国商业周刊也于同年推崇他为当代最杰出的新管理大师之一。

十多年来，圣吉博士的理论得到了全球学术界和企业界的高度赞誉。三分之一的全球财富500强企业——其中包括微软、福特、杜邦、英特尔、苹果电脑、联邦快递等世界一流企业，纷纷将该理论引入到管理实践中来，建立学习型组织。初步统计，美国排名前25名的企业，已有20家都已经应用圣吉博士的管理方法和工具，着手建立学习型组织。

1994年《第五项修炼》中文版在国内出版发行，很快在各方推动下引发热潮，无论是政府、学术界、企业界还是传媒，都对它给予了足够多的关注。十多年来，我国创建学习型组织的热潮方兴未艾，尤其是2002年十六大把"形成全民学习、终身学习的学习型社会"写入报告，其后全国各地掀起了一股创建学习型组织的热潮，涌现出了一批有特色、有影响力的典型实践。2003年底，由全国总工会、中央文明办等九部委联合发起的"创建学习型组织，争做知识型职工"活动，使学习型组织的实践在中国又一次获得快速发展的契机。2004年9月全国创争活动领导小组授予上海宝钢集团等23家单位、青岛前湾集装箱码头有限公司桥吊队等3个班组"全国创建学习型组织，争做知识型职工活动"示范单位、示范班组荣誉称号。学习型组织正在全国各地、各行各业中遍地开花，蓬勃兴起。

思考题

1. 你所在公司是否开始提倡学习型组织？是如何实施的？
2. 你是怎样理解学习型组织的？

第二节 学习型组织的概念

一、学习型组织的内涵

关于"学习型组织"的定义众说纷纭。管理学家罗宾斯对学习型组织是如下定义的：学习型组织就是在发展中形成了持续的适应能力和变革能力的组织。学习型组织实践大师普里姆·库马先生认为：学习型组织是能够不断加强个体和团体的能力来创造他们最渴望的绩效的组织。还有的专家说：学习型组织是指通过培养整个组织的学习气氛，充分发挥员工的创造性思维能力而建立起来的一种有机的、高度柔性的、扁平的、符合人性的、能持续发展的组织，这种组织具有持续学习的能力，具有高于个人绩效总和的综合绩效。

彼得·圣吉在《第五项修炼》中对学习型组织作了明确的解释，他认为，学习型组织是这样一个组织，"在其中，大家得以不断突破自己的能力上限，创造真心向往的结果，培养全新、前瞻而又开阔的思考方式，全力实现共同的抱负，以及不断共同学习"。

然而遗憾的是，在理解和建设学习型组织的时候，很多人误解了学习型组织的含义，主要有以下几种形式的错误倾向：

（1）"望文生义"，凭字面理解。把学习型组织简单理解为加强对员工的教育与培训。实际上，员工的培训只是其中的一个组成部分。

（2）与企业的经营管理脱节，看成是某个部门如工会、党委的工作。殊不知，学习型班组需要自上而下全员参与。

（3）把学习型组织的建设形式化、运动化，甚至作为一项政治任务。其实学习型组织建设是让员工满意并且提高经营绩效的一种有效经营管理活动。

（4）认为学习型组织仅仅是一种思想意识。实际上，学习型组织就是一种有效的组织形式，在近二十多年的实践发展中，研究者已经开发出了一系列实用、有效的应用指南、工具与方法。

（5）由于学习型组织来源于《第五项修炼》，因而很多人把两者等同。其实"学习型组织建设"本身也是学习的，在其后的理论实践中发展出很多更优秀的研究成果，"第五项修炼"是该理论的奠基之作，是其中一个典型代表。

有一个通俗的说法可以帮助我们理解学习型组织：学习型组织不只是一群人在一起读书的读书会；不只是做教育训练；不是个人学习的总和。学习型组织是会学习的组织；会生产知识、分享知识的组织；是持续一起学习、成长的组织；能持续不断学习与改变的组织；能适应环境变动的组织；不断扩张能力的组织；能创造的组织。

二、学习型班组建设的意义

学习型组织的适用范围可大可小，大可至学习型国家、学习型社会，小可至学习型个人、学习型员工，作为企业的组织细胞——班组，引入学习型组织的概念和方法，建设学习型班组，对各个方面都大有好处。班组不应该是以员工作为构件的、由钢筋水泥堆积起来的冰冷建筑，它应该是一个和谐的生态环境；不是员工争夺名利的角斗场，应该是员工实现人生理想的起跑线或归宿。

（1）是落实企业文化的有力工具。像创新、以人为本等企业的价值观和理念在班组中如何落实呢？学习型班组的建设给了一个具体的实施方案、一个有效的操作工具，企业文化在班组这个层面上落实的具体体现就是建设学习型班组。

（2）帮助每一个员工实现人生价值。员工与企业不再是交易的关系了，知识经济时代的员工都是有理想的员工，都期望找到实现自我价值的平台。学习型班组的真谛就在于用共同的愿景激活每一个员工的生命热情，让共同的愿景引领每个员工的人生目标，让每个员工活出生命的意义。

（3）有利于建设和谐班组。学习型班组就是要让班组成员之间相互学习，互相帮助，克服沟通障碍，相互尊重，奔向共同的目标，这样的班组能不和谐吗？何况学习型班组要求柔性的管理模式，用自觉代替惩罚，用主动取代鞭策，在这种班组中的员工能没有良好的心态吗？

（4）提升班组的创新精神和工作能力。世界在飞速的变化，企业的竞争取决于企业的学习速度，个人的工作能力和创新精神也是和自己的学习速度密不可分的，很多企业由于它的学习速度慢于市场变化的速度而遭淘汰，员工也是一样，只有学习型的员工才能跟上时代的变化和技术的进步。员工的学习能力一定会给班组的工作能力和创新精神带来深刻的影响。

学习型班组的建立不是企业的目的，而是企业发展的手段。建设学习型班组，就能真正将文化落到实处，就能实现企业的相关利益者共赢的局面。

思考题

1. 建设学习型班组对你的班组有什么好处？
2. 你如果是学习型员工，对你的班组会有什么益处？

第三节 学习型组织的特征

一、学习力是组织发展的源动力

所谓学习力就是一个人学习动力、学习能力、学习毅力和终身学习习惯的总和。一个人是否是企业的可用之才，很大程度上取决于他的学习力。作为学习型班组的成员，每个员工首先应该有自己的人生目标，无论这个目标是什么，他都可以通过学习提高工作能力、创造成果来逐步实现，他学习的动力来自于他自身愿景的感召。当然，他只有学习的动力是不够的，他还需要能够利用各种资源、方法、途径，有效地接受新知识并能够应用到生产实践中去，这就是他的学习能力。在学习创造的过程中，会遇到各种困难、挫折，这就需要用自己的毅力来克服，战胜困难，不断超越。同时技术在不断更新，知识在不断发展，员工所具有的技能如果不跟上时代的步伐，很快就会被淘汰，因此员工要养成终身学习的习惯。一个人只有具备了学习动力、学习能力、学习毅力和终身学习习惯，他才是个有学习力的员工。

学习型班组的建设，除了要培养每个员工的学习力外，还要培养班组的学习力，就是在共同愿景的指引下，建立一个有效的机制，把班组培育成一个有动力、有能力、持久学习的整体。当代社会科技发展日新月异，知识总量的翻番周期愈来愈短，从过去的100年、50年、20年缩短到现在的5年、3年。有人预言：人类现有知识到本世纪末只占当时知识总量的5%，其余95%现在还未创造出来。企业所面临的环境千变万化，作为企业的有机细胞，如果不进行"吐纳"，它怎么能够存活呢？企业怎么发展呢？

一些管理学家将企业竞争的本质归结到学习力的竞争。因为一个企业制胜的决定性因素是市场，市场由产品和服务决定，产品由技术决定，技术由人才决定，人才则由学习力决定，基于这一逻辑关系，只有一个由具有学习力的员工、具有学习力的班组组成的具有学习力的企业，才能在风云变幻的市场中长盛不衰。因此，班组长理应强化学习理念，提高班组的学习力。他应该坚持这些原则：一是督促班组员工和自己不断提高学习力；二是以最快速度，最短时间从内外资源中学到新知识，获得新信息；三是加强"班组整体学习"，集思广益，取得最大成效；四是以最快速度、最短时间把学习到的新知识、新信息应用于企业变革与创新，以适应市场和客户的需要。

思考题

1. 你怎样看待学习力就是竞争力之一的说法？
2. 你还有什么办法可以提高你班组的学习力？

二、学习，活出人生的价值

一个组织只有让员工在这里找到人生的目标，实现人生的价值，这个组织才是真正的学习型组织。学习型组织理论强调，必须充分让员工活出生命价值，在考虑企业发展的同时，也要考虑员工的发展。很多企业过去只考虑企业的利益，不考虑员工的利益，现在这样的企业已经越来越少了。同样，作为企业的员工，如果只注意自身的发展，不注重集体的发展，不考虑自己如何为企业做贡献，那么他也不会获得成功。

在管理实践发展的过程中，对于人性的认识经历了5个阶段，存在着5种对人性的假设。在学习型组织理论建立前，有4种假设，即泰勒的"经济人"、梅奥的"社会人"、马斯洛的"自我实现的人"以及威廉·大内的"复杂人"。这些学者对人性的认识由表及里，由浅入深，逐步得出以下对人性的假设：① 人的需要由低级向高级发展。低级需要满足后，便追求更高级的需要，自我实现是人的最高级需要；② 人们因工作而变得成熟，有独立自主的倾向；③ 个人的目标与组织的目标没有根本的冲突，有机会的话，他会自动地把个人目标与组织目标统一起来。

彼得·圣吉在他的论著中，虽然没有提出对人性的假设，但学习型组织理论所提出的人生观、价值观、工作观却处处涉及人之本性。与前四种人性假设不同的是，彼得·圣吉独创性地提出了一种全新的人性——"学习型的人"。这种"学习型的人"早已超越了为谋食而生存的阶段，他们的人生旗帜上鲜明地写着几个大字："活出生命的意义！"，他们是真正的大写的人。而彼得·圣吉所希望建立的学习型组织，与传统组织最大的不同，就是能够最大限度地挖掘人的潜能，弘扬人的本性，使人活出生命的意义。正如彼得·圣吉所指出的那样："在其中，人们胸怀大志，心手相连，相互反省求真，脚踏实地，勇于挑战极限及过去的成功模式，不为眼前近利所诱，同时以令成员振奋的远大共同愿景，以及与整体动能搭配的政策与行动，充分发挥生命的潜能，创造超乎寻常的成果，从而由真正的学习中体会工作的真意，追求心里的成长与自我实现，并于周围的世界产生一体感"。也正如彼得·圣吉本人在阐述学习型组织的真谛时指

169

出的那样："真正的学习,涉及人之所以为人这一意义的核心。通过学习,我们重新创造自我;通过学习,我们能够做到从未能做到的事情,重新认知这个世界及我们与它的关系,以及扩展创造未来的能量……让大家在组织内由工作中活出生命的意义"。

案例8.1 "活出生命的意义" ——江淮汽车学习型组织建设经验

对于进行了 10 年学习型组织建设实践的江淮来说,什么是它心目中完美的学习型组织呢?"世界上没有完美的学习型组织,只有最接近学习型组织的企业。"左延安说,"江淮只能不断地靠近,不断地完善。"而对于一个不断趋于完美的过程来说,最大的障碍是什么?"是对新成员、新事业的培训。"康易成坦言,"如何让新鲜血液融入江淮文化,让学习型组织建设稳定持续地发挥作用,是我们面临的挑战。"

2002 年,现在的江淮专用车公司加入到江淮,作为一个濒临倒闭的企业,刚刚进入江淮的大家庭,新团队在文化上有些格格不入。"我跟左总举例,江淮已经上高速公路了,已经跑到 120 迈,但我这个团队一下子被带上高速,那一定是头昏眼花。"专用车董事长朱德训说。

此时恰逢彼得·圣吉团队到江淮考察,对江淮提出了将企业愿景分解到个人的建议,这让江淮眼前一亮,同时让左延安对如何带动新团队有了想法。于是 2002 年,愿景分解的试点工作在专用车公司展开。"将企业愿景层层分解到基层,最终落实到个人,是我们从 2002 年做学习型组织创建'落地'的一个重要举措。"特种车公司机关支部的部长潘孝柱说,"最主要的一个目的,是让愿景成为服务企业,成就自我的原动力。""于是我们就制定了企业的当年愿景和 3 年愿景,然后层层分解:为了达到这个共同的目标,每个部门要做什么?为了这个部门的目标每个班组要做什么……以此类推到个人,让每个人都有一个愿景。"潘孝柱说。在自上而下分解的同时,自下而上的工作随即展开。当愿景分解到个人的时候,重要的一步是进行评估——这个愿景是否跟个人情况、本职工作相结合,随后跟踪考核。

为了巩固个人愿景对员工的激励,专用车公司推出了"一句话愿景"活动。记者看到,在干事张爽的桌子上放着这样一个牌子:"现在跟着别人干,半年试着自己干,一年我带别人干"。"这是我的一句话愿景,这个牌子仿佛一面镜子,让我时刻检视自己的工作。"张爽说。"不觉得有压力吗?"记者问。"有压力才有动力啊!"刚刚 24 岁的张爽笑着回答,"我更愿意把这种愿景看成个人价值的实现。"

愿景分解到个人，目的就是要让大家知道：在公司众多的重点工作中，自己能围绕企业目标做哪些事情。很多企业有很好的战略，却不能很好地实施，就在于它总是浮在口号里，而不能真正明确进入并指导员工的言行。而江淮的愿景分解工作，无疑真正让战略的实现切实分担到了每个员工的身上。

"团队学习跟个人修养还不太一样，它更强调个人跟组织的进步相结合。大家在一起，是为了达到共同的组织目标，而在一起共同学习。"左延安说，"彼得·圣吉的理论中，有一个重要的观点，就是：让组织中的每个成员，都能活出生命的意义。"学习型组织希望所有的员工都知道：工作不仅仅是为了赚取生活费，还能实现自我的人生价值。记者在采访时随机问到一个正在生产线上工作的工人："你为什么在这里工作？""因为在这里让我感到快乐。"他说。

（摘自《中外管理》，作者李源、杨沛霆等）

案例分析

利用愿景倒推法将每一个员工的个人目标和企业的愿景紧密结合，让每个员工找到人生的价值。

思考题

1. 你们班组员工的人生目标和企业的目标一致吗？怎样才能一致？
2. 你认为快乐工作很重要吗？

三、工作学习化，学习工作化

传统的模式是将工作和学习分开的，先学习后工作，知识不够再去学习。这样做，对于个人来讲妨碍个人理想的实现，对于组织来讲则影响经营绩效的提高。学习型组织倡导将工作和学习紧密联系起来，把工作和学习融为一体，也就是工作学习化，学习工作化。

学习工作化，就是将学习看成是一项必要的工作，每天不断地学习，培养出即时学习、全程学习、终身学习的习惯。学习的内容都是围绕着工作而进行的。在学习型组织中，员工不再是简单的劳动工具，他每天要做的事情有三件：生产、学习和创造。

工作学习化，就是把工作的过程看作是学习的过程，无论是员工、班组还是企业都要在工作的过程中提高自己。在工作中碰到困难的时候，有的员工会

171

把它看成是一次提高自己的学习机会，在工作中通过学习来改进自己，通过解决难题来实现自我的价值；相反，有的员工知难而退，放弃了这次学习的机会，长此以往，他就无法提高自己，离自己的愿景越走越远。

工作和学习是一体的，围绕工作进行的学习可以采取四种形式：一是吸收，就是积极吸收与工作密切相关的新的先进的知识、技术、信息和管理理论，以此来不断提升企业和员工的管理和技术水平。杰克·韦尔奇曾说过这样一段话："很多年前，丰田公司教我们学会了资产管理；摩托罗拉和联信推动了我们学习六个西格玛；思科帮助我们学会了数字化。这样，世界上的商业精华和管理才智就都在我们手中，而且，面对未来我们也要这样不断追寻世界上最新最好的东西，为我所用。"二是反思。反思的核心是系统思考，就是在整体上对企业运作全过程的每一个环节、每一道工序进行主动思索，就是每一个员工对工作现状和出现的问题进行主动思索，以不断提高企业运行质量。一个善于反思的人，一定会成为一个成功的人；一个肯于反思的企业，必定会是一个不断进步的企业。反思要求我们养成一种边工作、边思考、边总结、边提高的习惯，学会及时发现问题，及时进行总结，及时提出对策。三是互动，就是在企业的上下之间、班组部门内外等多层面上形成一种良好的沟通、交流氛围，形成一种人人参与、相互推动、有组织而又无边界的局面。互动就是团队中的互相学习、相互交流，对问题的互相追根究底，其本质是人的智慧的碰撞和积聚。每一个班组、车间、部门都建成小的互动的学习型团队，企业就成为了一个大的互动的学习型团队。在不断的学习、思考中，使企业的智慧发挥到最大程度。四是共享，就是在企业内做到知识、技术和经营的共同使用。对生产实践过程中的学习和学习心得共享，是形成企业核心竞争能力的最有效的途径。实现共享，需要应用好吸收、反思、互动的成果，需要尽快地引入"知识管理"的理论和方法，实现把大量有用而又分散的知识"格式"化，把最恰当的知识在最恰当的时间传递给最恰当的人。

思考题

1. 你在工作中能够学到什么？是否有助于实现人生目标？
2. 为了使工作更加有效，你近期有何学习打算？

四、创新是企业发展的生命力

学习型组织建设的内在逻辑结构是学习—潜能—创新—变革—绩效—发展，

就是通过员工学习和组织学习来挖掘员工和企业的潜能，通过创新和变革来提高企业的经营绩效，最后员工实现价值，企业得到发展，因此企业的创新和学习型组织是必然的联盟，创新是学习型组织的一个重要的构件。对处在学习型组织中的员工来讲，学习就是工作的组成部分，他们通过持续学习、快速学习、即时学习来不断更新知识，为企业的发展提供创新的理念，提升企业的竞争力。组织学习是学习型组织的一个重要特征，柔性管理、扁平结构、项目管理、并行工程等都是学习型组织采取的措施。通过有效地学习，学习型组织能对动态和复杂的外部环境作出有效反应，它实际上是一个具有不断适应与变革能力的组织。

在学习型组织中，通过提高员工的专业技能和机制结构，实现企业的技术创新。学习型组织还可以保障企业的管理创新，主要体现在以下几个方面：

（1）理念创新。学习型组织和以前的组织是完全不同的，它的核心理念就是学习，包括终身学习、学习与工作、组织学习、系统理念、学习与人生价值等；学习型组织注重社会责任和全面发展，改变了力求单项指标（如产量、市场）的传统管理理念。

（2）管理结构创新。在现代企业中，管理组织由工作型向学习型转化，也就是由直线职能的刚性结构转向扁平的柔性结构。传统的垂直管理力求于"管"和"命令"，而学习型组织力求"合"（合作与协和）和"主动自觉"。知识经济时代组织运行属于学习型，也唯有学习型组织才能在市场经济的竞争中脱颖而出。

（3）人才管理创新。企业之间竞争，实质上是人才之间的竞争，企业如何留住人才、管好人才、用好人才、充分发挥人才资源优势，是人才管理的主要内容。学习型组织提供了一套完美的方法：通过建立共同愿景、共同学习、学习工作一体化来实现美好的人生理想，建立凝聚力和创新力有效结合的机制。

（4）生产管理创新。在知识经济时代，智能将在生产的各个领域代替人工劳动，直接在车间从事生产的工人将逐步为机器所取代。学习型组织通过积极的知识共享和组织创新，使员工参加到生产管理的共同决策中，企业将形成一种更加有效的生产和作业管理制度。生产与作业管理的创新，可以极大地提高企业的生产效率。

（5）文化创新。文化是组织的黏合剂。一个学习型组织的文化应该具有这样性质：支持并奖励学习和创新；提倡探索、切磋、冒险和试验；允许犯错，并将错误视为学习的良机；关注全体员工的福利。一种信任和开放的组织文化鼓励员工对于现有模式提出怀疑和挑战。学习型组织就是一个自由、开放、便于信息交流和知识传播的系统。

1. 怎样在你的班组中做好学习与创新的有机结合？
2. 对于班组中的人才，你是如何利用学习的理念对他进行激励的？

第四节　学习型组织的五项修炼

彼得·圣吉在《第五项修炼》中指出，建设学习型组织的关键就是组织和员工汇聚五项技能，也就是五项修炼，即自我超越、建立共同愿景、改善心智模式、团队学习、系统思考。

一、自我超越

1. 自我超越的含义

自我超越的修炼是学习型组织的精神基础。彼得·圣吉在《第五项修炼》一书中说，"自我超越就是突破极限的自我实现。……自我超越是以我们真心向往的事为起点，在使我们为自己的最高愿望而活着的同时，不断弄清与加深我们的个人愿景，集中我们的力量，发展耐性，坚持、坚持、再坚持，通过激发保持创造性张力，克服情绪性压力，从而平衡愿景与现实间的差距，客观看待现实的一种学习修炼。"

"自我超越"一词，强调的是自我，这个自我包括员工自己，也包括组织。对于个人来讲，他首先要弄清楚到底什么是最重要的，也就是要找到自己的愿景，其次要审视目前的实际情况，发现愿景和现实的差距，最后他要通过自己的努力实践来补缺愿景和现实的差距。当然这三个步骤都是动态的，要根据实际情况进行调整。对于班组或组织来说，实现自我超越也基本上是这三个步骤。

彼得·圣吉对自我超越给予了特别的青睐。他说："精熟自我超越的人，能够不断实现他们内心深处最想实现的愿望，他们对生命的态度就如同艺术家对待艺术品一样，全心投入、不断创造和超越，是一种真正的终身学习"。

2. 个人自我超越的修炼

自我超越不是超越自我，后者只是达到的一种结果，而自我超越是一种修炼，不是一般意义上的成长，它是一种有选择和有目的的生命体验，是一种对过程的享受。"一种通过实际应用来验证的一系列练习"，对未来愿景的真心渴望是修炼的内在动力。彼得·圣吉提出了一系列方法来帮助个人实现自我超越：

（1）建立个人愿景：一种期望的未来景象或愿望。

（2）保持创造性张力：愿景与现实的差距，是创造力的源泉。

（3）看清结构性冲突：愿景和现实的差距带给人们心理影响，这就要看人性的意志力能否战胜阻力。

（4）诚实地面对真相：要义是根除看清真实状况的障碍。

（5）运用潜意识：使内心真正关注的目标清晰地展现在人们的脑海中。

3. 组织自我超越的修炼

在学习型组织中，不仅员工要通过建立愿景来实现自我超越，组织本身也要建立自我超越，企业的自我超越要做到以下几点：

（1）明确企业的社会责任。企业不仅是盈利的组织，还要负担自己的社会责任，只有这样的企业才是有远大目标的企业，才是有发展潜力的企业。

（2）为员工建立实现其理想的平台。企业的成功必须要有优秀的员工队伍，员工自身价值的实现必须要有企业为他提供机会，这是一种双赢的机制。

（3）向极限挑战。企业要建立高绩效的管理机制，要不断创新，不断发展壮大自己，不断为社会创造财富，为人类创造价值。

思考题

1. 你应该如何进行自我超越？

2. 你的班组如何进行自我超越？

二、改善心智模式

1. 心智模式的含义

心智模式是指那些扎根于人们心中或者组织的管理机制中，影响人们如何看待问题以及怎样采取行动的假设、成见和印象的总和，是人们思维方法、思维习惯、思维风格和心理素质的反映。对于个人来讲，心智模式的形成受他所经历的环境、人的性格，人的智商、情商和逆境商的影响，并且是经历漫长的过程形成的。对于组织来讲，心智模式的特点则和企业的发展历程、创始人特质等相关。

心智模式的重要性不仅在于它影响人们的思考和决策，更重要的是，它还影响着人们的行动和执行。比如一个公认好的战略在执行过程中会遇到越来越多的阻力，只是因为在理性上人们赞同，但在执行过程中，一些人们心目中潜在的、固执的、习惯的心智模式就会战胜理智，起到抵制作用。所以，为了产生正确的决策和有效的执行，需要了解心智模式的具体内容，抛弃其中的错误，强化其中的优势，补足其中的不足，从而建立起完善的心智模式。

不管是个人还是企业，其心智模式都有一些共同的特点：

（1）根深蒂固。心智模式的形成非一日之功，它的影响力巨大且不易消除。

（2）潜在隐秘。心智模式是一种习惯，人们思考问题时，会不自觉地受其影响。

（3）好坏参差。心智模式中有优秀成分，也有不利因素，作为学习型组织或其中的员工应该审视自己，扬长避短，完善心智模式。

2. 怎样改善心智模式

改善心智模式可以采用以下的方法：

（1）学会首先把镜子转向自己。中华传统文化中就有自省的美德，曾子曰："吾日三省吾身，为人谋而不忠乎？与朋友交而不信乎？传而不习乎？"这就是不断改善自己心智模式的写照。每当遇到问题时，不要首先把责任推给别人，而是应该看看自己心智模式有哪些不妥的地方，要及时修正，逐渐提高。当企业遇到困难时，企业的管理者要多考虑自己的能力和企业的管理机制，不要总归因于外部环境。

（2）学会有效地表达自己的想法。有句古话，"当事者迷，旁观者清。"其实，你的同事也是你的镜子，并且是你的一面更好的镜子，它能更加清楚地发现你心智模式中的优劣成分。因此，如果你能够清楚地表达自己，同事就能很好地理解你，并且能看到你的心智模式，可以给你提出更加有效的建议。

（3）必须学会开放心灵，容纳别人的想法。固步自封的人始终陶醉于自己的想象之中，他们不了解外部世界的变化，紧锁自己的思维模式，长此以往就将自己淘汰掉了。只有开放自己心灵的人，他才能够接受新思想、容纳别人的观点，调整自己的心智模式以适应环境的变化。作为一个企业也是同样的道理，要不断刷新企业的管理理念，革新管理模式。

案例 8.2　汉诺瓦公司的 "改善心智模式的指导原则"

彼得·圣吉在《第五项修炼》中讲述了汉诺瓦公司在改善心智模式方面的一些实践，并取得了很大成功，如平均净报酬率，1985～1989 年汉诺瓦为19.8%，业界为 15.9%；销售成长率，汉诺瓦为 21.8%，业界为 15%。该公司1988 年年报中有一篇短文《学习与竞争力的关系》，宣布公司 "不论情况好坏，都在教育上投资" 的决心，现在已经有了源源不绝的收获。汉诺瓦拟订一套改善心智模式的指导原则，这些原则目的在于制定询问的优先顺序、促进观点的多元化，强调在所有的组织层次改善心智模式的重要性。以下是汉诺瓦的心智模式信条：

（1）领导者经由不断改善本身的心智模式，可提升管理的能力。

（2）不要把自己所偏好的心智模式强加在人们身上。应由人们自己的心智模式来决定如何做，才能够发挥最大的效果。

（3）员工对于依自己的看法所做的决定有更深的信念，执行也较有成效。

（4）拥有较佳的心智模式，较易顺应环境的改变。

（5）内部董事会成员很少需要直接作决定。他们的角色是透过检验或增益总经理心智模式来帮助总经理。

（6）多样化的心智模式造成多样化的观点。

（7）群体所能引发的动力和累积的知识高于个人。

（8）不刻意追求群体成员之间看法一致。

（9）如果过程发挥预期效用，会产生意见调和一致的效果。

（10）领导者的价值是以他们对别人心智模式的贡献来衡量的。

思考题

1. 在处理某个问题的时候，你能很快了解到员工语言背后的心智模式吗？

2. 你有办法来完善你的心智模式吗？你能帮助其他员工来改善他的心智模式吗？

三、建立共同愿景

前面我们学习了五项修炼中的前两项：自我超越和改善心智模式。自我超越是让每一个员工认清个人愿景，并努力实现；改善心智模式则让我们用一种开放的心态来改变自己的思维定式，学会宽容。在此基础上，我们可以开始第三项修炼，即建立共同愿景。

1. 共同愿景的含义

亨利·福特在一百年前曾经说过一句话，"使每一个家庭都拥有一辆汽车。"这个愿景引领着他和他的员工走向实现梦想的道路，在这条路上，企业越走越发展壮大；在这条路上，越来越多的员工实现了自我的价值。这就是他和他企业员工的共同愿景。

彼得·圣吉在《第五项修炼》中对共同愿景作了这样的描述：共同愿景最

班组文化建设

177

第八章 学习型班组建设

简单的说法是"我们想要创造什么?"正如个人愿景是人们心中或脑海中所持有的意象或景象,共同愿景也是组织中全体成员所共同持有的意象或景象,它创造出众人是一体的感觉,并遍布到组织全面的活动,而使各种不同的活动融汇起来。

如果你我只是在心中个别持有相同的愿景,但彼此却不曾真诚地分享过对方的愿景,这并不算共同愿景。当人们真正共有愿景时,这个共同的愿景会紧紧地将他们结合起来。个人愿景的力量源自个人对愿景的深切关注,而共同愿景的力量是源自共同的关注。事实上,我们逐渐相信,人们寻求建立共同愿景的理由之一,就是他们内心渴望能够归属于一项重要的任务、事业或使命。

2. 建立共同愿景对企业的意义

一个共同的愿景,不仅是对未来的一个美好的描述,它在各个方面对企业的经营都起到促进作用。

(1)共同愿景可以唤起人们的一种希望,一种精神,它使工作不再是简单的劳动,它给工作赋予了深刻的意义。

(2)共同愿景改变成员与组织间的关系,它使互不相识的人走到一起工作,产生一体感,至少在精神上,公司不再是"他们的公司",而是"我们的公司"。

(3)共同愿景具有强大的驱动力,它会激发出巨大的勇气,去做任何为实现愿景所必须做的事;它还可以形成一种合力,是向着同一个目标发出的同心同德的力量。

(4)共同愿景是一种黏合剂,可以有效协调各经营单位之间的关系,它使每一个员工、每一个班组、每一个科室的愿景和公司的愿景、集团的愿景协调一致,减少冲突。

3. 建立共同愿景的修炼

为了让企业能够建起立真正意义上的共同愿景,彼得·圣吉给出了一些建设性的建议:

(1)鼓励个人愿景。有意建立共同愿景的组织,必须持续不断地鼓励成员发展自己的个人愿景。如果人们没有自己的愿景,他们所能做的就仅仅是附和别人的愿景,结果只是顺从,决不是发自内心的意愿;个人愿景通常包括对家庭、组织、社区、甚至对全世界的关注,根植于个人的价值观、关切与热望中;具有愿景意识的领导者可以通过鼓励下属,让员工们一起分享他的愿景。

(2)塑造共同愿景。共同愿景是从个人愿景汇聚而成,借着汇集个人愿景、共同愿景获得能量和培养行愿。共同愿景能产生远高于个人愿景所能产生的创造性张力,正是因为体会过创造性张力的力量,他们深信有能力创造自己的未来。当有更多人分享共同愿景时，愿景本身虽不会发生根本的改变，但是愿景变得更加生动、更加真实，因而人们能够真正在心中想象愿景逐渐实现的景象。从此他们成为"共同创造者"，人们不会再说"我的愿景"，而是说"我们的愿景"。

（3）不要强加。在传统的直线职能制组织里，没有人怀疑过愿景应来自高层。在这样的组织中，通常指引公司的宏伟蓝图是没有被大家分享的，每一个人只是听命行事，以便能够完成他们的任务，来支持组织的愿景。这种愿景可能结合对竞争者、市场定位，与组织优弱势等项目的广泛分析，这种愿景忽略了员工的个人愿景，它仅是一、二高层管理者的个人愿望，无法引起全体员工的共鸣，结果常令人感到失望。

（4）不是单一问题的解答。愿景不是问题的解答，如果它仅被当成问题的解答，一旦士气低落或策略方向模糊不清的问题解决以后，愿景背后的动力也会跟着消逝。领导者必须把建立共同愿景当成工作的中心要素，是持续进行、永无止境的工作。它是企业最重要的经营理念。并不是说愿景不能从高层发散出来，有时愿景是源自不在权力核心者的个人愿景，有时是从许多阶层互动的人们中激荡而出，分享愿景的过程，远比愿景源自何处重要。除非共同愿景与组织内个人的愿景连成一体，否则它就不是真正的共同愿景。

（5）学习聆听。在团体中，要达到彼此的愿景真正的分享及融汇，不是一蹴而就的，共同愿景是由个人愿景互动成长而形成的。经验告诉我们，愿景若要能够真正共有，需要经过不断的交流，这样个人不仅能自由自在表达他们的梦想、学习如何聆听其他的梦想，并且在聆听之间逐渐融汇出更好的构想。

思考题

1. 你所在的班组和班组成员有愿景吗？
2. 你如何能建立班组的愿景？

四、团队学习

1. 团队学习的含义

我们知道，团队是指通过合作、发挥整体作用而达到某一结果的人所组成的群体。团队学习就是发挥团队成员整体配合协调能力与实现共同目标能力的过程，它是建立在"共同愿景"和"自我超越"两项修炼之上的。在团队学习的过程中，组织成员可以互相学习、取长补短、相互配合，既使自己得到进步，也提高了团队的能力。团队学习和传统意义上的个人学习不同，团队学习更加注重学习内容和学习过程与工作的结合，即所谓"工作学习化，学习工作化"。

团队学习可以更加有效地提升个人能力。"寸有所长，尺有所短"，每个员工都有自己的特长，通过团队学习可以发挥自己的优势，使自己的能力得到体现。并且，通过团队学习能使团队智慧融入每个员工的理念中，每个人都可以共享团队的知识、经验。团队学习还有利于提高团队能力，团队能力不仅仅是个人的能力的简单累加。通过相互配合，团队中每一个成员都可以找到适合自己发挥能力的支点，这就达到了"1＋1＞2"的效果。

团队学习强调的是团队的学习。因此，应该注意两个问题。首先，当需要解决复杂的议题时，团体应该能够学习如何萃取出高于个人智力的团体智力。这说起来容易，实际操作中组织中常有一些强大的抵消和磨损力量，造成团体的智慧倾向小于个别成员的才智。团队学习必须克服这种障碍。其次，团队学习需要既具有创新性而又协调一致的行动，杰出团体应该发展出一种"运作上的默契"，即每个组织成员既有自我发挥的空间，而又能协调一致的工作。每一位成员都会非常留意团对中的其他成员，而且相信人人都会采取互相配合的方式来行动。

2. 团队学习的具体方法

在实施团队学习的过程中，首先要做一些准备，其中包括：① 定期制定统一的学习目标和范围，保证一定的学习时间；② 组织者认真制定学习规划、学习方式，积累和实施学习方法；③ 建立基本的交谈规则。这些规则可以包括讲实话、把重要信息迅速传达给团队或者限制每个人的讲话时间等；④ 共同建设学习资源和学习方法库，积累共享团队学习的资源和成果；⑤ 适时进行反思和反馈，检验团队学习的效率和效果；⑥ 对团队学习有突出贡献的人和成果进行奖励，激发团队的学习热情。

采取的具体方法可以是：① 在线学习活动；② 集体学习活动；③ 信息交换会议；④ 专题会议制度；⑤ 技巧性讨论；⑥ 深度汇谈和讨论等。其中深度汇谈是彼得·圣吉创造性地提出的团队学习的方式，下面我们对这种方式加以解释。

3. 深度汇谈——团队学习的关键

在团队学习中，深度汇谈是必不可少的，否则，所谓的"团队学习"只是集体学习或者共同讨论。深度汇谈强调的是集体思考，就是在讨论问题的时候，克服一切有碍学习的障碍，开诚布公，在一起互相激励，真正思考。普通的讨论大都是双方通过对抗，以求获得优势，深度汇谈则是为了超出任何个人的见解，不是为了赢得对话。其实在深度汇谈中，人人都是赢家，每个人都可以获得独自无法达到的见解。

在深度汇谈中，要消除习惯性防卫。习惯性的防卫在深度汇谈中表现为"四种妥协"：一是为了保护自己，不提没有把握的问题，怕提错了问题损害自己的形象；二是为了团结，不提分歧意见，特别是对领导始终表示支持；三是为了不让别人难堪，不提质疑性问题，防止要引起不快；四是为了使大家接受，只做折中性的结论。这四种做法是从个人或者别人的利益出发的，而不是站在问题或者团队的立场上的，所以不利于问题的真正解决，因此要注意消除。

在进行深度汇谈时，首先要解决三个基本条件：第一是要悬挂架设，就是不要把先入为主的理念、经验、结论强加给别人，先要把它们搁置一边或者让其他员工了解，不带成见地讨论问题；第二是所有的参与者彼此都是伙伴，大家都有共同的目的，都是为了把问题更好地解决，不是为了在此炫耀自己的；第三是学会聆听，要学会用耳朵听、用眼睛听、用善意真诚的心态去听。

思考题

1. 在你的班组中有哪些共同学习或者团队学习的方法？
2. 在非团队学习的时候，深度汇谈的方法是否对你的工作也有帮助？

五、系统思考

1. 系统思考的含义

"系统思考"修炼在《第五项修炼》中虽然排在第五项，但是在书中却是最早论述的，这是因为它是五项修炼的核心，是五项修炼概念的基石，少了"系统思考"就无法把这几项修炼融合在一起。

系统是由相互联系、相互作用又相对独立的若干要素组成的、具有特定功能的有机整体。系统是普遍存在的，系统是相对完整的，其中的组成要素不是独立的，它和外部环境是相互影响的。系统思考，就是要求我们以系统的观点、一种新的方式重新认识自己所处的世界，就是从整体而不是片面去分析问题；要透过现象去探究问题背后的实质而不是就事论事；要从问题的来龙去脉上认识而不是只看眼前的状态；是从根本上解决问题而不是暂时搁置问题。

2. 系统思考与其他修炼的关系

一般的自我超越，常常是以我为中心，只顾追求自己想要的，看不见外部力量与自身行动的相互影响。而拥有系统思考的自我超越，将自身与外界连成一体，将自己融入组织之中，这就是一种高层次的"自我超越"。

融合系统思考与心智模式才能得到真正意义上的改善，是一种和外界变化同步的不断革新，否则只是思考方式的修补。

如果没有系统思考，共同愿景不可能存在，充其量也就是个人愿景的简单累加，或者是一个大愿景的无效分割。

系统思考对团体学习更为重要，因为每一次的团体学习，都需要用系统的观点来指导，都离不开系统思考。

当然"系统思考"也需要有"建立共同愿景"、"改善心智模式"、"团体学习"与"自我超越"四项修炼来支撑以发挥它的潜力。

3. 学习智障

我们之所以要进行系统思考，是因为我们在学习时有很多智障需要克服，彼得·圣吉指出了常见的七项学习智障。

（1）局限思考。"当组织中的人只专注于自身职务上，他们便不会对所有职务互动所产生的结果有责任感。"像这样局部、片面、孤立、静止看问题就是学习的智障。

（2）归罪于外。也是局限思考的副产品，不能看到失误的主要原因在于自身，而归罪于组织内其他成员，甚至指责组织以外的因素。

（3）缺乏整体思考的主动积极性。组织面临的环境是变化、发展、相互联系的，组织更多是受环境制约的，因此组织应该积极应对各种变化，缺乏整体感、缺乏主动性都会导致被动。

（4）专注于个别事件。实际上就是"就事论事"，看不到事情的相互联系，前因后果，也看不到事态的变化发展。

（5）煮青蛙的故事。有一则关于煮青蛙的寓言：如果你把一只青蛙放进沸水中，它会立刻试着跳出。但是如果你把青蛙放进温水中，不去惊吓他，他将呆着不动。现在，如果你慢慢加温，当温度从华氏70度升到80度，青蛙仍显得若无其事，甚至自得其乐。可悲的是，当温度慢慢上升时，青蛙将变得愈来愈虚弱，最后无法动弹。虽然没有什么限制它脱离困境，青蛙仍留在那里直到被煮熟。很多威胁都是渐进的，由于惰性或者不敏感，忽略了积少成多或突然来临的灭顶之灾。

（6）从经验中学习的错觉。从经验中学习本身没有错，但是经验不能帮助我们解决所有新问题。因为，"从经验中学习有其时空极限，……当我们行动的后果超出了这个时空的范围，就不可能直接从经验中学习。"

（7）管理团体的迷思。"管理团体"，通常是指由不同部门的一群有智慧、经验和专业能力的人所组成的团体。企业中的管理团体经常把时间花在争权夺利，或避免任何使自己失去颜面的事发生，同时佯装每个人都在为团体的共同目标而努力，维持一个组织团结和谐的外貌。

今天，我们同样生活在艰险多阻的环境中，相同的学习智障及其影响还是继续存在。学习型组织的五项修炼是治好学习智障的良方。但是，我们必须努力辨认这些智障，因为它们常被淹没在喧嚣而分人心志的日常事件当中，而难以被发现。

4. 系统思考的微妙法则

进行系统思考主要是为了提高组织的管理能力，即提高控制和操纵能力。系统思考经常出现在管理的微妙之处，彼得·圣吉总结了 11 条其中的原则，这些原则虽然和许多常理相违悖，却和一些古老的智慧相契合。

（1）今天的问题来自昨天的解决方案。有时候，解决问题的方式只是把问题从系统的一部分推到另一部分，当事者未察觉，这是因为解决第一个问题的人和承接第二个问题的人不是一个人。这种情形在系统思考中是要杜绝的。

（2）愈用力推，系统反弹力量愈大。对系统进行的善意的干预，有时会引起系统的反应，反应的结果可能会抵消干预所带来的益处，并且干预越重，反应越强，结果越坏，越得不偿失。因此我们应该警惕落入这种陷阱。

（3）渐糟之前会渐好。这就是"福兮祸所依，祸兮福所伏。"处理问题不能只顾一时、只顾眼前而应该考虑长远整体效果，谨防"回光返照"现象。

（4）显而易见的解往往无效。当今世界各种现象纷繁复杂，思考未来必须转变思维模式、转变思想观念，一定要用开放的思维去思考未来，靠简单的经验可能解决不了根本的问题。

（5）对策可能比问题更糟。"舍本逐末"、"捡芝麻丢西瓜"的解决方案比比皆是，采取对策一定要系统考虑，慎之又慎，决不能把问题复杂化。

（6）欲速则不达。人们都希望自己的财富、能力能够迅速增长，然而实际是不可能的，系统思考者应该从长计议，保证可持续发展。

（7）因与果在时空上并不一定紧密相连。在复杂条件中，事实真相与我们习惯的思考方式之间有一个根本的差距，要修改这个差距的第一步是撇开因果在时间与空间上是接近的观念，用系统的思考模式来分析问题往往会更准确一些。

（8）寻求小而有效的高杠杆解。在复杂系统中，一个小小的变化可以引起系统的持续改善，和"四两拨千斤"是一个道理。系统思考者应该善于找到这个"支点"。

（9）鱼与熊掌可以兼得。按系统思考方式，只要你能抓住机会做好工作，你就有希望获得多赢的效果。你既可以降低生产成本，又能提高产品质量。非此即彼的思维模式在这里是要被淘汰的。

（10）不可分割的整体性。系统解决问题不能只从一个侧面、一个角度、某一事件去思考、判断，而要从全面、整体、一个完整过程中去思考、分析、判断。把握整体既要考虑内和外、横向和纵向，也要考虑个体与群体，还要考虑硬件和软件。只有这样才是你掌握了系统思考的真谛，才会真正把握整体。

（11）没有绝对的内外。系统思考的要义，在于我们把造成问题的外部原因变成系统的内部原因来处理，以利于使问题得到妥善解决，并使这一问题不再重复出现。

思考题

1. 你如何理解你们班组的学习智障？
2. 你赞同哪些系统思考的微妙原则？

案例8.3 我们怎样创建学习型班组——莱钢学习型组织建设的一个例子

姜立松道岔加工班，隶属于运输部工务段，主要从事莱钢铁路大修和新建道岔的加工制作，以及其他应急服务。班组现有职工9名，其中，具备大专文凭的6人，技校学历的2人，业余高中在读的1人，成员平均年龄33岁，最大的42岁，最小的25岁。班组连续三年获莱钢"红旗班组"和"青年文明号"称号，于2003年6月被授予莱钢首批"AAA级学习型班组"称号，2003年12月被运输部记集体二等功一次，并获得2004年度"山东省富民兴鲁奖状"殊荣。

创建措施：

一、开展"轮值班长"活动，培养系统思考能力

"轮值班长"活动，就是让职工轮流担任班长，进行换位思考和体验，实现心灵的统一。轮值班长任期一周，行使班长职权，任期内，轮值班长不仅要安排好每天的工作任务，还要考虑班组综合管理。这项活动的开展，消除了班长和职工之间的距离，达到了相互理解、谅解的目的，为职工提供了一次自我超越的机会，促进了成员之间的观念置换，培养了自主管理的意识和素质，增强了大家系统思考的能力。

二、实施"三化"文化理念，创建学习型班组文化体系

"三化"即："亲情化人本管理"、"人性化安全文化"和"人岗合一化现场管理"。在班组内推行亲情化管理，凝聚班组人心，培育正气和旺盛的士气；在班组内建立人性化安全文化，实现人、机、环三者和谐统一；实施人岗合一化现场管理，把每一名职工和所负责的岗位融合为一个整体，实现高素养定置管理，创造了具有班组特色的定置管理模式。

三、把班组建设成培育学习型员工的学习创新学校

每名职工都配备随身笔记本，随时记录所遇到的新问题、新知识、新理念，进行学习积累。在此基础上，打破工种界限，开展互动学习，激励和引导职工在学习他人之长的同时，主动奉献自己的"绝活"。针对形势任务和工作中的重点、难点，建立"双学台"，开展每周一题的学习，在职工答题的基础上，以深度汇谈的形式实现成果共享，培养职工深层次的学习能力。

四、创新应用一个理念，即"千分之一等于百分之百"

对于班组建设中所囊括的安全、质量等班组管理工作，不能有千分之一的疏忽和差错，否则就会造成百分之百的损失或不可挽救的悲剧；同理，只要认真对待和不断消除班组管理和具体工作中存在的千分之一的缺陷和不足，就会创造出百分之百的工作业绩。作为班组长期坚守了这一理念，成功地推动了创建学习型班组工作的进程。

创建效果：

一、职工的学习力明显提升

以文化业务方面为例，由过去具有大专文凭的 1 名，达到现在的 5 名；过去班组参加和通过职业资格鉴定的为 0，现在是，9 个人中有 8 人具备第一岗位的高级职业资格证书和 2 个岗位以上的作业技能，有 3 人具备一专多能职业资格证书。

二、实现了技术创新与效益同步增长

实施技术创新，在工作中做到了互动伙伴式自主立项、实施、攻关，达到了全班 9 名职工个个有立项，人人有创新。近两年来共完成技术创新项目 100 余项，莱钢技术鉴定成果 3 项，QC 成果 8 项，现代化管理成果 5 项，其中获运输部技术创新奖三等奖以上 32 项，获莱钢级管理和技术创新成果三等奖以上 3 项，创效益 60 余万元，相当于过去 5 年的经营绩效。

三、班组和职工的自主管理水平飞速提升

班组和职工由过去的被动工作改变为现在的主动工作，各岗位的工作达到了班长在与不在一个样，领导在跟前与不在跟前一个样，有检查时与没有检查

时一个样，把自主完成任务、自主遵章、自主协调岗位间的工作、自主点检维护设备等班组管理工作当成是自己的事，不需要班长和他人的督促。

四、实现了人生价值同忠诚于企业的融合

仅 2003 年一年，班组共完成新建及大修用道岔 50 多组，为运输部节约外购资金 100 多万元。在进行这些任务的同时，还积极配合段上工作，眼睛向外创市场，挣莱钢以外的钱，全年共为济钢加工尖轨 124 根，创效益近 18.5 万元，相当于一年干了三年的活。

（摘自 http：//www. sinoec. net/article806. html）

案例分析

学习型组织的内容相当丰富，班组可以根据自己的实际情况，选择性的、渐进式地实施。

思考题

1. 这个班组作了相当于五项修炼中的哪些内容？对你们有什么启发？
2. 你可以在哪些方面做得更好？写出计划方案。

第五节 学习型班组建设

利用学习型组织的基本原理，结合班组的实际情况，班组长就可以将自己的班组建设成学习型班组——一个有效率、气氛和谐、员工满意的工作团队。

一、学习型班组对成员的要求

在学习型班组的建设中，班组长起着举足轻重的作用，他在其中扮演着五种角色：示范者，他首先是个学习型个人，自己以身作则实践着学习型组织的各种理念，如终身学习、系统思考、学习工作化和工作学习化等；改革者，要有勇气对原来的体制进行改革和创新，有冲破各种阻力的决心；管理者，能够有效地、合理地配置各种资源，以班组的效率和员工的满意为导向，将班组打造成学习型团队；设计师，他应该确定班组的愿景，设计班组的各种学习制度和计划，指引班组的学习型建设的方向；教练员，通过有效的沟通，了解每个员工的需求，指导每个员工的个人学习和工作计划，使每一个员工都成为学习型个人。因此，作为学习型班组的领导者，班组长应该具备或者培养自己的各方面的能力，如系统思考的能力、学习创新能力、专业能力、组织协调能力、交际沟通能力、塑造气氛的能力、指导激励员工的能力、自我约束的能力、概念化的能力，成为学习型班组的领导者。

在学习型班组中的员工，也应该改变自己的理念，将自己融入到学习型班组中去，成为学习型个人。他首先要改变自己的学习态度，将"要我学"转变为"我要学"，形成自觉学习的生活和工作方式，在生活和工作的细微处学习，养成"无时无处不在学习"的习惯；养成自觉性学习、适应性学习、创造性学习的习惯；养成"活到老、学到老"的终身学习的习惯。员工还应该不断改善自己的心智模式，认识自己的真实需求，在班组愿景和企业目标的引导下，建立自己的愿景，落实自己的职业生涯规划，通过不断的创造来实现自己的价值，活出自己生命的意义。

在学习型班组的建设中，为了更好地激励员工的学习行为，还应该建立良好的学习机制。首先要培育团队学习的氛围和意识，让每个员工都在同一个团队中相互帮助、共同提高，对员工进行适当的业务能力、学习能力、沟通能力等方面的培训。其次要养成有效讨论的习惯，比如使用深度汇谈、头脑风暴、六项思考帽等具体方法，使用这些工具可以产生创意和发明，提高班组的创新意识、创新能力和创造性的成果。还要形成向外界学习的机制，向同行业的标杆班组学习、向顾客学习、向供应商和经销商学习、向新知识学习、向专家学习，培育出持续吸收创新养分的机制。最后，为了更好的提高员工的创新意识、团队精神，还应该进行适度的岗位轮换。表8-1可以帮助我们了解和把握班组中员工的学习能力的状况。

表8-1 班组员工学习能力评估

评估指标	从不	偶尔	有时	经常	总是
期望绩效反馈	1	2	3	4	5
征求改进意见	1	2	3	4	5
倾听他人观点	1	2	3	4	5
接受积极的反馈	1	2	3	4	5
对他人成功支持	1	2	3	4	5
愿意获取新知识、技能和能力	1	2	3	4	5
愿意参与成长与发展计划	1	2	3	4	5

评估指标	从不	偶尔	有时	经常	总是
接受新知识与改进计划	1	2	3	4	5
愿意将自己和优秀者比较	1	2	3	4	5
愿意开发关键的思考技能以提高业绩	1	2	3	4	5

注：45~50分高学习能力员工；

40~44分中学习能力员工；

39分以下 低学习能力员工。

二、建立班组愿景和个人愿景

在学习型班组的建设中，有一个重要的、必不可少的过程就是建立愿景——建立班组的愿景和建立基于班组愿景的个人愿景。

在确立学习型班组的愿景时，有两种基本的思路：一种是从下到上，即先让每一个员工确立自己的愿景，然后再汇集成班组的愿景，然后再汇集成组织的愿景；另一种是自上而下，即将组织的目标逐步分解到科室、班组、个人，然后建立个人的目标和愿景。在初创企业或小型企业中适合前一种方法，对于像供电公司这样的大型企业，使用愿景分解的方式更为合适。

建立班组愿景一般采取五个基本步骤：

（1）成立开发小组。由班组长和班组的代表共同组成，经过培训，掌握系统思考、深度汇谈的五项修炼的基本技能和技巧；

（2）构建班组愿景的核心要素。首先要描述班组和班组成员的现状，其中包括资源、需求、环境等因素。然后将组织的目标、使命分解到班组中来，在企业的价值观的指导下，确定班组应该达到的目标和承担的责任。最后，想象一下班组五年或者更久以后的情景，包括名声、竞争、客户的态度、班组在企业或行业中的地位、工作和生活的关系、员工之间的关系，依此来初步确定班组目标；

（3）讨论这些要素，列出清单，标明各个要素的重要性、可实现性、激励性，将关键因素确立为班组的愿景；

（4）阐述愿景及其说明，并且考察在班组中有无抵触、反应是否积极以及原因何在；

（5）修正并推广。充分考察员工的个人需求，最后定稿。

班组愿景的确立还要坚持一些基本的原则，比如这个愿景是否对班组全体成员有效？这个愿景是否包含具体内容？这个愿景是否被关注得足够长久？这个愿景是否能够包含班组的各级目标？这个愿景是否可以实现？这个愿景是否很好的平衡了抽象与具体？这个愿景是否能引导后续项目的开发？这个愿景是否有激励作用？这些原则都需要愿景的建立者深思熟虑。

班组成员个人愿景的建立主要是在班组长的指导下，在班组愿景的基础上，由员工个人完成的。在建立个人愿景的过程中，首先要领会企业的目标和愿景，深刻理解班组的愿景，要把自己融入到班组和企业中去，将自己的目标和企业、班组的目标保持一致，要有在组织的平台上实现个人理想的理念。另外要真实、深刻地洞察自己，了解自己各个层面的需求，自己所掌握的资源和能力，企业和班组给提供的平台，从而获得自己愿景中的各项指标以及所期望达到的程度。最后将这些指标具体化、意象化就可以得到自己的愿景了。

在开发个人愿景的时候，有些要领可以帮助每一个员工有效地实施。

（1）多用第一人称。愿景是自己的愿景，一定要从自我出发，从自己的最根本的需求出发。

（2）要用现在时态。虽然愿景所描述的是自己的未来，但是为了能更好地暗示自己，最好把愿景的内容当成是现在的状态。

（3）用肯定句和正面词汇。不要把愿景描述成"我不做……"、"我要抛弃……"之类对现在的否定，而是要描述成"我是……"、"我在做……"等建设性的状态，愿景是在现实成就的基础之上的不断超越，不是对现实的否定。

（4）不要比较。愿景中尽量不要含有"比……好"或者是"第几"这样的字眼，自我超越的含义是在自己的基础上的进步，而不是横向的比较。

（5）包含细节描述。为了让愿景有更加强烈的暗示性，在确立愿景的时候尽量加入情感、动作等内容。

（6）准确和协调。愿景一定要挖掘自己的终极理想，只有这样的愿景才能有长久的效果，才能在巨大的结构性阻力面前引领你向前发展。但是同时也要充分考虑自己所处的环境和掌握的资源、能力，使自己的愿景具有可操作性。

（7）时间的把握。愿景可以是一生的奋斗目标，也可以是一个五年计划，这要看哪一个更能引导你自我超越。

案例8.4 大港公司维修电工班的个人愿景和班组愿景

班组愿景：争创集团大型机械电器维修一流班组，打造技术硬、素质高、战斗力强的班组。

个人愿景：

谈长聚：珍惜有限职业生涯，再创一流工作业绩。

卞祥山：学习新技术，掌握新技术，争创称职岗。

柴方勋：管出一流设备，争创最佳业绩。

李爱国：技术上等级，岗位保品牌。

马承军：学习新技术，岗位创品牌。

王思珍：掌握新技术，做技术能手。

路　杰：2008——实现高级技师愿望。

管　胜：钻研变频技术，争创技能标兵。

陈　鑫：作未来三年港口自动化技术领域的标兵。

滕连琦：用自己的智慧和汗水，让老设备创出新业绩。

案例分析

这是一个学习型企业的班组的愿景和个人的愿景。有些个人愿景描述得非常出色，但是有些却差强人意。

思考题

1. 你如何确立你班组的愿景？

2. 你的愿景是什么？你可以公开你的个人愿景吗？

三、建立班组学习的平台

如何在班组这个层次上进行团队学习呢？首先我们要克服班组学习的障碍，这些障碍有三类：

（1）班组学习障碍，其中包括：① 观念滞后，没有超越理念和创新精神，沉湎于过去的成功；② 制度不力，没有强有力的制度作为保证，把团队学习看作一项可有可无的行为；③ 资源不够，没有足够的硬件如学习设施、资料库等，团队学习很难开展；④ 缺乏好的领导，班组长的认识程度或者管理能力不够，也会让班组学习的效果落空。

（2）班组中个人的学习障碍。其中包括：① 习惯性防卫，即受惯性的影响，原先养成的习惯会抵触学习理念的落实；② 不良情绪，就是缺乏建设性、和谐性的态度，难以形成良好的团队氛围；③ 学习能力低下，即没有很好的吸收新知识并应用到实践中去的能力；④ 长期的成功，沉湎于过去的成功中，目光没有指向未来；⑤ 长期的挫折打击，没有自信，对未来没有把握。

（3）学习过程中的障碍。其中包括：① 局限性学习，没有全员、全过程、全方位地进行学习；② 旁观式学习，没有真正投入进去，而是试探性的观察；③ 盲目性学习，没有明确的目标和合理的计划，不是围绕着将工作做的更好而学习；④ 就事论事式学习，缺乏系统思考，只是为了解决某一个问题而学习。

在班组进行团队学习的过程中，要让三个学习系统有效运行：① 反思系统，就是对已经存在状态或者已经发生的事件进行深度思考。比如对发生的事故进行分析，找到引起事故的原因，防止类似事件的发生；比如对生产流程重新思考，改进其中不合理的成分；比如开展合理化建议活动，集思广益，获得更优的资源配置。② 知识共享，就是让全部班组成员共同掌握现有的知识、经验，共同提高工作能力，具体的方法包括：集体培训、学习交流、学习讨论会议、网上课堂等。③ 信息反馈，就是保持虚心的态度，通过认真思考各个方面对班组工作的评价来提高自己。比如外部环境中的顾客、经销商、供应商的意见；企业中下游班组的意见；岗位练兵、岗位比武中的专家意见；这些都是提高自己的能力的有益信息。

四、学习型班组运行的保障机制

学习型班组的建设不是一项管理运动，它是企业为了提高经营绩效和提高员工的满意度而进行的一项长期的经营方式。为了能够让学习型班组持续有效的运行下去，必须有相应的保障机制。

关于学习型班组的建设，全体员工首先要有正确的认识，形成共识。学习型班组的建设是时代发展的要求，在信息爆炸的时代，人类的知识在迅速膨胀，工作的条件、技术的进步在突飞猛进，每个员工必须紧跟知识前进的脚步，才能不被淘汰。学习型班组的建设是为了保障员工的权利，为了能够满足员工各个层次的需求，让员工实现自我的人生价值，是以人为本的真正体现。学习型班组的建设是提高企业经营绩效的保障，也是实现企业社会责任的有力工具。

学习型班组的建立和运行不能仅仅立足于理念层面，还需要真正的落实下去，需要有一定的物质保障。资金是不可缺少的，一些优秀的企业使用营业额的千分之一来建设学习型组织。资金需要用来购买学习设施、资料库、网站建设等，还需要聘请专家来授课、培训、咨询。班组还需要用很多时间来建立学习型团队，运行过程中也要花费许多时间。尽管如此，学习型班组带来的好处远远大于这些成本。

学习型班组的运行还需要相关的制度和机制的保障。激励机制是必不可少的，比如收入与学习型班组的考评挂钩、晋级与能力的提升相连、表扬与创新相关等激励机制都可以促进学习型班组的良好运行。学习型班组的运行还需要有相关的制度作为保障，比如日常工作协调会制度、日常检查监督制度、典型培育宣传和经验推广制度、日常工作安排常态化制度、学习型班组创建综合考核奖励制度，这些制度的建立，可以更好地促进和规范学习型班组的运行。

五、学习型班组的考评管理

为了更好地实施学习型班组建设，需要对学习型班组运行的情况进行定期或不定期的考评。一方面可以让有关人员了解班组和班组成员学习型班组建设的状况；另一方面可以及时反馈、及时纠正学习型班组落实过程中的状况。

在考评时，可以采取各种方法。比如可以采取不定期考核评估制度、定期考核评估制度、日常调研随机评估制度、抽样评估制度、集中评估制度、问卷评估制度、访谈评估制度、暗访评估制度，还可以将这些方法综合使用。

在确定考评指标时，需要对班组和员工分别选择不同的要素。班组标准体系应该包含：班组管理力指标、班组学习力指标、班组执行力指标、班组创新力指标、班组文化力指标。班组成员的标准体系中包含：道德素质、学习理念、学习能力、学习习惯、创新能力、工作能力。具体内容可以参照下面的案例。

案例8.5 学习型班组和学习型员工的考评体系

表8-2　　　　学习型班组（科室）考核评价要素指标

一级指标	二级指标	三级指标	分值	满分	评价方法
创建目标（10分）	目标的确立与认同	有勤奋工作，拼搏进取的工作态度； 有奋发进取，持续学习－与学习工作化，工作学习化的氛围； 有与本单位（组织）相融相同的目标规划与意愿； 班组（科室）团队愿景得到本部门职工的共同认可	2.5	5	现场考察
		熟知本单位（组织）的目标和任务； 认同创建学习型（班组）的目标并为此而奉献，拥有共同的价值观	2.5		座谈会/调查了解
	目标的计划和落实	按照确定的目标与愿景，制定创建学习型班组（科室）的计划与实施措施	2.5	5	座谈会/调查了解
		具有明确的个人意愿及职业生涯设计规划	2.5		现场考察

一级指标	二级指标	三级指标	分值	满分	评价方法
提升学习力（25分）	业务技术能力和技术水平	60%以上的成员近二年内有明显提高	2.5	5	座谈会/调查了解
		提高不明显或提高的人数比例不够	0.2		
	重视团队学习	有明确的团队或班组学习目标和学习计划	2	11	
		有开放互动，充分共享的学习氛围	3		
		经常开展各种形式的，紧密联系工作实际的团队学习活动	3		
		有切实可行的班组学习制度与机制	3		
	学习投入	每周用于组织学习时间：没有时间投入	0	3	
		每周1~2小时	1		
		每周2~5小时	2		
		经费保障：班组交流学习、学习所需经费有安排有落实	2	2	
		没有经费保障	0		
		设备与场地：有基本的学习场地设施	2	2	
		没有基本的场地设施	0		
		制度与载体：有激励学习的制度，有开展学习交流活动的载体	2	2	
		没有激励学习制度，没有开展学习交流活动的载体	0		
增强凝聚力（20分）	团队精神	有相互信任，相互支持的环境能平等交流与沟通	2	12	座谈会
		班组成员有对班组的归属感，能共享实现目标的成就感	2		
		遵章守纪，团结协作，重视集体荣誉	2		
		勤业敬业，乐于奉献，创造性地共同完成工作任务	4		
		积极实践，敢于承担责任	2		
	班组（科室）长的作用	政治思想，知识技能、品德素质等各方面的表率作用	2	8	座谈会/问卷调查
		具有创新意识和竞争精神	2		
		能团结班组成员一起工作，并发挥核心作用	2		
		有凝聚班组成员的能力	2		

一级指标	二级指标	三级指标	分值	满分	评价方法
班组执行力（20分）	工作绩效	圆满完成各项工作指标和工作任务	3	14	查阅资料/座谈会
		实现优质服务，做到全年零事故、零投诉	3		
		工作效率高，工作效果显著	4		
		竞争力明显提高	4		
	各项能力	学习能力、竞争能力、创新能力、执行能力明显增强	4	6	座谈会/问卷调查
		民主管理制度健全、公正、公平	1		
		自主管理能力明显提高	1		
拓展创新力（25分）	营造创新氛围	倡导自我超越精神，推崇创新精神，形成比学赶帮超的环境和氛围	5	10	座谈会/问卷调查
		善于运用各种创新方法，经常开展课题研究、合作攻关、创造发明、专题讨论等活动	5		
	实现创新成果	具有创新行为，实施创新行动计划	5	15	查阅资料/座谈会
		合理化建议，技术攻关，发明创造，创新比武等实施良好，效果显著	5		
		善于运用各种形式，各种方法宣传，推广利用创新成果	5		问卷调查/座谈会
特殊加/减分	加分	受到省部级以上奖励嘉奖	10	10	查阅资料
	减分	出现违法乱纪现象	-10	-10	

表8-3　　　　　知识型职工考核评价指标体系

考核指标	评价要点	分值	评价方式
具有优秀的政治思想素质（12分）	热爱党、热爱祖国、热爱社会主义、热爱本职本岗位，拥护党的现行路线方针政策	4分	
	树立科学正确的世界观、人生观、价值观和奉献企业、拼搏进取的思想品格	4分	
	有良好的职业道德，诚实、守信、精业、敬业、勤业	4分	

考核指标	评价要点	分值	评价方式
树立终身学习的理念（6分）	终身学习、自觉学习意识强，熟练掌握现代学习工具	3分	
	具备丰富的理论知识、科技知识和管理知识	3分	
具有学习指导实践的能力（20分）	具备理论知识转化为工作的能力，在市以上或本行业、本系统技术、技能和管理竞赛中成绩突出	8分	
	关注职业发展，积极提出改进工作的建议。近两年内提出的改进工作建议被采纳	6分	
	具备适应多种岗位需要的技能和本领	6分	
自觉养成交流共享的学习习惯（12分）	积极遵从团队共同愿景，积极策划和参与团队各项学习活动	2分	查阅资料访谈了解
	主动将自己获取的新知识、新技能与工作伙伴交流共享	5分	
	关心组织发展，并以健康的心态支持和帮助他人进取	5分	
具有持续创新的成效与业绩（50分）	近两年内在技术创新、产品创新、服务创新、管理创新上取得新成果，创造显著经济效益，并获国家专利、市以上创新成果奖；全国公开发行刊物登载	25分	
	积极承担和参与创新、研发、攻关课题和专题研究项目，成效显著	15分	
	高质量、高效率完成本职工作，业务技术精湛	10分	

案例分析

在对学习型班组进行考评时，可以根据班组的具体情况，参照上述表格，制定适合自己班组和成员的考评体系。

思考题

1. 制定适合你们班组的考评体系。
2. 制定能够激励班组员工的考评体系。

班组文化建设

哈佛大学教授大卫·加尔文认为，组织学习活动包括系统地解决问题、试验、从自己的过去与经验中学习，向他人学习以及促进组织内的知识扩散等五项内容，具体形象地描述了组织学习的类型。这也是得到人们广泛认可的一种分类方法。

一、系统地解决问题

解决问题的过程本身就是一种学习活动。通过发现问题，对问题进行分析，最后把问题圆满解决，不仅可以在这个过程中学习到新的知识、方法、技能，而且可以提高个人处理问题的能力。因此，通过发现问题、解决问题来学习不仅是一条行之有效的学习方法，也成为一项重要的学习活动。

所谓系统地解决问题，主要是指利用科学的方法收集数据，系统地分析问题产生的原因，把握不同因素之间的联系，并从中找出解决问题的高杠杆解的过程。所谓高杠杆解，指的是能最有效解决问题的方案，一个小小的改变，就会引起持续而重大的改善。然而，在复杂系统中，寻找高杠杆解并不是轻而易举的，没有简单的规则可循，必须采用科学的思维模式、实用的工具与方法，才能提高找到它的几率。例如，系统地解决问题要求采用科学的方法，而不是凭主观猜测来诊断问题；要求以科学、客观的数据，而不是以假设作为制定决策的依据；要求利用简单统计方法处理数据，得出结论。因此，系统地解决问题最突出的特点在于，它不仅要求企业员工掌握必要的方法与技巧，而且需要养成良好的思维习惯，即在观察、分析问题的过程中，避免简单、随意的反应，要尽量收集大量数据资料，并利用科学的方法进行分析和深入思考，避免盲目和片面，力求透过事物的表象揭示其深层次的原因和各种可能的结果。

美国施乐公司（Xerox）是全面掌握系统地解决问题这一方法的著名公司。自1983年施乐公司开始因实施质量领先战略而在全公司推广系统解决问题的工作方法以来，这一方法已成功地为全体员工所接受，并被广泛地运用到各种决策中。

系统地解决问题是一种重要的组织学习活动。它能把理论与实践结合起来，把学与用结合起来，在学中用，在用中学。因此，推广系统解决问题的技巧具有重要意义。

二、试验

试验与解决问题是两种互为补充的学习方式。如果说解决问题主要是为了应付当前困难的话，那么试验主要是面向未来，为了把握机会、拓展空间而展开的创造和检验新知识的活动。

试验可分为两种类型，即持续性试验与示范性试验。

（1）持续性试验。由一系列持续的小试验所组成，逐渐积累企业所需的知识。这类试验的意义集中体现在"持续"二字上，必须使一系列试验有一个清晰的战略指导，能满足企业发展的需要，而不是东一锤子、西一榔头，没有明确的目标。这也是实施这类试验的精髓与难点所在。事实上，许多企业都曾经组织过不止一次的试验，但真正做到"持续"的却并不多见。

成功的持续性试验必须具备以下几项条件：首先，公司必须确保不断产生新的构思。这一方面有赖于员工的广泛参与，另一方面也要善于从公司外引进智力。其次，要在组织内建立适当的激励机制，既鼓励员工勇于冒险、敢于创新，不挫伤员工的积极性与创造性，又不致于使试验、冒险活动失去控制。最后，要求管理者与员工熟练掌握一定的理论知识与技巧，以利于试验的顺利进行与正确评估。这些技巧有很多不是天生就会的，必须经过专门的培训和有意识的学习。这些理论与技巧包括统计方法（如试验设计方法）、图解技术（如过程分析方法）和创造力技巧等。

（2）示范性试验。一般是在某个单位进行比较重大的、系统的变革，其目的通常是为日后即将大规模推行的重大变革作准备。因此，示范性试验不仅比持续性试验规模更大、更为复杂，而且对于组织的影响也更加深远和广泛。

由于示范性试验通常是新思想、新方法的初次运用，除了要求慎重决策、精密筹划、细心推进外，还必须根据实际情况及时调整试验内容，边做边学。同时，高层领导者也必须对试验中涉及到组织的大政方针与决策准则的有关内容保持高度的警觉。如果希望通过试验建立新的准则，领导者就必须明白无误地表达出对新规则的支持，否则可能会使员工对新规则是否真正有效产生怀疑，从而莫衷一是。另外，这种试验通常由一个强有力的、跨部门的团队来负责，并直接向最高管理当局负责。除非有明确的指示，否则应将试验结果限于特定的范围，避免对组织其他部门产生冲击，待试验结果稳定、成熟之后再进行推广。

试验也是一种重要的组织学习方式，它对于组织的生存与发展具有重要作用。

三、从过去的经验中学习

"温故而知新"，从自己过去的经验中学习是一种最经济有效的学习方式。重新审视公司过去的成败得失，系统、客观地对其作出评价，并将其向全体员

197

工开放，让他们铭记教训，是组织学习的一项重要内容。著名哲学家乔治·萨塔亚纳（George Santayana）曾经告诫人们："忘记过去的人必定会受到惩罚，他将重蹈失败的覆辙"。因此，有人也将这一学习过程称为"萨塔亚纳反思（Santayana Review）"。然而，不幸的是，很多管理者却对自己的过去这一知识宝藏置之不理，甚至不屑一顾，他们宁愿花大把大把的钱去请咨询人员，也不愿意抽出一点时间整理一下自己的过去，白白让大好的学习机会溜走。

从过去经验中学习的精髓在于使公司养成认清有价值的失败（productive failure）与无意义的成功（unproductive success）的思想形式。有价值的失败指的是能使人产生顿悟，澄清人们的认识，从而增强组织智慧的失败。而无意义的成功指的是虽然万事大吉，但人人浑浑噩噩的尴尬局面。表面的成功或相安无事，并不一定意味着可以高枕无忧。同样，对于失败，也不能一棒子打死，必须能透过表象看清事物的本质及其发展规律。因此，从过去经验中学习不能停留于表象，将一些肤浅、凌乱的知识、经验堆砌在一起就算了事，必须对其进行深入的分析、提炼出精华，并上升为可以指导行动的一般理论和基本规律。在知识形成过程中，这是非常重要的一关，而且具有更大的应用价值。

值得注意的是，虽然大多数人都知道"失败是成功之母"的道理，但实际上，对失败的反思往往要比回顾成功困难得多。一方面，人们都有趋利避害和虚荣的本性，不愿意提及失败的痛苦经历，而比较喜欢回忆成功的辉煌；另一方面，在组织中，对失败的反思还必然会涉及由谁来承担责任这一棘手的问题，因此使得对失败的反思难以有效进行。但不能坦诚地面对失败，往往无法发现人或组织存在的缺陷，为以后的发展埋下了隐患。因此，从某种意义上说，失败比成功具有更大的学习价值。

在这方面，美国微软公司（Microsoft）的做法值得称道。为了系统地从过去和当前的研究项目与产品中学习，微软采取了以下几种措施：① 鼓励各开发小组写事后分析报告，至少能就项目进程开会讨论；② 实施过程审计以帮助各组分析和解决问题；③ 组织正式的休假会活动，届时有关重要人士就软件开发与质量控制的相关问题相互切磋；④ 在相同职务的人员之间极力撮合一些非正式会谈以鼓励知识共享。微软还有一种学习机制，即所谓的"自食其果"——这意味着特定产品的开发小组将尽可能在自己的工作中使用该产品，如果产品性能太差，构造者和小组其他成员不得不"自食其果"。这一方面便于开发小组测试产品，另一方面又通过亲身体验，见顾客之所见，向相关小组不断反馈信息。

四、向他人学习

组织不能只从其自身学习，组织外部存在更多、更丰富的知识。聪明的管理者知道，虚心向他人学习可以使自己获益匪浅，即使是毫不相关的领域都有可能激发创新的灵感。盖瑞·哈默与 C.K. 普哈拉在《竞争大未来》一书中也说过："想取得领先地位的公司，必须与最先进的顾客、新技术开发者及供应商合作无间，向他们学习，而且不能有地域之见。"因此，在企业界曾有人将"SIS"作为座右铭。当然，这里的"SIS"不是指"战略信息系统（Strategic Information System）"，而是"Steal Ideas Shamelessly"（"偷点子，不怕羞"）的缩写。而更多的企业热衷于向外学习，从管理顾问业的崛起到今日风靡一时的标杆战略（Benchmarking），都是佐证。

向他人学习包括很多内容，几乎囊括企业整个外部环境，从同行竞争对手到不沾边的企业，从顾客、供应商到科研机构、大专院校，从企业管理专家到街头摆摊儿的小贩，都可以成为组织学习的对象。可以毫不夸张地说，现实生活中，学习的机会几乎俯仰皆是。其中，向同行企业学习与向顾客学习是两种主要的学习形式。

（1）向同行企业学习——标杆战略。由于是同行，它们在对行业、环境的判断以及企业的生产、经营管理方面都有很多"共同语言"；同时，行业内一家企业的举动或多或少都会对其他企业乃至整个行业产生影响。这使得向同行企业学习对于企业具有特殊重要的意义。

向同行学习的形式很多，比较常见的有参观观摩（"取经"）、参加经验介绍会或研讨会、人员交流等形式，更为全面、系统的方法是现在风行一时的"标杆战略"。所谓标杆战略，是不断揭示、分析、采纳与实施业界最佳管理实践的一项持续的调查研究和学习活动。

标杆战略不是走马观花、蜻蜓点水一般将"热门企业"或"获奖企业"巡访一番，而应有一套明确、严格的规则和程序。首先，对业内企业进行深入细致的调查，确定业界最佳管理实践并对其进行仔细研究；其次，认真对比自己的实际状况，找出差距，通过系统地勘察、访问，制定改进意见；接下来，认真组织实施。标杆战略不是一个孤立的项目，而是一个循环往复的持续活动。

（2）向顾客学习。同标杆战略一样，向顾客学习也可以为企业提供大量丰富的信息。与顾客交谈总是能激发学习，因为顾客是使用产品的专家。顾客可以提供最新的产品信息、产品的使用情况、对产品服务的反馈意见、不同产品的优劣以及对产品的改进意见，这些信息可以激发产品的改进与创新；顾客对不同企业的评价与态度，可以作为企业领导者判断竞争形势的重要依据。因此，向顾客学习对于企业各个部门都是非常重要的，上至高层管理者下至一线职工，都要培养起与顾客接触、从顾客处学习的习惯。这也是一些著名大公司的成功之道，如在摩托罗拉，不仅普通员工要经常与顾客联系，董事会成员，包括CEO，也要定期与顾客会面，倾听顾客的意见。

与此同时，顾客又是不可靠的。顾客向来是缺乏远见的，他们有时无法准确表达自己的要求，或者描述自己遇到的问题。遇到这种情况，就必须要求管理者深入顾客现场去观察，努力捕捉顾客潜在的需要，引导顾客的需要，不能满足于顾客的简单满足需要。

除了尽力从内源——公司项目——多加学习之外，微软还千方百计地从外源学习：即从其数以百万的顾客身上学习。例如，微软公司1993年就明确提出了"客户支持哲学"的观念，强调每一次客户支持活动都是改进产品设计的大好机会，并成立了产品支持服务（PSS）部门，专门就客户对微软产品、客户支持及公司整体的满意状况进行调查。微软设立"希望热线"，接收来自顾客的意见、建议，并每月将电话记录加以分析整理成"电话分析报告"，供程序经理们参考；在各项目开发期间，程序经理和开发人员要对选定客户提供测试版（b版），进行实际测试。之后，开发人员将在这些反馈信息基础之上，赶在最终产品向制造商或市场发布之前，做进一步的完善。

五、在组织内传递知识

组织学习不是某些人或某些部门的事，它要求全体成员、所有部门都积极行动起来，促进知识在组织内部快捷流畅地传播。因为知识只有为更多的人所掌握，才能发挥更大的效用。把知识封锁在一个人或一个部门的手中，只会限制组织的成长，是建立学习型组织的大忌。学习型组织的一个基本特征就是开放、自由的组织文化氛围。

促进知识传播的方法有很多种，包括书面或口头报告、经验交流、参观观摩、个人岗位轮换、教育与培训等。在此不再详述。

（摘自《如何创建学习型组织》，作者张声雄）

本章重点提示

1. 学习型组织的建设是一种有效的管理方法，一种崭新的管理理念。

2. 学习型组织和传统意义上的组织有所不同，不论是在组织建设的目的上，还是在组织运营的手段上。

3. 五项修炼是学习型组织落实的关键方法。

4. 班组是学习型组织理论实践的最佳单位，将学习型组织的原理应用到班组建设中来，对员工、班组和企业都大有好处。

想想做做

1. 写出将你的班组建设成学习型班组的计划。
2. 如何将你自己发展成为一个学习型的个人？

第九章

班 组 安 全 文 化 建 设

—— 学 习 目 标 ——

通过本章学习，你可以：

- 了解安全文化的发展；
- 知道什么是安全文化；
- 深刻认识电力企业安全文化的核心理念；
- 掌握班组安全文化建设的方法。

　　由于行业的特点，安全文化在供电行业的企业文化中占有举足轻重的地位。在本章，我们先介绍作为企业文化一个子系统的安全文化的相关内容，然后给出电力企业班组安全文化建设的一些建议和实施步骤。

第一节　安全文化的发展

一、安全文化的起源与发展

　　马斯洛的需求层次理论认为，人有安全需求，人的安全需求是人的低级的却必不可少的需求。实际上，人类从存在开始，生命时时都在受到挑战，人类总是在采取措施保卫自己的安全，人类的生存和发展，社会的进步和文明，都是以人类的安全生产、安全生存活动为保障的，人类就是在寻求安全的过程中，逐渐地发展起来了安全文化。安全文化的发展阶段如表9－1所示。

表 9 – 1　　　　　　　　　　　　安全文化的发展史

阶段	时　代	技术特征	认识论	类型
I	工业革命前	农牧业及手工业	听天由命	远古安全文化
II	17世纪至20世纪初	蒸汽机时代	局部安全	近代安全文化
III	20世纪初至70年代初	电气化时代军事航空竞赛	系统安全综合安全	工业安全文化
IV	1980年代以来	宇航技术与核能	大安全文化	现代安全文化

第一阶段：17世纪前，由于认知能力低下，技术水平落后，生存方式简朴，面对灾害和疾病人类无能为力，只能祈求神灵保佑，保护措施处于听天由命、软弱被动的状态。在这个阶段，危害大多来源于自然如洪水、瘟疫以及战争。这就孕育了人类最早的安全观——远古安全文化。

第二阶段：17世纪至20世纪初，瓦特发明了蒸汽机，增加了人类的能量，工业革命推动了社会发展，遇到危难人们不再将希望全部寄托于神灵，人类在生产、生存的实践活动中逐渐开始自己保护自己，从经验和教训中丰富自己的安全意识和安全措施，开始摆脱了无知，形成了近代安全文化。

第三阶段：20世纪初至70年代，随着科学技术的进步，军事、航空工业得到大力发展，对工程技术的安全性、可靠性、系统性、精确性提出了极高的要求，带动了高新技术和系统工程的发展，提出了新的安全观，系统安全论、综合安全观形成了工业安全文化。

第四阶段：20世纪80年代以后，由于核工业、航天技术和生物技术的崛起，提出了系统化、自动化、智能化的要求，虽然高技术能带来高收益，但是高危害和高风险也同时产生，此时，如何保护人的安全、人类的安全成为安全的主题，于是提出了"以人为本"的安全理念，对设备与技术的安全性、可靠性提出了更高的要求，要求必须是超前预知的、可控的、在控的，这就形成了广义的安全文化论，也就是现代意义上的安全文化。

现代意义上的安全文化概念起源于20世纪80年代的国际核工业领域。1986年前苏联切尔诺贝利核电站发生重大事故，在随后进行的调查中发现，该事故和其他绝大部分核电站事故并非缘于设备故障，而是由操作人员的直接或间接失误导致的。所以，在1986年国际原子能机构召开的切尔诺贝利核电站事故评审会上，国际核应急专家提出，在事故原因的分析上，绝不可以单纯找设计上的缺陷、人的可靠性模型或模拟问题，而是必须从安全文化的角度来考虑。为此，国际核安全咨询组织于同年提出"安全文化"的概念，并被美国的NASA

机构应用到航空航天的安全管理中。国际原子能机构在 1991 年编写评审报告中，首次定义了安全文化的概念，并建立了一套核安全文化建设的思想和策略，这标志着核安全文化的正式兴起。

二、安全文化在我国的发展

我国开展安全文化的研究与推广则是从 20 世纪 90 年代开始的。我国核工业总公司不失时机地跟踪国际核工业安全的发展，把国际原子能机构的研究成果和安全理念介绍到我国，1992 年《核安全文化》一书的中文版问世。1993 年我国原劳动部部长李伯勇指出"要把安全工作提高到安全文化的高度来认识"。1993 年 10 月在成都召开的亚太地区职业安全卫生研讨会暨全国安全科学技术交流会上，《中国安全科学》编辑部和《警钟长鸣报》报社提出实施合作计划，决定自 1994 年 1 月起，在《警钟长鸣报》上由《中国安全科学》学报编辑部协办，开辟"安全文化"月末版，向公众、社会宣传安全文化。1995 年全国第五个"安全生产周"把倡导安全文化、提高全民意识作为主要活动内容。2001年，由原国家经贸委安全生产监督管理局在青岛市组织召开了第一届"全国安全文化研讨会"，此后每年都召开一次有关安全文化的交流活动。从 2002 年起，我国将"安全生产周"改为"全国安全生产月"，同时开展了安全生产万里行活动，加大了安全生产宣传教育向企业和社会的传播力度。2005 年 6 月，国家安全生产监督管理总局举办了首届"安全·责任·文化·传播"论坛。如今，在电力、煤炭、化工等行业的企业中，安全文化已经成蓬勃兴起的企业文化的一个重要组成部分了。

第二节　电力安全文化的概念

一、什么是安全

从字面意义上理解，"安"指不受威胁，没有危险，太平、稳定，可谓无危则安；"全"指完满，完整或指没有伤害，无残缺，可谓无损则全。合在一起就得到安全的狭义的定义：安全是一种没有危险，不受威胁，不出事故的状态，在这种状态下，没有出现人员伤害、发生疾病或死亡，也没有出现设备或财产破坏、损失以及环境危害。

广义地讲，安全是站在人类生存和繁衍的高度，以人类身心需要为着眼点，从确保社会可持续发展的角度出发，使人们进行生产、生活、生存活动的一切领域，免受任何危险和危害，并使人的身心获得安全健康、舒适、高效、快乐、长寿的一种状态，以及保持这种状态的能力。

作为一个系统，安全包含一些子系统：从学科角度来看，安全是一门科学即安全科学；从技术层面来讲，安全是一门技术即安全技术；从管理角度来看安全是一门管理艺术即安全管理；从经济角度来看，安全是最大的经济效益即安全经济；从道德角度看，安全是一种伦理道德即安全伦理。但是，要想最清楚地解释安全的本质，要想最有效地把握安全的状态，应该把安全看成是一种文化，即安全文化。

二、安全文化的含义

目前对安全文化的定义有很多种，一般有"广义说"和"狭义说"两类。

"狭义说"的定义强调文化或安全内涵的某一层面。例如人的素质、企业文化范畴等。比如，1991年国际核安全咨询组给出的安全文化定义是："安全文化是存在于单位和个人中的种种素质和态度的总和，它建立一种超出一切之上的观念，即核电厂的安全问题由于它的重要性要保证得到应有的重视"。我国学者曹琦教授提出的定义是：安全文化是安全价值观和安全行为准则的总和。安全价值观是指安全文化的里层结构，安全行为准则是指安全文化的表层结构。上述两种定义都具有强调人文素质的特点。还有定义认为：安全文化是社会文化和企业文化的一部分，是以企业安全生产为研究领域，以事故预防为主要目标。这个定义主要强调了安全文化的应用领域。

"广义说"把"安全"和"文化"两个概念都作扩展。安全不仅包括生产安全，还扩展到生活、娱乐等领域；文化的概念不仅包含了观念文化、行为文化、管理文化等人文方面，还包括物态文化、环境文化等硬件方面。广义的定义有：① 英国保健安全委员会核设施安全咨询委员会（HSCASNI）组织认为，一个单位的安全文化是个人和集体的价值观、态度、能力和行为方式的综合产物，它决定于保健安全管理上的承诺，工作作风和精通程度。具有良好安全文化的单位有如下特征：相互信任基础上的信息交流，共享安全，对预防措施效能的信任。② 中国劳保科技学会副秘书长徐德蜀研究员的定义是：在人类生存、繁衍和发展的历程中，在其从事生产、生活乃至实践的一切领域内，为保障人类身心安全（含健康）并使其能安全、舒适、高效地从事一切活动，预防、避免、控制和消除意外事故和灾害（自然的、人为的或天灾人祸的）；为建立起安全、可靠、和谐、协调的环境和匹配运行的安全体系；为使人类变得更加安全、康乐、长寿，使世界变得友爱、和平、繁荣而创造的安全物质财富和安全精神财富的总和。

上述定义有如下共同点：① 人是安全文化中最主要的因素，"以人为本"是主要理念；② 安全文化存在的最重要领域是企业，企业的安全文化是安全文化的主角；③ 和企业文化一样，安全文化也有层次性，包括观念、行为、物态。

安全文化倡导人的最高价值，以大安全观、大文化观为基础，给人们实现真正的安全提供精神和物质的双重保障，是人类文化的精华，也是很多企业的企业文化的基石。它有如下特点：

（1）时代性。不同时代对安全有不同的理解，现代的安全文化就要将当今的科学技术、生存危机、时代理念融入其中，要赋予时代的特性。

（2）人本性。尊重人权，保证人的身心健康，免受伤害，人的生命价值高于财产的价值，这就是"以人为本"理念在安全文化中具体落实。

（3）实践性。安全文化的目的就是为了维持安全的局面，不是对安全的粉饰。

（4）系统性。安全文化牵扯多个科学，同时它又渗透到有关安全的方方面面，如理念、制度、行为和物态，是它们的综合体。

（5）多样性。不同的行业如电力、化工、煤炭、核电、航空都有它们自己特色的安全文化。

（6）发展性。任何企业的安全文化都不是一成不变的，它要随着环境的变化而变化，随着技术的进步而发展。

（7）预防性。安全文化主要是通过改变人的态度、技能、观念来减少或预防事故的发生，它是以预防为主的。

三、电力安全文化的概念

在电力系统，现在普遍的做法是把安全文化作为企业文化的一个子系统，这样做的好处是执行起来比较容易，借助企业文化建设的大潮，将企业安全文化贯彻下去就事半功倍。对于电力安全文化，顾名思义就是电力系统的安全文化，是指为了确保企业和用户的安全，企业的大多数员工尤其是与电力安全生产相关的员工，在生产中所共同遵循并体现出来的关于安全的群体意识，安全行为规范以及相关的安全环境。

在上述定义中，我们可以看到：① 电力安全文化有明显的行业特点，和电力产品的特点密不可分。② 电力安全文化的来源有三个：企业的经验、省集团公司或国家电网公司的文件以及先进的管理理论，这和企业文化的来源不同。③ 电力安全文化不仅是安全状态，还表现出实现这种状态的方法和能力。④ 电力安全文化必须为广大员工接受，是员工的自觉行为。

和企业文化一样，电力安全文化也有着激励、导向、约束、和谐、凝聚、培育功能，但是它的侧重点是电力和安全。

　　（1）教育功能。通过培训，将一些先进的理念和先进的技术传授给员工，通过学习，员工理解、掌握、应用这些知识，并最后转化为自己的自觉行动。

　　（2）规范功能。电力安全文化中的制度层和行为层都有强制的性质，像安全规程、安全法令、安全制度都需要严格执行，通过这些规章就规范了员工的行为。

　　（3）协调功能。电力安全管理是个系统工程，任何一个细微环节的差错都可能导致灾害的发生，安全文化就可以起到协调作用，保证人和环境、人和机械、员工和管理者、不同部门之间，保持有效的一致，防止危害发生。

　　（4）激励功能。建立电力安全文化就是为了尊重和保障人权，满足人的安全需求，从而激励企业的凝聚力。

　　电力安全文化也可以分为三个层次，即物质层、制度行为层和精神层。物质层位于最外层，是为了保障正常的电力安全生产和供应而制造的各种设备、厂房以及保障文化能够落实的设施，比如安全带、安全帽、安全标志牌、安全培训教室等。制度行为层是指和电力安全相关的制度和行为规范的综合，比如为保障人和物的安全而形成的各种安全规章制度、安全操作规程、安全防范措施、安全宣传和培训制度以及安全责任制等。精神层指的是人们对于电力安全理念的认识和接受，实际上，把安全管理上升到安全文化，其主要目的就是为了解决人的问题，通过文化的熏陶，改变员工的精神方面的因素，是减少危害发生的一个关键因素，也是安全文化的主要课题。

思考题

1. 在你的班组中，你认为有必要将安全管理纳入企业文化中来吗？
2. 你们公司以往发生的事故和人的关系密切吗？

第三节　电力安全文化的核心理念——
"安全第一，预防为主，综合治理"

　　2000年3月国家电网公司颁布的《安全生产工作规定》中指出，"为了贯彻'安全第一，预防为主'的方针，确保员工在电力生产活动中的人身安全，保证电网安全可靠供电，保证国家和投资者的资产免遭损失，特制定本规定。"

可见，"安全第一，预防为主"是和员工的生命、安全生产、社会稳定、国家财产紧密相连的，这是对安全文化的高度概括。

《国家电网公司2005社会责任报告》中也明确指出："公司始终将确保电网安全稳定和电力有序供应放在工作首位，确保不发生对社会造成影响的电网稳定破坏和大面积停电事故。"并且将"安全第一，预防为主"作为"坚持科学的电网安全观"的基本方针。

一、"安全第一"的理念

所谓"安全第一"，就是在电力生产和其他活动中，安全活动必须放在首位，如果安全和其他活动如效益、进度、质量以及生活娱乐发生冲突的时候，这些活动要服从安全，安全具有一票否决的权力。这是电力企业在处理安全和其他活动发生矛盾时的行动准则。

在电力企业中，坚持"安全第一"的理念是由电力产品的特性和电力生产的特性决定的。首先，坚持"安全第一"是由我们企业的宗旨决定的，国家电网公司的宗旨指出"服务党和国家的工作大局"、"服务社会发展"，保障安全的电力供给，是社会稳定的必要条件，也是经济发展的基础。其次，坚持"安全第一"也是以人为本理念的具体落实，也是保障劳动者生命安全和身心健康的具体指导思想。另外，电力企业是资金密集型企业，一旦发生安全事故，不仅会给社会造成经济损失，更会给电力企业带来不可估量的损失。基于这些理由，电力企业坚持"安全第一"的理念是必不可少的。

坚持"安全第一"，要和"坚持全面、全员、全过程、全方位地保证电网安全"联系在一起。所谓"全员安全第一"就是电力企业内部的所有员工，无论是领导还是普通员工，都要把安全放在所有工作的首位，都要落实安全责任。领导要重视安全生产，心中始终装有安全；要关心安全生产，事无巨细，全面了解；要投入必要的人、财、物支持安全生产，改善安全生产条件。作为普通员工则要掌握必要的安全生产知识和技能，遵守安全规章制度，做好本职工作。所谓"全过程安全第一"，就是每一道工序都要消除安全隐患，从安全生产的策划阶段到安全生产的实施阶段，要把安全落实到每一个细节中去，这也是"全面安全第一"的要求。"全方位安全第一"就是所有工作都要促进安全供电，所有和安全相关的部门的工作都要以安全为中心来相互协调、配合，为了保证安全，可以牺牲局部利益。因此，只有做到"全面、全员、全过程、全方位"的"安全第一"，才能发挥这一理念的指导作用。

"安全第一"不只是口号、警示、理念，它还要落实到具体的工作中去，成为具体的规章制度。国家电网公司在这方面已经建立了成熟、有效的制度体系，《国家电网公司电力安全工作规定》中明确了责任制：公司系统内各级行政正职是安全生产第一责任人，对本企业的安全生产工作全面负责；二 票（工作票、操作票）、三 制（交接班制、巡回检查制、设备定期试验与轮换制）、四不放过（事故原因查不清不放过、事故责任没有查清不放过、防范措施不落实不放过、员工没有受到教育不放过）、四个凡事（凡事有人负责、凡事有章可循、凡事有人监督，凡事有据可查）、五同时（在计划、布置、检查、总结、评比生产工作的同时计划、布置、检查、总结、评比安全工作）等，这些都是"安全第一"理念的具体措施，员工不仅要弄清楚怎么去做，还要弄清楚为什么这样做。

二、"预防为主"的理念

所谓"预防为主"的理念，就是电力企业在生产过程中，积极的采取控制事故发生的措施，而不是等到事故发生后再去补救或召开事故分析会之类的亡羊补牢措施。"预防为主"有两层意思，一是防止事故发生，二是一旦事故发生，要防止事故的扩大。

实施预防为主，这是因为：首先，电力生产事故的连锁性、多样性、外侵性决定了电力企业生产工作必须以"预防为主"。电力系统是一个统一调度、分级管理、高效运转的系统，局部的故障会迅速影响全局，会引起连锁反应。因此需要时时对危险点和危险源进行控制，做好风险预测，即便事故发生，也可以及时启动应急救援和预警机制，防止事故扩大。电力企业可能遇到的灾害种类繁多，有自然灾害如旱灾、洪涝灾害、地震、风暴等，还有更多的是人为灾害如触电事故、机械伤害、高处坠落、火灾等，这些灾害事故很多都是可以预防的。另外，有很多电力事故，都是外在因素引起的，也需要建立相应的预防机制。二是人因事故占很大比重。据调查显示，在引发事故的因素设备、工具、管理指挥、作业对象和生产环境中，人为因素造成的事故约占事故总数的80%，在这些人的因素当中，很大一部分是个体心理方面的原因，如价值观、作风、态度、意志、精神状态、注意力等。因此，在加强安全文化建设之时，应该建立预防机制，帮助员工克服不良心理与心态。

为了全面落实"预防为主"理念需要做好以下几个方面的工作：① 建立完善的预防机制，包括建立预防组织机构、明确该机构中的每一个岗位的权责利和工作程序以及制定应对各种危害的制度和措施。② 确定不安全因素，牢记"除不可抗力外，一切事故都是可以避免的"的原则。③ 加大安全生产投入，提高设备健康水平，改善安全生产能力，夯实安全生产的物质基础。④ 加强安全培训，不仅对员工进行技能知识的培训，还要对员工进行安全理念的培训。安全生产要实现可控、在控、能控，首先要做到的是职工的思想、行为要实现可控、能控。

思考题

1. "安全第一，预防为主，综合治理"的基本方针是如何在你班组落实的？如何能做得更好？

2. 你认为班组员工的安全意识如何能做到可控、在控、能控？

第四节　班组安全文化的建设

　　班组作为企业的细胞，在电力企业安全文化的建设中起到了巨大的作用。电力企业班组建设需要安全文化，安全文化也只有与班组建设的实践相结合，才能充满生机和活力。以下节选了一段《电力企业安全文化建设》一书中的部分章节，对于班组长建设安全型班组很有启迪意义。

相关资料　电力企业安全文化建设

　　在当前市场经济形势下，电力安全生产的重要性，决定了电力企业安全文化建设的重要性和必然性。概括起来，电力企业的安全文化建设主要包括以下几方面。

一、完善安全机制，提高安全意识

　　1. 安全机制是实现安全生产的重要管理手段

　　安全机制是一种有利于调动职工的安全生产积极性、有效地控制事故、实现安全生产良性循环的管理手段。只有建立了良好的安全机制，才能保证规范的安全管理，从而获得较高的安全水平。归纳起来，应建立如下五种机制。

　　（1）完善安全保证机制。突出以安全第一责任者为核心的安全保证作用。建立和健全三种体系：① 建立以各级行政正职为安全第一责任人的责任体系；② 建立适应现代安全管理，实行标本兼治，做到行为有规范、考核有依据、奖惩有标准的制度体系；③ 建立党政工团齐抓、部门联动、人人监督、纵到底、横到边的网络体系。

　　（2）强化安全监督机制，包括新闻媒体的舆论监督。

（3）建立安全教育培训和激励机制。

（4）建立安全风险共担机制，层层签订《安全目标责任书》，奖优罚劣。

（5）健全安全检查评比机制，达到超前控制。

这些来自生产实践的安全生产机制，是保证电力安全的治本之举，是电力企业安全文化建设的重点内容之一。但安全机制无论多少，关键在于严格实施、严格检查、严格落实、严格奖惩，离开了这个"严"字，再好的机制也是一纸空文。

2. 安全意识是安全文化建设的重点

从安全工作的主体看，人是保证生产顺利进行、防止事故发生所采取的一切措施和行动的计划者、执行者和控制者，但往往也是事故的引发者、事故责任的承担者、事故后果的受害者。因此，安全文化强调人的因素，强调内因在保证安全上的主导作用，强调以人为本。安全是靠人创造的，大多数事故也是人为的，事故往往要以人的生命为代价。所以，维护生命权，是保护员工所有合法权益的基础。关爱员工就要从保护生命、关心健康做起，使员工做到"不伤害自己，不伤害他人，不被他人伤害"，这既是强化安全生产管理、建立安全文化的首要目的，也是对员工的基本要求，更是员工家庭和社会的基本愿望，这些目的和愿望都要以很强的安全意识为基础。因此，提高职工的安全意识就是对职工的关心和关爱。

3. 职工素质是职工安全意识的基础

职工素质的高低决定一个企业的质量。提高职工素质，是企业文化和安全文化建设的源动力和归宿点。有了素质高的职工，企业文化的品位就高，安全意识就强，生产技能和自身防护能力就好。在分析事故原因时，可以看到职工文化技术素质低、安全知识缺乏是导致事故发生的一个重要原因。因此，努力提高职工的思想政治素质、职业道德素质和专业技术素质，创造持久稳定的安全生产局面，正是安全文化建设所追求的目标所在。

二、研究事故心理，造就良好的心理状态

根据对近几年事故的分析，引发事故的因素有人、设备、工具、管理指挥、作业对象和生产环境。人是其中最活跃、最难掌握的因素，人为因素造成的事故约占事故总数的80%。在这些人的因素当中，很大一部分是个体心理方面的原因，如情感、态度、意志、精神状态、注意力等。因此，在加强安全文化建设之时，应认真研究职工的事故心理因素，帮助其克服不良心理与心态。首先是克服非理智行为的心态：心理疲劳、错觉、取巧、侥幸、麻痹、逞能、无知、冒险、逆反、敷衍、依赖、挫折、激情、过于紧张、先入为主和不良习惯等；

其次是克服事故过程中的不正常心态：无知、懒惰、马虎、急躁、蛮干、恐慌、紧张、硬撑、盲目自信等心理。从而造就职工良好的心理状态：正常操作时心静如水、心灵手巧；事故处理时临危不乱；平时工作中居安思危。

三、加强安全教育，增强教育效果

电力行业的技术性、系统性和风险性特征要求有一个统一的职业规范。职业规范的形成，很大程度上依赖于安全生产技术培训。严格的培训，可以帮助员工形成一种统一的行为准则和思维方式，使员工各就其位，各负其责，提高工作效率和安全监管水平。因此，加强职业安全培训工作，规范员工的安全技术行为，是电力企业安全文化建设的又一个重点内容。

按照行为科学的观点，进行安全思想教育，就是对受教育者的大脑皮层进行外来因素的刺激，而这种刺激能起到多大作用，在很大程度上取决于受教育者大脑皮层的兴奋程度，高则强，低则弱。由此可以看出，枯燥的、单调的教育会导致麻木或者厌烦，而灵活多样的形式、丰富多彩的内容本身就会增强教育效果。因此，进行安全思想教育，可采取如下多样化的形式进行。具体方法包括：理性灌输法、情感启迪法、心理调试法、电化教学法、言传身教法、案例解剖法、活动熏陶法等。

四、完善安全立法，规范作业行为

安全立法是安全文化建设的重要内容，是安全管理永恒的利器。目前，电力企业在新的管理格局和新的供需形势下，应尽快出台适应我国电力事业发展和促进人民安全与生活水平提高的新电力法，明确执法主体，加大执法力度。同时也应加紧其他配套法规的完善，用法律的形式来规范各种作业行为，达到以法治违、以法治乱的目的。

总而言之，在安全文化的实施方法上，要讲究普及性和可操作性，不求高深理论，但求科学实用。应坚持以提高员工素质为第一保障，以满足客户用电需求为第一要求，以保护员工生命和国家财产安全为第一目标，坚持以人为本、科技先行、诚信尽责的原则；紧紧围绕企业可控、员工在控、社会同控的要求，采取法律、行政、经济、思想、文化等多种途径，立足于规范化、完整性、实用性，做到上下联动、左右协调，逐步形成企业特有的安全文化。

（摘自《电力企业安全文化建设》，作者彭石明）

1. 你认为有必要将你班组的安全管理提升到安全文化的层次来落实吗?
2. 在你的班组中如何能更好地实施安全文化教育?

案例9.1 平安川电

　　四川省电力公司总经理从文化的角度分析指出,五千年灿烂文化造就了许多优良传统,但是漫长农耕文化的浸润也导致了普遍缺乏规则意识和纪律意识,随意性大、不习惯按照规程制度工作做事的陋习,导致违章违规行为非常普遍,而大家又习以为常。

　　人的思维惯性和行为习惯也就是文化。企业文化建设的任务之一是要摒弃落后的文化,弘扬先进的文化。因此,建设具有四川特色的电力安全文化是实现电力安全生产长治久安的当务之急。

　　(1)培育安全理念。除不可抗力外,一切事故都是可以避免的。而人的安全意识的强弱,直接影响安全生产的具体工作。通过安全文化思想建设,培育"关爱生命　心系安全"的理念,树立群体安全意识。通过各种形式的安全教育,唤醒人们对生命的关爱,对安全的关注,用心做好安全生产工作,从根本上提高安全认识,提高安全觉悟,牢固树立"安全第一、预防为主"的观念,变"要我安全"为"我要安全"。要纠正和摒弃安全生产不可控的错误观念,树立"我能安全"的观念。

　　(2)树立规则意识。通过完善企业安全管理各项基本法规、规章制度,使其科学、规范。重点是建立和完善员工学习、培训、考核、奖惩制度。坚持用"三铁"反"三违"。通过规范化管理、标准化作业,引导和规范职工在整个生产过程当中的一些良好习惯的养成,变重结果到管过程,变出了事故后追究责任为规范职工整个作业过程的行为,让职工严格按照每个过程、每个流程认真去贯彻落实,实现安全生产的可控、在控和能控。

　　(3)提高安全素质。通过对建立学习、培训、考核、奖惩制度和广泛开展活动,引导员工不断学习安全理论知识,加强岗位安全技能培训,坚持从基础抓起、从基层抓起、从基本功抓起,切实提高安全行为能力,提高其安全操作技能和自我保护能力,从而不断增强员工保证安全生产的能力,变"我要安全"为"我会安全"。

　　(4)营造安全氛围。按照国家电网公司的要求,积极开展"爱心"活动,实施"平安"工程，努力使员工养成自觉遵章守纪的良好习惯，营造万众一心促安全的良好氛围。通过广播、电视、报刊等开展形式多样的安全宣传活动、安全竞赛活动、"现身说法"活动、"我为安全献一计"活动等，引导广大员工由安全教育的客体转为安全教育的主体，从而达到自我教育的目的。

文化的力量在潜移默化之中，四川电网的平安缘于员工的每一个细节。

案例分析

以上两篇文章的作者分别来自湖南省电力公司和四川省电力公司，前者在微观层面进行了阐述，后者则作了宏观概述。他山之石，可以攻玉，从他们先进的安全文化建设中，我们可以得到一些启发。

思考题

1. 在你的班组中，建设企业文化和安全文化如何能更好地结合？
2. 写出你的班组实施安全文化的计划。

相关资料　山东电力集团公司安全文化纲要

一、安全精神文化

（1）核心理念：以人为本，关爱生命。

（2）基本方针：安全第一，预防为主，综合治理。

（3）指导思想：电网安全"可控、能控、在控"。

（4）安全观念：安全是最大的效益；

视违章为事故；

视安全规程为"法"；

严是爱，宽是害。

（5）安全意识：

1）系统安全意识：电网安全，共建共享；

2）责任意识：安全责任重于泰山；

3）风险意识：电网大面积停电的风险客观存在；

4）忧患意识：隐患不除，违章不禁，事故终究要发生；

5）防范意识：风险可以防范，失误应该避免，事故能够控制。

二、安全管理文化

（1）安全管理组织体系：

1）安全保证体系；

2）安全监督体系；

3）安全责任体系。

（2）安全制度建设：

1）安全制度建设的基本原则；

2）"两票三制"；

3）安全例会制度；

4）安全生产奖罚制度。

（3）安全管理要求：

1）"四全"管理；

2）坚持做到作业现场"四到位"；

3）坚持做到作业前"四清楚"；

4）抓"三基"；

5）以"三铁"反"三违"，杜绝"三高"；

6）坚持事故调查"四不放过"。

三、安全行为文化

（1）"三个百分之百"；

（2）"四不伤害"；

（3）"五不干"；

（4）标准化作业；

（5）标准化安全管理；

（6）"百问百查"活动；

（7）安全性评价。

四、安全物质文化

（1）电网设备的选型配置原则；

（2）安全生产投入；

（3）安全设施规范化；

（4）安全措施标准化；

（5）职业健康；

（6）环境保护。

五、安全文化建设的推进

（1）推进方式：

1）理念引导；

2）载体建设；

3）学习交流；

4）持续改进。

（2）保障机制：

1）教育保障机制；

2）制度保障机制；

3）环境保障机制；

4）监督保障机制；

5）奖罚保障机制。

本章重点提示

1. 安全文化是电力企业文化的重点内容，这是由行业的特点决定的。
2. 引入文化的方法来落实安全是为了更有效率的提高安全，防止危险。
3. "安全第一，预防为主，综合治理"是安全文化的核心理念。
4. 班组的安全文化建设可以参照一般的方法，贯彻相应的内容。

想想做做

1. 班组成员在安全问题上可能存在哪些不好的心理状态？如何解决？
2. 写出班组安全文化建设的计划。

参考文献

[1] 罗长海著. 企业文化要义. 北京：清华大学出版社，2003.

[2] 张德主编. 企业文化建设. 北京：清华大学出版社，2003.

[3] 刘振亚主编. 爱心　平安　发展. 北京：中国电力出版社，2006.

[4] 魏杰著. 企业文化塑造——企业生命常青藤. 北京：中国发展出版社，2002.

[5] 彼得·圣吉著. 第五项修炼. 上海：上海三联书店，1998.

[6] 宋涵等著. 学习型班组建设. 北京：海天出版社，2005.

[7] 全国争创活动指导协调小组编. 学习型班组创建成功模式. 北京：中国工人出版社，2006.

[8] 托马斯·达文波特著. 最优理念. 北京：中信出版社，2004.

[9] 约翰·科特著. 企业文化与经营绩效. 北京：华夏出版社，1997.

[10] 江克宜主编. 电力服务营销. 北京：中国电力出版社，2004.

[11] 徐德蜀著. 企业安全文化简论. 北京：化学工业出版社，2005.

[12] 菲利普·科特勒著. 企业的社会责任. 北京：机械工业出版社，2006.

[13] 爱德华·德·波诺著. 水平思考. 北京：北京科学济出版社，2006.

[14] 王长根著. 学习型班组创建的十四个步骤. 北京：中国经济出版社，2003.

[15] 张声雄著. 如何创建学习型组织. 北京：中国技术出版社，2006.

[16] 爱德华·德·波诺著. 六项思考帽. 北京：北京科学技术出版社，2005.

[17] 菲利普·科特勒著. 企业的社会责任. 北京：机械工业出版社，2006.

[18] 保罗·斯隆著. 创新未来. 北京：企业管理出版社，2004.

[19] 艾伦·鲁滨逊著. 企业创新力. 北京：新华出版社，2005.

班组文化建设